咸宜園教育の展開

鈴木　理恵

目次

第Ⅱ部　咸宜園教育の西日本への拡大 ―空間的展開― …… 125

凡例

・史料引用に際して、旧仮名遣いは原文のままとした。合字は仮名に改めた。読点や訓点を適宜施した。
・史料引用に際して、漢字は旧字体を原則的に新字体に改めた。ただし、第三章の漢詩の字句の引用については改めていない。また、現代の人名・文献名・機関名については旧字体を改めずにもとの表記のままとした。
・史料中の判読できない文字は□とした。欠字部分は（欠字）とした。
・史料中の傍線は引用者による。〈　〉は割書を、／は改行を示す。
・史料引用は、すべて部分的引用である。前後を省略しているが、そのことを示すための（前略）や（後略）は注記していない。ただし、途中を省略した場合には（中略）と注記した。
・史料所蔵先のあとの数字は、架蔵番号を指す。公益財団法人廣瀬資料館先賢文庫に所蔵される史料を取り上げる際には、『広瀬先賢文庫目録』（広瀬貞雄監修、中村幸彦・井上敏幸編、広瀬先賢文庫、一九九五年）中の各史料に付された架蔵番号を、（家宝9-1-5）のように表記する。国文学研究資料館広瀬青邨文庫に所蔵される史料を取り上げる際には、（青邨文庫84-139）といったように表記する。
・広瀬淡窓の回想録「懐旧楼筆記」は、『増補淡窓全集』（日田郡教育会編、思文閣、一九七一年）の上巻に収録されている。引用に際しては、その日付や『増補淡窓全集』の該当頁を、「懐旧楼筆記」文政一三年一二月五日条（三八二頁）のように表記する。
・広瀬淡窓の日記は、『増補淡窓全集』の中巻と下巻に収録されている。時期によって名称が異なり、「淡窓日記」「遠思楼日記」「欽斎日暦」「醒斎日暦」「進修録」「再修録」「甲寅新暦」と分かれているが、本書ではこれらを総称して「淡窓日記」と表記する。引用に際しては、その日付や『増補淡窓全集』の該当頁を、「淡窓日記」文政七年三月一七日条（三〇九頁）のように表記する。
・広瀬旭荘の日記「日間瑣事備忘」は、影印本『廣瀬旭荘全集日記篇』第一巻～第九巻（廣瀬旭荘全集編集委員会編、思文閣出版、一九八二～一九九四年）として出版されている。これを引用する場合には、「旭荘日記」の名称を採用し、全集の巻数と該当頁を表記する。たとえば、『廣瀬旭荘全集日記編』第一巻の七〇頁の場合、(旭荘日記一—七〇頁)と表記する。

序章　咸宜園研究の問題点と本書の目的

咸宜園は、文化一四年（一八一七）、豊後国日田（現在の大分県日田市）に広瀬淡窓（一七八二〜一八五六）によって開設された漢学塾である。淡窓は咸宜園を広瀬家の家業として養子に伝えたことから、淡窓死後も明治初期まで隆盛した。最盛期の嘉永年間には在籍生数が二〇〇名を超え、開設期間を通して全国各地から総数約四二〇〇名の入門者を集めた。中断をはさんで、明治一三年に旧門人らによって義塾として再興され、同三〇年（一八九七）に完全閉鎖されるまで命脈を保った。咸宜園は、規模の大きいこと、全国から入門者を集めたこと、長期間にわたって続いたこと、さらには教育や塾運営にあたって独特の方法を採用したことで、数多い漢学塾のなかでも際立つ存在である。

本書では、咸宜園独特の方式を「咸宜園教育」と総称する。それは、徹底した実力主義、塾生による自治的運営、漢詩を重視した教育、塾生への蔵書の閲覧供与である。こうした咸宜園教育が門人によって各地へ広がったようすや、明治期再興後も継承されたようすを詳らかにする。咸宜園教育が空間的および時間的に展開した様相をみることによって、近世から近代への移行期において咸宜園が果たした役割を解明することを目指している。

第一節　咸宜園教育の概要

（1）天領日田と広瀬淡窓

日田は、北部九州の中央に位置し、標高一〇〇〇メートル級の山々に囲まれた盆地である。江戸時代の日田は幕府直轄地であったため、代官所（西国筋郡代府）が置かれ、用達や掛屋と呼ばれる商家が軒を並べた豆田町や隈町を中心に経済が発展した。用達は、九州諸藩から代官所への取次事務を担った。掛屋は、代官所へ納める前の公金を運用して九州諸藩に高利で貸し付ける金融業を担った。代官の権威を後楯として公金を貸すのだから、踏み倒されるリスクは少なく、安全な経営が成り立った。財を蓄積した商人を中心に俳諧が、僧侶や医師を中心に漢学が流行し、町人文化が繁栄した。こうして日田は政治的、経済的、文化的に発展したことから物流の拠点ともなり、陸路はもちろん、盆地を流れる三隈川（筑後川）の水運が、各地から人や物、情報を運んだ。元治元年（一八六四）の豆田町二二〇世帯の職業構成は八六種に及び、なかでも菓子屋、旅籠、小間物屋などが多かった[1]。人びとが集まり、都市として発展していたようすがうかがえる。

広瀬淡窓は、豆田魚町の博多屋広瀬家に生まれた。広瀬家は「広瀬家譜」[2]によれば、五左衛門が延宝元年（一六七三）に筑前から豆田町にやってきたのが始まりである。四代平八が明和六年（一七六九）に用達に命じられてからは、五代三郎右

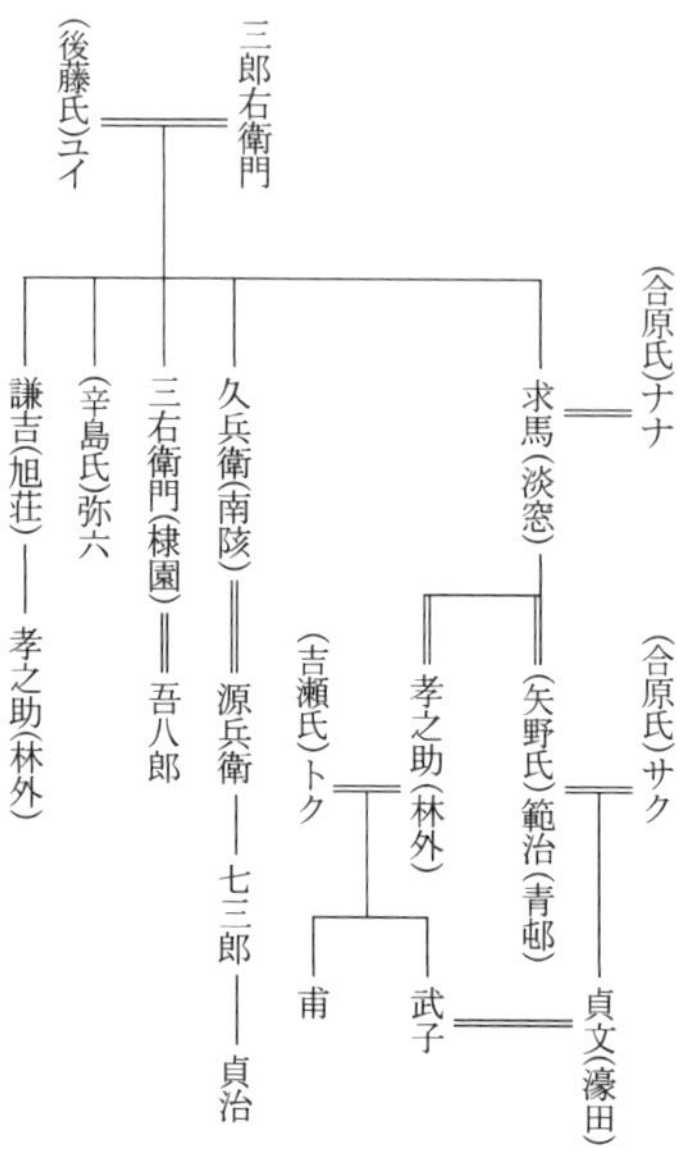

図1　広瀬家略系図

出典:「広瀬氏略系譜」（日田郡教育会編『増補淡窓全集下巻』思文閣、1971年）、広瀬恒太『日田御役所から日田県へ』（帆足コウ、1969年）p. 219などをもとに作成。

衛門、六代久兵衛、七代源兵衛と、代官所との密接な関係を維持しながら家を発展させた。平八は竹田・杵築・府内・蓮池・対馬藩の用達を勤め、三郎右衛門の代に大村・鹿島藩が加わった。平八と三郎右衛門は俳諧を嗜み、それぞれ月化、桃秋の俳号を持つ。久兵衛が天保三年（一八三二）に掛屋を命じられことによって、広瀬家は急激な経済的成長を遂げた。また、久兵衛は各地の新田開発や藩政改革に手腕を振るった。(3)

淡窓は、第五代三郎右衛門の長男として生まれた。名は建、字は子基、通称は求馬という。淡窓と号したのは壮年になってからのことであるが、本書では年齢に関係なく一貫して淡窓の呼称を採用する。幼児期の約五年間は堀田村に隠居していた伯父平八のもとで過ごし、六歳から豆田町の広瀬家に戻った。淡窓は商家の跡継ぎとして期待されていたはずだが、生来病弱であったことから、家業は弟の久兵衛に譲られることが早くに決まった。淡窓は、学問に専念することになる。父親や近隣の僧侶らに学び、一四歳で佐伯藩儒松下西洋のもとに遊学したあと、一〇歳代後半の二年間は筑前福岡藩の亀井南冥・昭陽父子に師事した。亀井南冥は徂徠学派の儒者で、藩校甘棠館の祭酒を勤めた経歴を持つ。この亀井塾での経験がその後の淡窓の塾運営や教育観に大きな影響を及ぼすことになった。ただし、淡窓の学風は徂徠学と朱子学の折衷学とされる。

淡窓は享和元年（一八〇一）から諸生を教え始め、文化二年（一八〇五）二四歳のときに教授の道で生計を立てることを決意した。豆田町を拠点に長福寺学寮、成章舎、桂林園と塾舎を変えたのち、文化一四年に堀田村（現在の日田市淡窓）に転居して塾生との共同生活を始め、これがのちに咸宜園と称されるようになった。道路を挟んで東西に分かれた敷地に、塾生の増加に伴って塾舎が増築されていった（図2）。

二九歳で合原ナナと結婚したが、二人の間に子どもは生まれなかった。そこで、淡窓は末弟の謙吉（一八〇七～六三、号は旭荘）を養子とし、天保元年（一八三〇）末、旭荘に咸宜園の塾政を譲った。しかし、旭荘は同七年四月に東遊したため、淡窓は再び塾主となった。旭荘がいつまでも日田に戻りそうになかったことから、淡窓は門人の矢野範治（一八一九～八四、号は青邨）を義子として塾政を補佐させ、安政二年（一八五五）三月に青邨に家を伝えた。同三年一一月に淡窓が死去すると、ほどなく、旭荘長男で淡窓の嗣子となっていた孝之助（一八三六～七四、号は林外）が咸宜園塾主となった。林外は明治五年（一八七二）に上京するまで塾主を続けた。青邨や林外が塾政を執った時期においても、教育や塾運営の面で細かい変更はあったが、淡窓が確立した咸宜園教育は一貫して変わることはなかった。

（2）咸宜園教育

咸宜園の名称は、『詩経』商頌玄鳥篇の「殷受レ命咸宜、百禄是荷」から採ったといわれる。そこには、天の命を受けて、塾生を訓育・教導し、理想の治世を塾内に実現しようとする淡窓の思いが込められている。[4] その理想実現のために、あるいは塾生の状況変化に臨機応変に対応して、淡窓は教育方法にさまざまな工夫を凝らした。三奪法と月旦評による実力主義、職任制や塾則にもとづいた塾生による自治的運営、漢詩を重視した教育、蔵書の形成と塾生への閲覧供与などの特徴的な塾運営をおこなった。本書ではこれら独特の方式を総称して「咸宜園教育」とする。

咸宜園を特徴づける右のような方式は、淡窓が門人教授を開始したときからその萌芽が見られたが、第一章

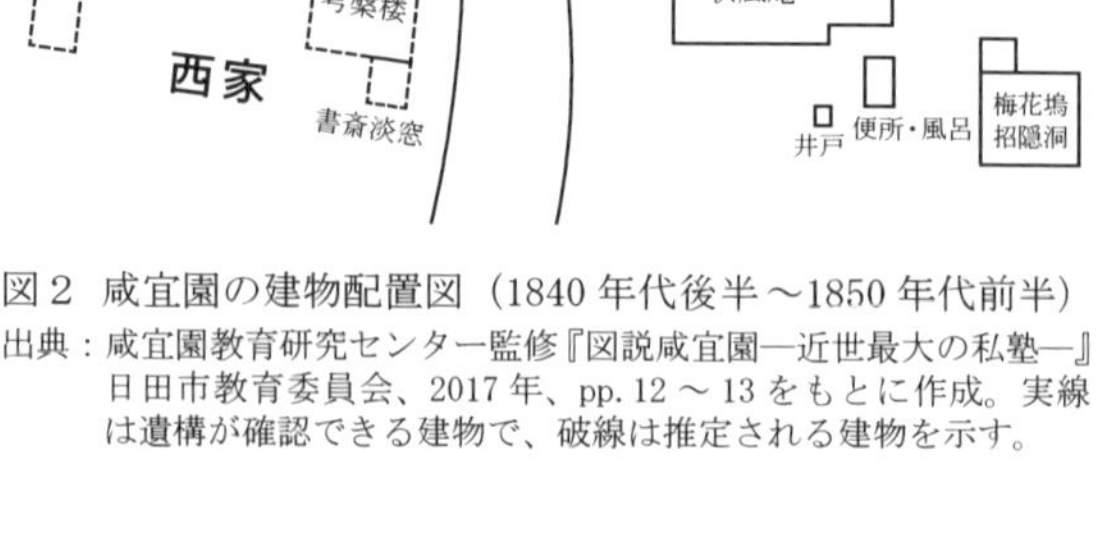

図２　咸宜園の建物配置図（1840 年代後半～1850 年代前半）
出典：咸宜園教育研究センター監修『図説咸宜園―近世最大の私塾―』日田市教育委員会、2017 年、pp. 12 ～ 13 をもとに作成。実線は遺構が確認できる建物で、破線は推定される建物を示す。

で述べるように、咸宜園開設後に徐々に整備されて天保年間末期に確立したととらえることができる。そこで、天保七～一四年（一八三六～四三）に在籍した武谷祐之の自叙伝「南柯一夢」[5]や、弘化四年～嘉永六年（一八四七～五三）に在籍した小栗憲一の『豊絵詩史』[6]、および彼らが在籍した当時の塾規約などにもとづいて、咸宜園の教育方式の特徴、教育課程、塾生の状況などについて概要を確認しておこう。

三奪法とは、入門者から「父所レ付之年歯」、「師所レ与之才学」、「君所レ授之階級」[7]を奪うというものである。年齢・才学・階級に関わらず入門者を同じスタートラインに立たせ、成績に応じて昇級させるために、淡窓は月旦評を創始した。月旦評は何回か改変されたが、天保一〇年（一八三九）に九級制に定着した。一級から九級までの各級が上下に分れ、無級とあわせて一九ランクに及んだ（表1）。無級は下等、一～四級は中等、五級以上は上等とされた。入門者はすべて無級からスタートした。塾生の一か月間の成績を点数評価して、それが各ランクの定点に達したときに昇級を認めるというのが月旦評システムである。成績は、中下等生の場合は日々の課業によって、上等生の場合は月九回の試験によって決められた。

月旦評は月初めに塾内に掲示された。月旦評を見れば、各塾生の塾内での位置は一目瞭然であった。昇級の速い者は一年足らずで上位に進むこともあったが、遅い者は何年経っても同じ級に留まらざるを得なかった。塾生は自ずと学問に出精するように仕組まれていたのである。塾生間の歴然とした学力差を示すことによって、争いやもめ事の抑止効果も狙っ

表1　咸宜園の月旦評

等	級	
上	9級	上 下
	8級	上 下
	7級	上 下
	6級	上 下
	5級	上 下
中	4級	上 下
	3級	上 下
	2級	上 下
	1級	上 下
下	無級	

出典：海原徹『広瀬淡窓と咸宜園』ミネルヴァ書房、2008年、p.167より作成。

ていた。他の塾生に対して不平不満を持つ者も、その塾生の成績を抜いて勝とうと堅忍自重して精励するからである。そのため、咸宜園では塾生数が一〇〇名を超えても喧嘩口論は至って少ないと淡窓は自負していた。[8]

塾生の多くは遠隔地から来ているため、塾の寄宿舎で共同生活をした。多数の若者を放逸に任せると教育は成り立たない。淡窓は「人ヲ率ヰルノ道二ツアリ。一ハ治、二ハ教ナリ」、「余カ人ヲ教フルハ。先ツ治メテ。而後之ヲ教フルナリ」[9]という考えのもとで、厳格な塾則を設けて塾生の生活を律し、秩序のある環境を維持しようとした。たとえば、天保一四年（一八四三）の「癸卯改正規約」は八二則からなり、職任・飲食・出入・門外・用財・雑の六項目に分類されていた。倹約を勧め、金銭の使用や外出を制限するなど、塾生が酒色や放蕩に流れるのを防ぐことに主眼が置かれていた。塾生は規約を筆写し、座右に置いて遵守することを求められた。また、都講が毎月塾生の前で

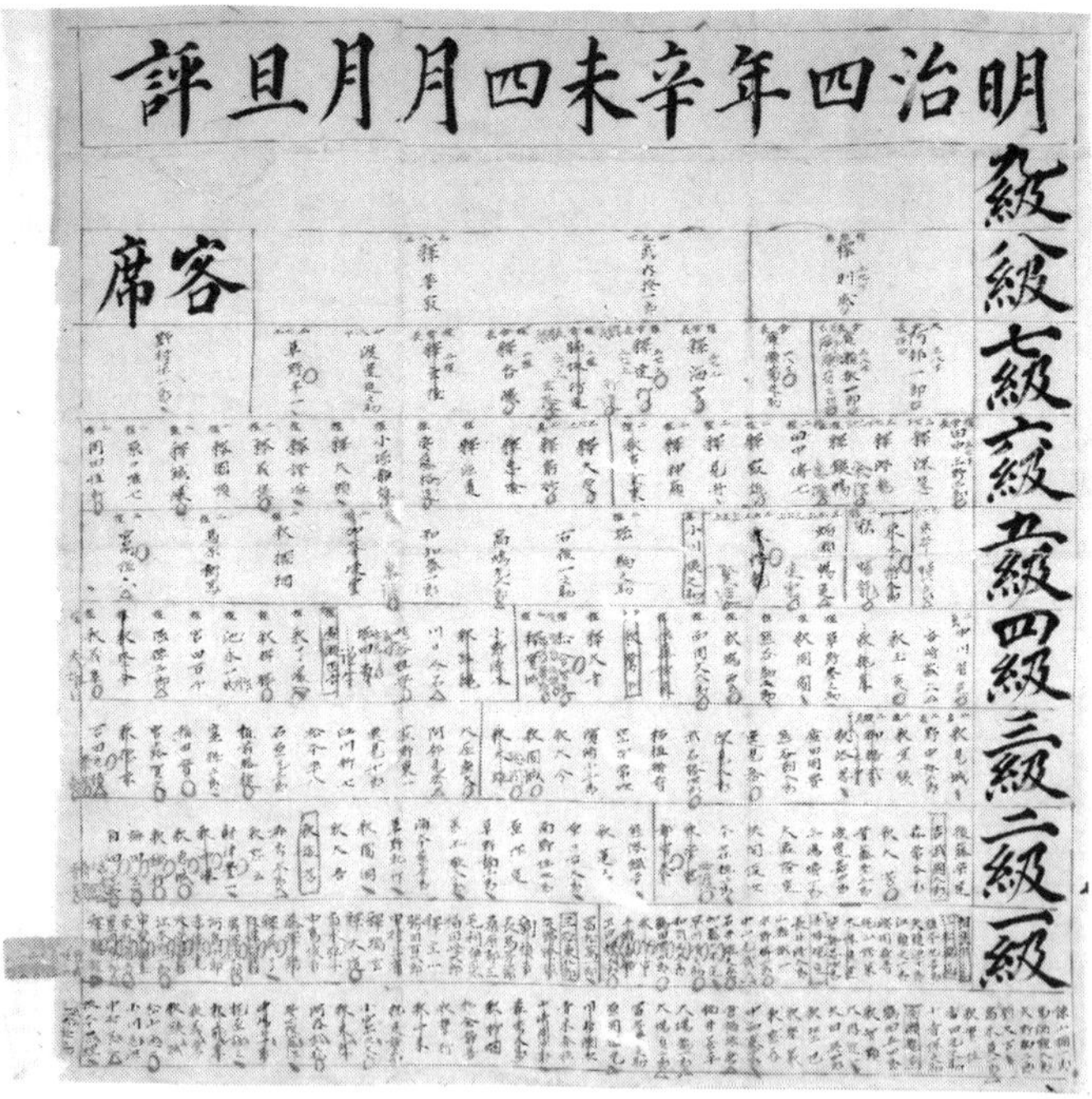

図３　明治４年４月月旦評
（廣瀬資料館所蔵　写真は咸宜園教育研究センター提供）

規約を朗読して周知した。職任制は、自治的生活を促すために全塾生に職務を分担させるものである。職任には、塾務を司り教授を補助する都講をトップとして、副監・威儀監・舎長・蔵書監といった上級職から、会計担当の主簿、清掃担当の洒掃監、入門者の世話をする新来監や、侍史・給事などの下級職に至るまでさまざまな種類があった。

淡窓が漢詩を重視したことは、年間を通じて詩集の講義をおこなったことや、門人の詩を集めた『宜園百家詩』を天保一二年（一八四一）に出版したことに現れている。淡窓は毎日二本立てで講書をおこなった。二書のうち、経（経書）・史（歴史書）・子（諸子百家）からひとつが、もうひとつは詩文集が取り上げられた。[10]たとえば「淡窓日記」から天保一〇年七〜八月を例にとると、七月五日から「高青邱詩」が、八月七日から「盛明百家詩抄」が講じられ、これらの詩講と同時併行で「大学」「中庸」「約言」「析玄」が講じられた。ほかに同年一年間に取り上げられた詩文集は、「毛詩」「文章軌範」「李白詩」「杜甫詩」「柳州詩」「陶詩」「韓詩」「白詩」「黄山谷詩」「楊誠斎詩」「陸放翁詩」「遠思楼詩鈔」などに及ぶ。淡窓が漢詩を重視したのは、自他共に認める漢詩人であったことや詩に情操陶冶の効果を期待したことのほかに、少年のやる気を起こさせる教育法として詩学から入るのが適しているという配慮による。[11]

咸宜園での学びには多くの書籍を必要とした。遠隔地から遊学してくる塾生にとって、勉学に必要な書籍すべてをあらかじめ準備して持参することは困難だっただろう。また、たびたび親元から書籍を送ってもらうのも煩雑だっただろう。そんな塾生のために始められたのが、咸宜園蔵書の閲覧供与である。蔵書の借用を希望する塾生は一か月に六〇文を蔵書銭として納めた。その貯まった額で書籍を購入して蔵書を増やしていった。ひとりが一回につき一部を借用でき、大部の書籍については五、六冊に分けて借りることができた。安政四年

（一八五七）の咸宜園蔵書目録によれば、約五〇〇〇冊に達していた。

（3）咸宜園の教育課程

咸宜園の課程は課業・試業・消権からなっていた。先述したように、中下等生に課業が、上等生に試業が課された。課業は素読・輪読・輪講・会講などから、試業は詩・文・書・句読からなった。塾生は初めに素読から入り、四書五経などを暗誦するまでになれば、『左伝』や『史記』等の輪読に進んだ。輪読に励む傍らで講義を聴き、講義の内容を復習するために会講が課された。輪読の次は輪講に進み、輪講に上達すれば独見や詩文に進んだ。(12)

日課は講義から始まった。午前中に二部に分けておこなわれ、早朝の講義は都講・副監・舎長などの上級生一、二名が担当し、朝食後に淡窓が塾生の希望に応じて二書を講義した。淡窓の講義書目は、文政四年（一八二一）以降ほぼ必ず取り上げられた『遠思楼詩鈔』（淡窓の詩集）を除いて毎年入れ替わった。山本さきによれば、咸宜園開塾直後の文政元年（一八一八）から安政二年（一八五五）までの間に一〇〇種類を超えた。(13)

淡窓の講義が終われば、質問・詩文推敲が許された。質問は、下級生が漢籍の読み方・字義・文意を上級生に尋ねるものと思われる。独見といって、塾生が独力で漢籍を黙読することもおこなわれたから、その過程で解し得ない部分についても質問したのだろう。詩文推敲は、師の指導のもとに、塾生が作成した詩文の推敲を重ねていくものと考えられる。その後、五・六級の上級生が師となって、中下等生に対し素読が授けられた。午後は、輪読・輪講・会講がおこなわれた。いずれも、月旦評上同程度の塾生による共同学習の形態をとった。輪読は、塾生が所定の漢籍を順番に朗読していくものである。音声朗暢で句読を誤らずに読むことが求められた。五行を滞りなく読めたら賞点一を、三枚以上朗読できれば二〇点を獲得できた。誤読した場合、その誤りを糺した塾生が交代して朗読した。こうして列座した塾生を三周すれば終了した。輪講は、塾生が所定の漢籍を順番に講じていくものである。言語明白にして義理に通達することが求められた。二〇字を説明できれば賞点一を獲得できた。賞点三に達したら他生に交代し、列座した塾生を三周すれば終了した。

会講は、会読とも言い、淡窓の講義三日間の内容について塾生が問答するものである。一日の講義で扱われた書籍の枚数が六枚であれば、一回の会講は一八枚に及んだ。講堂に集合した塾生が都講・副監によって一〇～一二名のグループに分けられ、それぞれに会頭判師が付けられた。会頭は七級以上の上等生が担当した。講堂あるいは各グループの会頭の居室に分かれて会講がおこなわれた。会頭は上座に座って、参加者名を帳簿に記した。塾生は二列に座る。その座順は、月旦評順か前回会講の甲乙順であった。会講は次のような順序で進められた。(14)

①第二席の塾生が第一席の塾生に、書籍中の難義と思われる句（二句以内）を質問する。第一生は、これに明瞭に答えられれば会頭と対等の席に上って机上に書籍を開いた。

②座を移動した第一生に対して、第三席、第四席の塾生が、それぞれ書籍中の難義と思われる二〇字を質問する。これらに答えられればそこで初めて第一生は賞点として三つの○（白丸）を得ることができた。

③それまで答えるいっぽうだった第一生が問者に回って、第五席の塾生に短句の義を質問する。第五生がこれに答えられれば第一生と代わって会頭と対等の席に上ることができ、それまでそこに座っていた第一生は甲位を確定した。甲位を占めた者は、論説多岐にわたって一同の手に負えない事態が生じたときに説明

することを許され、賞点を増すことができた。

④もしも②で、第一生が第三生の質問に対して明瞭に説明できなければ、第一生は第三生と席を交代しなければならなかった。このため、会講は「奪席会」とも言われた。この場合、第一生は得点できなかった。すでに第一生は①で第二生からの質問に答えていたが、短句の義を説明できても得点の価値はないとされたためである。

⑤もしも②で、第一生が、第三生の質問に答えたのち、第四生の質問に答えられなければ、第一生は第四生と席を交代した。この場合、第一生は賞点として一つの○を獲得できた。①で短句の質問に答えた効果がここで出るのである。

問答を繰り返していくなかで、問者と答者の説明が明瞭でないときには、他生が答えることができ、その説明が明瞭ならば会頭と対等の席に上った。列座した塾生を三周すれば閉会となった。都講・副監・舎長の講義が取り上げられる場合は、彼らが必ず会頭を担当した。淡窓が会頭判師を勤めることもあり、その場合は賞点が高く設定され、○ひとつにつき三点、五点、一〇点の差があった。会頭は問答を判定しながら、名簿に各塾生の点数を記録したのだろう。

試業は毎月九回（詩・文・書各二回、句読三回）おこなわれた。句読は、唐本から二〇〇字を謄写してそこに句読点を施していくものである。唐本は『太平広記』『夜譚随録』『聊斎志異』『妄妄録』『子不語』など宋・清代の小説類が使われた。書もまた唐本小説のなかの二〇〇字を書いてその美しさにより点数を獲得するもので、四〇点を満点とし、最優美と評価されれば得点が増した。詩・文は淡窓から出された題を受けて詩や文を作るもので、五〇点を満点としたものの、優秀者には六〇～七〇点が与えられた。句読・書は線香二本が、詩・

文は三本が燃え尽きる時間内に課題を終えなければならなかった。
試験場に持ち込めるのは筆と墨のみで、詩試の場合は『詩韻含英』を携帯できた。詩・文の点数は各五〇点を甲科とし、淡窓が自ら点検した。九級に登第するときには三か月甲科をとらなければならなかった。そのために、塾生は卒業（九級到達）前の数か月は寝食を惜しんで刻苦したという。小栗憲一が在籍した七年間、塾生は常時一〇〇余名をくだらず、出入りのあった塾生は総計一〇〇〇余名に達したが、九級到達者は小栗を含めて一六名に過ぎなかった。月旦九級制が採用された天保一〇年（一八三九）から明治四年（一八七一）までの塾生約三一〇〇名を対象としても、九級に昇ったことが確認できるのは四〇名に過ぎない。[15]
四級以下の中下等生は、日々の課業のほかに月二回の書蹟で大字五字を書いて賞点を得た。また、中下等生でも試業を受けることが許され、優秀者はその成績に応じて昇級することも可能だった。
こうした課業や試業に加えて、天保一一年九月に消権の課程が取り入れられた。これによって、塾生は一か月の成績の合計点数が定点に達して加級されたとしても、各階級に応じて設けられた読書や詩文の課題を終えなければ「権」の字を付されることになった。課題が滞った者は二権、三権と増したから、塾生の昇級は非常に難しくなった。

（4）塾生の状況

咸宜園に入門を希望する者は紹介人を立てて来訪し、入門簿に出身地・氏名・年齢などを記した。入門者の出身地は全国各地に及んだ。地元の豊後国を中心として、筑後・豊前・肥前・筑前など九州北部からの入門者が圧倒的に多い。長門・安芸・周防・伊予などの中国・四国地方や摂津・播磨などからも多くの入門者を集め

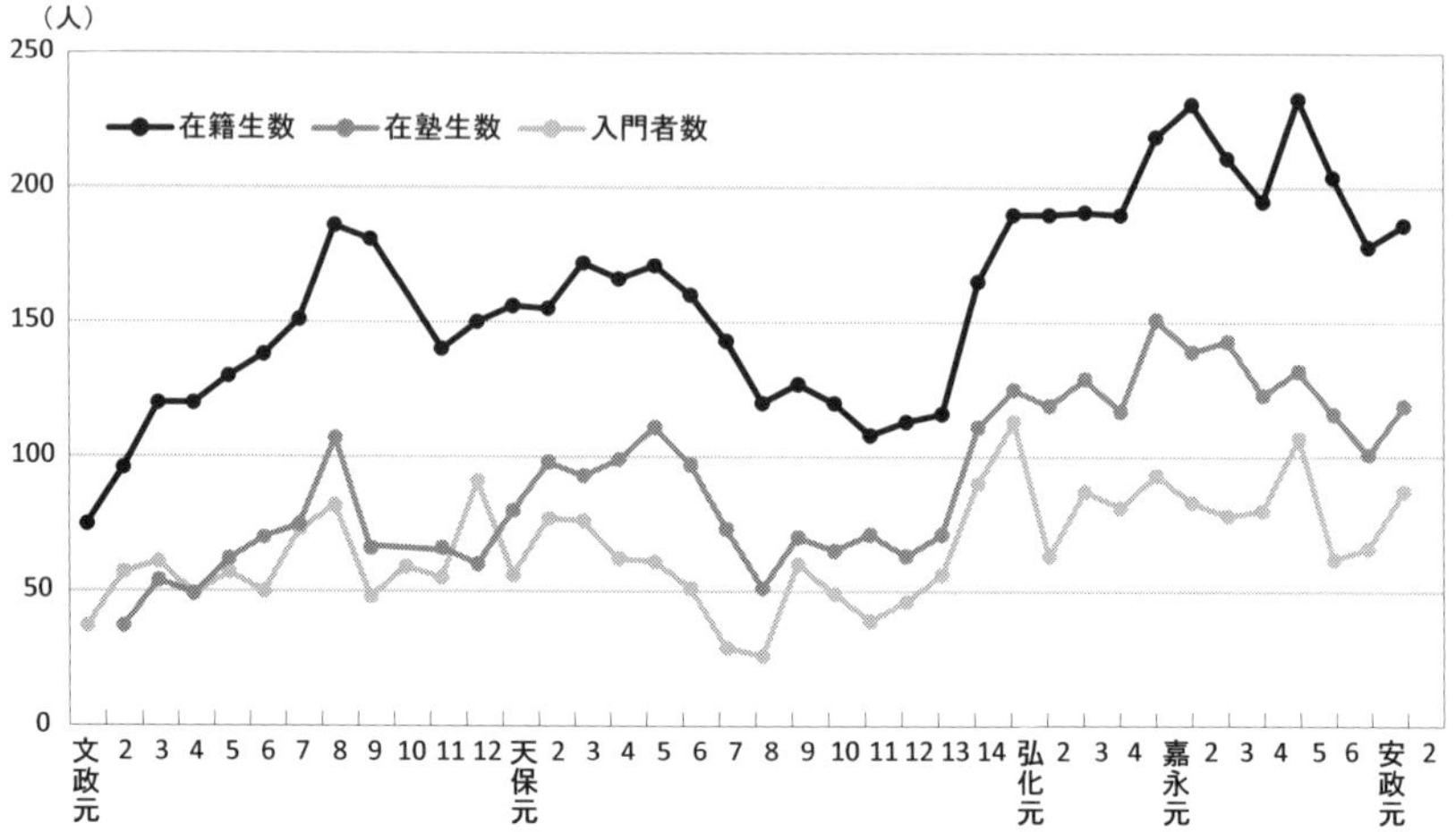

図４　咸宜園塾生数の変遷（淡窓時代）

出典：海原徹『広瀬淡窓と咸宜園』ミネルヴァ書房、2008 年、p.103 の表 1 をもとに作成。
文政元年の在塾生数、同 10 年の在塾生数・在籍生数は不明。

た。入門時の年齢は、幅があるものの、一八歳を中心に一六～二一歳に集中する傾向があった。

入門者の身分は、井上義巳によれば、僧侶が約三四％を占め、武士は六％余に過ぎなかった。残りの六割は、農民・商人層や神職・医者・修験者などであった[16]。塾生中の医生には、病人が出たとき塾内の調合所で治療を担当させた[17]。

図４に文政元年（一八一八）から安政二年（一八五五）までの塾生数の変遷を示した。天保年間半ばに、「官府の難」（代官による塾政への干渉）によって落ち込んだものの、弘化年間に入ると常時一二〇～一三〇名の在塾生を保持している。

塾生は、入門時に束脩、入門後は二季の礼金や寒暑の見舞金などを納めた。塾生間に申し合わされた慣例として、一人につき、入門束脩は金一〇〇疋、中元と歳暮にそれぞれ金一〇〇疋、大帰（卒業）に際しても金一〇〇疋を師家に納めることになっていた。以上については塾生の経済力に応じて納入額に本式・略式・極略式の三段階が設定されており、上に示したのは本式の額である。暑中・寒中見舞いについては一律に一人銀二匁を納めることになっていた。[18]

在籍期間は塾生によりまちまちであった。短い場合には一年に満たないで辞めてしまう者がいたが、長ければ八～九年間在籍した。[19]また、月旦評上に籍を置いても、必ずしも在塾しているとは限らず、帰省や他行で長期間不在のこともあった。

第二節　先行研究の問題点

咸宜園の研究は広瀬淡窓研究の一環としておこなわれてきた。淡窓の研究は、大正末年に刊行された『淡窓全集』によって緒に就き、以来、教育学、歴史学、文学などの領域の研究者によって進められてきた。一九八〇年代までの研究動向は、三澤勝己や田中加代によって整理されている。[20]その後の研究成果については、『咸宜園教育研究センター研究紀要』第二号以降毎号の巻末に掲載された「咸宜園関係参考文献」一覧によって把握できる。

淡窓の研究は、淡窓の活動を、徳行者、儒者、教育者、詩人などの側面から捉えることによって進められてきた。徳行者としての淡窓に光を当てたのは古川哲史であった。[21]

儒者としての淡窓の研究は、その著作物を分析することによって思想を明らかにするという方法により、工藤豊彦、深町浩一郎、田中加代などによってなされてきた。[22]田中は、「淡窓の思想と咸宜園の教育についての誤謬を正し、よりその真実に近づく」[23]ことを研究目的に掲げ、淡窓の学派を折衷学派とする諸説に対して、徂徠学派ととらえている。

教育者の面に着目した研究には、角光嘯堂、中島市三郎、リチャード・ルビンジャー、井上源吾、海原徹によるものがある。[24] 中島は淡窓研究に先鞭をつけ、『淡窓全集』に漏れていた史料を発掘した点でその後の研究に大きく貢献したが、淡窓の顕彰に主眼があるため、研究の客観性に問題がある。海原は『増補淡窓全集』に収められた史料を駆使して、淡窓塾主時代の咸宜園の教育について全般的に詳細に明らかにしている。

詩人としての淡窓に着目したのは、林田慎之助や髙橋昌彦である。[25] 髙橋は、新しい史料や研究成果を踏まえて、広瀬本家による咸宜園支援や咸宜園の継承問題など幅広い観点から淡窓の生涯や咸宜園の教育を概観したうえで、詩を解読している。

以上のような先行研究において、淡窓の生涯や教育については、いずれも同じような叙述が繰り返されてきた。それは多くの研究者が、『増補淡窓全集』の史料に依拠していたためである。そのなかで、井上義巳、田中加代、髙橋昌彦らの研究は、新たな視角や史料を採用している点で注目される。

井上義巳は咸宜園の財政や官府との関わりを扱い、[26] 研究の幅を広げた。天領日田という土地柄に規定された咸宜園の存在形態に注目した点が特徴的である。井上の研究は、杉本勲を代表者とする共同研究「日田とその周辺地域の総合的研究」の成果である。この共同研究は、「政治上では天領、経済上では日田金、思想文化上では咸宜園」という特色のある日田地方を体系的・総合的に把握することを目的としたもので、その成果は『九州天領の研究』として刊行された。第三章が「咸宜園をめぐる諸問題」にあてられ、井上の「咸宜園をめぐる政治情勢—咸宜園と日田官府との関係—」と杉本の「咸宜園と洋学」が収められている。[27] 共同研究の過程において杉本らは、淡窓の生家広瀬家に残る史料の調査を実施して『広瀬家文書仮目録』三冊や『咸宜園蔵書目録』などにまとめた。豪商広瀬家に関する研究を進めたことによって、広瀬家の視点からみた咸宜園研究に資するところ大であった。井上は、右のほかにも咸宜園の入門者に関する研究を発表し、それらをあわせて『日本教育思想史の研究』や『広瀬淡窓』にまとめて刊行した。

淡窓生家の広瀬家に関する研究は、横山伊徳を代表者とする共同研究「近世後期における地域ネットワークの形成と展開―日田広瀬家を中心に―」に引き継がれた。杉本勲ら九州大学による広瀬家史料調査後も未整理のままとなっていた史料の整理・目録化をほぼ終了し、平成二一年（二〇〇九）にその成果を報告書と史料目録にまとめている。(28)

その後も、淡窓生家の広瀬家の研究や広瀬宗家との関係に着目した咸宜園の研究は、日田市教育庁咸宜園教育研究センターによって継続されている。咸宜園教育研究センターは、平成二二年一〇月に史跡咸宜園の隣接地に開館した。広瀬淡窓や咸宜園に関する調査研究、普及啓発活動を目的として、史料の収集や報告書の刊行などが進められてきている。同センターが関わった刊行物として、『廣瀬淡窓の生家―廣瀬家の歴史と業績―』、『廣瀬淡窓と咸宜園―近世日本の教育遺産として―』、『図説咸宜園―近世最大の私塾―』などが挙げられる。(29)

淡窓から離れた咸宜園に関する研究として、塾則に注目した関山邦宏や、漢詩教育に注目した山本佐貴の研究などがある。また、三澤勝己は、咸宜園の蔵書に関する論文を継続的に発表し、それらを収録した『江戸の書院と現代の図書館』を近年刊行している。(30)

先行研究の問題点として、大きく二つが挙げられる。第一に、咸宜園の役割の解明がなされていないことである。文化一四年（一八一七）から明治三〇年（一八九七）までの全期間を通じて咸宜園の門人はおよそ五〇〇〇名に及ぶが、顕著な活躍をした著名人は意外と少ない。代表的な門人としてよく名が挙げられるのは、高野長英、大村益次郎、長三洲、清浦奎吾などである。海原徹は、松下村塾が幕末の志士を輩出したのに対して、「咸宜園は学校の秀才は造ったが、それ以上の何ものをも造らなかった。とくに政治的人間の育成に無力であった」[31]として政治的影響力の低さを指摘したことがある。しかし、咸宜園独自の影響力があったのではないだろうか。近年、川邉雄大は咸宜園で学んだ真宗僧が明治期に東アジアで布教活動した実態を明らかにしている[32]。咸宜園門人には僧侶が多かったから、川邉のような研究は今後も重要である。咸宜園の役割や影響力については、門人が咸宜園での経験をその後の生涯にどのように活かしたのか、咸宜園門人が各地に広がっていったことが社会にどのような影響を与えたのか、といった観点から解明する必要があろう。

第二の問題点は、研究が江戸時代の咸宜園に集中していることである。淡窓は咸宜園前史を含めて約五〇年間にわたって弟子教育をおこない、その門人数は三〇〇〇名に達したともいわれる。独特の教育方式を創案したのも淡窓である。そのため、咸宜園の研究は淡窓塾主期間に集中しており、青邨・林外時代や明治期再興後についての研究はほとんどおこなわれていない。特に、近代公教育が整備されるなかで、再興後の咸宜園の性格や役割は大きく変化したことが予想される。明治期の咸宜園を見ることによって、江戸時代の咸宜園を逆照射することも可能だろう。

第三節　本書の課題と構成

（1）本書の課題と使用史料

右にあげた先行研究の問題点を克服するために、本書では次の二点を課題とする。

第一に、咸宜園を出たあとの門人の活動を検証することによって、咸宜園の役割や影響を明らかにする。すでに、淡窓時代の門下生については、咸宜園教育研究センターが進路一覧表を作成している。一覧表には、教育者・学者が七三例、医師が八一例、僧侶・神官が七七例、政治家・官吏が一五例、その他が一九例、合計二六五例が挙げられている。(33) これらのなかで、本書では自ら開塾した門人に着目する。独特の教育方式を採用した咸宜園の役割を明らかにするためには、開塾して教育にあたった門人の活動をみるのが近道と考えるからである。咸宜園の門人が開いた塾を「系譜塾」と呼ぶことにする。門人が系譜塾に咸宜園教育のどの部分をどのように導入したのか検証する。開塾した門人は一部に過ぎないが、教育に力を入れた咸宜園の役割を明らかにするための研究対象として適している。

第二に、明治期の咸宜園や系譜塾について、入門者の出身地分布、生徒数の変化、塾則や学科課程などを検討することによって、その性格や役割について明らかにする。近代教育の先駆と評価される咸宜園の教育が、(34) 明治期にも継続したのかどうか注目されるところである。

ふたつの課題を達成することによって、近世から近代への移行期における咸宜園の役割を明らかにすることが本書の目的である。咸宜園教育の空間的な広がりや時間的な継続性を検証することになるが、その場合の咸宜園教育とは、①徹底した実力主義、②塾生による自治的運営、③漢詩重視、④塾生への蔵書の閲覧供与の四つを指すことはこれまでも述べてきた。これらのうち①～③は先行研究でも咸宜園の特徴としてしばしば指摘されてきており、通説として定着している。それに対して④は本書が独自に取り上げるものである。そのため、④を咸宜園教育に含める理由を簡単に説明しておく。

咸宜園では塾生から蔵書銭を徴収して書籍を購入し、塾蔵書を形成した。書籍の出納や管理を蔵書監に任せ、塾生が蔵書を閲覧できるようにした。また、塾生が私費で購入を希望する書籍を大坂の書肆から一括して取り寄せた。こうして咸宜園が書籍の閲覧や購入に便宜をはかったことは、塾生が学業をスムーズに進めることにつながったであろう。このように組織だった蔵書管理の例は、当時の漢学塾では珍しかったと思われる。

江戸後期は、商業出版の隆盛によって書籍が流通し、民衆が書籍を手元に置くことができる社会が実現した。書籍の流布は民衆の自己形成や知のあり方、人間関係などを大きく変えた。一九九〇年代以降、書籍に注目が集まり、かつて史料調査に行けば「雑」として括られて片隅に追いやられていた書籍群が重要な研究対象として見出され、実証的事例研究が蓄積されてきた。しかし、未だに私塾の蔵書に関する研究はほとんどみられない[35]。咸宜園蔵書が現在に至るまで大切に保存されてきた事実が、咸宜園にとって蔵書がいかに重要だったかを物語っている。咸宜園の教育を現代に伝える重要な史料群であり、研究が進められるべきと考える。

本書で使用する史料は、咸宜園関係と系譜塾関係に分かれる。咸宜園に関しては主として、公益財団法人廣瀬資料館、国文学研究資料館、咸宜園教育研究センターが所蔵する史料を使用する。廣瀬資料館は、日田市豆田町の淡窓生家跡にあり、広瀬家や咸宜園に関する史料の保管と展示をおこなっている。史料は、咸宜園歴代塾主を含む広瀬家の人びとの著作物や日記などの「広瀬家蔵書」と、咸宜園旧蔵書や第二代塾主広瀬旭荘の旧蔵書を含む「咸宜園蔵書」に大別される。さらに「広瀬家蔵書」は家宝書と一般書に分類されている。同資料館先賢文庫に保管されている史料の目録は『広瀬先賢文庫目録』[36]として出版されている。家宝書については、『廣瀬先賢文庫家宝書詳細目録』[37]もある。

廣瀬資料館先賢文庫に所蔵される史料の一部は、『淡窓全集』全三巻に収められて昭和二年（一九二七）に刊行され、早くから研究に利用されてきた。昭和四六年（一九七一）に増補版も刊行された。全集には淡窓の日記や著作物、咸宜園の入門簿・規約・蔵書目録など主要な史料が収録され、漏れた史料については中島市三郎が著書に補遺として収めている。[38]そのため、咸宜園に関する研究は、従来、全集や中島の補遺といった二次史料に依拠するところが大きかった。廣瀬資料館先賢文庫の目録が刊行されたことによって、全集にも中島の補遺にも掲載されていない一次史料に基づいた研究が可能になった。本書では、先賢文庫に所蔵されながらこれまで研究対象とならなかった史料も使用する。[39]

国文学研究資料館広瀬青邨文庫の広瀬青邨・濠田関連史料や咸宜園教育研究センターに所蔵される村上姑南関連史料もこれまでほとんど使用されていない。広瀬青邨文庫には、咸宜園蔵書目録や淡窓から旭荘への塾政移管に関わる重要な史料が存在する。広瀬濠田は明治一八年（一八八五）から咸宜園校主を勤めた。村上姑南は、明治一三年に咸宜園跡に開校した瓊林義塾の教師を勤めた。いずれも、再興後の咸宜園を知るのに不可欠な史料群といえる。

刊行された史料集としては、右の『増補淡窓全集』全三巻のほか、影印本『廣瀬旭荘全集』全一一巻[40]や『大分県先哲叢書　廣瀬淡窓資料集書簡集成』[41]を使用する。『廣瀬旭荘全集』には、旭荘の日記「日間瑣事備忘」や随筆が収められている。

系譜塾関係の史料は、系譜塾として扱う蔵春園（第四章）、三亦舎（第五章）、培養舎（第六章）、屏陽義塾（第八章）によって異なるので、各章を参照していただきたい。

（2）本書の構成と概要

第Ⅰ部「咸宜園教育の確立」では、咸宜園独特の教育が確立する経緯を見る。本書では咸宜園を特徴づける教育方式として、三奪法と月旦評による昇級制、塾規約と職任制による自治的運営、漢詩重視、蔵書の閲覧供与に注目する。これらの一部については淡窓が文化二年（一八〇五）に門人教授を開始した頃からその萌芽が見られるものの、いずれも咸宜園開設以後に本格的に整備され、天保年間の終わりに確立したととらえることができる。第一章では、その確立の経緯を、淡窓が咸宜園塾主を家業化する過程に位置づけながらたどっていく。これまで咸宜園の特徴としてはあまり注目されてこなかった蔵書管理や書籍の塾内販売については、第二章と第三章で取り上げる。

第一章「咸宜園塾主の家業化」では、淡窓が儒者としての地歩を築き、咸宜園教育を確立し、咸宜園塾主を家業として養子に伝えるまでの過程をみる。淡窓が日田の地に商家の長男として生まれながら咸宜園塾主として成功した要因には、病弱な身体ゆえに、幼少時から学問専念を許されたことや成長しても日田に留まるしかなかったという個人的事情が幸いした面があった。さらに、豪商広瀬家からの経済的支援を受けられたことも大きかった。こうした環境下で、淡窓は教授の道に専念して教育に創意工夫を重ね、咸宜園を安定的に経営し、次世代に伝承できたのである。

第二章「蔵書の形成と管理」では、咸宜園における蔵書の形成過程と管理方法を見る。文政年間に塾生から蔵書銭を徴収して書籍を購入し、塾生に蔵書を閲覧させる取り組みを始めた。塾生数が増加し、東日本からも入門者が集まるようになったことから、遠隔地からの遊学者が書籍入手に困難を来さぬようにとの配慮によるものだろう。蔵書数は幕末には約五四〇〇冊に達した。蔵書は、蔵書監を置き、蔵書目録を作成して厳密に管理した。また、大坂の書肆から取り寄せた淡窓の著作出版物や漢籍を塾内で販売することもおこなった。塾生の勉学がスムーズに進むように書籍を入手しやすい環境を整えたことも、咸宜園の大きな特徴といえる。

第三章「『遠思楼詩鈔』初編の出版」では、淡窓の漢詩集『遠思楼詩鈔』の草稿作成から出版に至るまでの経緯をみる。淡窓は自らの漢詩を咸宜園で講義しながら、詩集の草稿を作成した。『遠思楼詩鈔』は詩作と講義の往還のなかで成立したといえる。淡窓はその後も『析言』や『義府』などの著書を上梓した。出版後の講義では当然ながら板本が用いられただろう。塾生が、塾主の著作物の板本を手にして、その講義を聴くという形式が実現したのである。写本が多かった時代に、同じ板本を持った塾生に講義するということがどのような教育の変化をもたらしたのか興味あるところである。本書はそこまで踏み込むことはできないが、淡窓の詩集の板本が咸宜園塾生の間に共有されるまでの経緯をみたい。

第Ⅱ部「咸宜園教育の西日本への拡大―空間的展開―」では、咸宜園の特徴的な教育方式が、系譜塾を通じて各地に拡大したようすをみる。咸宜園の系譜塾は、九州地方で約七〇、中国・四国地方で二〇近くを確認できる。(42)そこで、本書では西日本の系譜塾の事例として蔵春園、三亦舎、培養舎を取り上げる。

第四章「初期系譜塾蔵春園の模索」では、恒遠醒窓が豊前国上毛郡に開設した蔵春園を取り上げる。醒窓は、咸宜園の早期の門人であり、蔵春園は早期の系譜塾である。咸宜園教育が未だ確立していない文政前半期に在籍した醒窓が、蔵春園に咸宜園教育の何を導入したのかみていきたい。

第五章「三亦舎を介した書籍流通」では、末田重邨が安芸国高宮郡に開いた三亦舎をとりあげる。重邨は弘化・嘉永期に咸宜園に在籍したので、月旦九級制や詳細な塾則による咸宜園教育を経験したうえで、三亦舎にそれらを導入した。しかし、三亦舎では蔵書銭を塾生から徴収した形跡がない。従って塾生が塾の蔵書を閲覧することもできなかった。このような場合、塾生はどのように書籍を入手したのだろうか。ひとりの塾生に焦点を当てることによって、彼をめぐる書籍の動きをみていく。

第六章「培養舎の点数評価」では、幕末期、豊前国下毛郡に横井古城によって開設された培養舎をとりあげる。古城は、淡窓が死去した安政三年に咸宜園に入門し、青邨や林外から教育を受けた。慶応元年に培養舎を開設したが、明治二年に藩校教授に登用されたのを機に、中津藩士を受け入れる塾へと性格を変えた。そうしたなかで、咸宜園教育がどのように導入されたのかみていく。

第Ⅲ部「咸宜園教育の近代への接続―時間的展開―」では、近代教育が整備された明治前期において咸宜園と系譜塾がどのような教育をおこなったのかみていく。咸宜園教育のなかでも三奪法と月旦評にもとづく昇級制は、身分制社会にあっては画期的な試みで、近代教育の先駆と評価されてきた。実際に明治時代になったときに咸宜園教育は近代教育にどのように対処したのか、咸宜園教育の独自性は保持できたのかといった観点から、咸宜園と系譜塾屛陽義塾について検証する。

第七章「明治期再興後の咸宜園」では、明治期の咸宜園の役割を明らかにする。再興後の咸宜園は、義塾として運営され、近代教育の整備状況や校主の方針に応じて性格や役割が変化した。その様相を、明治一三年に淡窓門人の諫山萩村や村上姑南らによって開設された瓊林義塾、同一八年に広瀬濠田によって再興された咸宜園、濠田が去ったあとの明治二〇～二五年を託された諫山萩村時代、同二九～三〇年の最後の教師を勤めた勝屋明浜時代に分けて、学則や塾生の動向に注目しながら追っていく。

第八章「明治期の系譜塾屛陽義塾」では、幕末に咸宜園で学んだ柳川竹堂が明治三年に讃岐国三野郡に開業した私塾を取りあげる。この私塾は、各種学校屛陽義塾となって同二九年まで存続した。明治期の系譜塾にも咸宜園教育は導入されたのだろうか。屛陽義塾を事例に検討したうえで、同校が地域においてどのような役割を担ったのか実証的に明らかにしていく。

終章「本書の成果と残された課題」では、本書の内容をまとめたうえで、近世近代移行期における咸宜園の役割について考察する。

註

（1）田中晃「豆田町の職業構成とその変遷」『日田文化』二九、一九八六年。
（2）日田郡教育会編『増補淡窓全集下巻』思文閣、一九七一年。以下、『増補淡窓全集』を『全集』と略記する。
（3）野口喜久雄「日田商人広瀬家の経営」杉本勲編『九州天領の研究―日田地方を中心として―』吉川弘文館、一九七六年（初出は一九七二年）、第二章第一節。
（4）田中加代『広瀬淡窓の研究』ぺりかん社、一九九三年、四五頁。
（5）井上忠校訂「武谷祐之著『南柯一夢』」『九州文化史研究所紀要』一〇、一九六三年。
（6）小栗憲一『豊絵詩史上』西村七兵衛、一八八四年（国立国会図書館所蔵）。
（7）「灯下記聞」巻二（『全集上巻』一四頁）。
（8）「夜雨寮筆記」巻二（『全集上巻』一九頁）。嘉永五年「御尋ニ付奉申上候事」（家宝15-6）。「御尋ニ付奉申上候事」は、「門弟教育」に関して書付をもって答えるように求められたのに対して、淡窓が嘉永五年二月に、「儒業存立候始末之事」「学流門風之事」「塾生取締方之事」「貧生手当之事」の四項目に分けて全一五か条にわたって答えたものである。どこから尋ねられたのか、この書付が実際に提出されたのかは不明である。
（9）「夜雨寮筆記」巻二（『全集上巻』一九・二〇頁）。
（10）山本佐貴「咸宜園における漢詩講釈の展開」『教育学研究紀要』四五（一）、一九九九年。
（11）「夜雨寮筆記」巻三（『全集上巻』三九頁）。「淡窓詩話」上巻（『全集中巻』一〇～一二頁）。

(12) 前掲註(8)「御尋ニ付奉中上候事」。
(13) 山本さき「咸宜園隆盛における漢詩教育の意義」『日本歴史』六四六、二〇〇二年。
(14) 会講については、前田勉も「南柯一夢」にもとづいて詳細に解説している(「広瀬淡窓における学校と社会」『江戸教育思想史研究』思文閣出版、二〇一六年(初出は二〇〇九年)、三九七~三九八頁)。
(15) 吉田博嗣「コラム咸宜園と月旦評─九級に達した門人たち─」咸宜園教育研究センター監修『図説咸宜園─近世最大の私塾─』日田市教育委員会、二〇一七年、六六頁。
(16) 井上義巳「咸宜園入門者についての研究」『日本教育思想史の研究』勁草書房、一九七八年。同「咸宜園入門者の入門の趨勢」『広瀬淡窓』(人物叢書)吉川弘文館、一九八七年。
(17) 前掲註(8)「御尋ニ付奉中上候事」。
(18) 天保二年「上等必読」(家宝 9-1-35)。
(19) 前掲註(8)「御尋ニ付奉中上候事」。
(20) 田中加代前掲註(4)。三澤勝己「広瀬淡窓研究史試論」『國學院雑誌』八六(六)、一九八五年。
(21) 古川哲史『広瀬淡窓』思文閣、一九七二年。
(22) 工藤豊彦『広瀬淡窓・広瀬旭荘』(叢書・日本の思想家三五)明徳出版社、一九七八年。深町浩一郎『広瀬淡窓』(西日本人物誌一五)西日本新聞社、二〇〇二年。田中加代前掲註(4)。
(23) 田中加代前掲註(4)、四七頁。
(24) 角光嘯堂『廣瀬淡窓の思想と教育』刀江書院、一九四二年。中島市三郎『教聖廣瀬淡窓の研究』第一出版協会、一九三五年。中島市三郎『廣瀬淡窓咸宜園と日本文化』第一出版協会、一九四二年。リチャード・ルビンジャー著、石附実・海原徹訳『私塾─近代日本を拓いたプライベート・アカデミー─』サイマル出版、一九八二年。井上義巳前掲註(16)『広瀬淡窓』。井上源吾『廣瀬淡窓評傳』葦書房、一九九三年。海原徹『広瀬淡窓と咸宜園─ことごとく皆宜し─』ミネルヴァ書房、二〇〇八年。
(25) 林田慎之助『広瀬淡窓』(日本漢詩人選集一五)研文出版、二〇〇五年。井上敏幸監修・髙橋昌彦著『大分県先哲叢書 廣瀬淡窓』大分県教育委員会、二〇一四年。

(26) 井上義巳「咸宜園の財政—塾主の会計記録より見た—」、前掲註(16)『日本教育思想史の研究』(初出は一九七一年)。

(27) 杉本勲編前掲註(3)。井上義巳「咸宜園をめぐる政治情勢」の初出は一九七〇年で、のちに前掲註(16)『日本教育思想史の研究』に収録された。杉本勲「咸宜園と洋学」の初出は一九七一年。

(28) 『近世後期における地域ネットワークの形成と展開—日田広瀬家を中心に』(研究代表者横山伊徳)(二〇〇六～二〇〇八年科学研究費補助金基盤研究(B)研究成果報告書)、二〇〇九年。

(29) 日田市教育庁文化財保護課編『廣瀬淡窓の生家—廣瀬家の歴史と業績—』日田市教育委員会、二〇一二年。日田市教育庁世界遺産推進室編『廣瀬淡窓と咸宜園—近世日本の教育遺産として—』日田市教育委員会、二〇一三年。咸宜園教育研究センター監修『図説咸宜園—近世最大の私塾—』日田市教育委員会、二〇一七年。

(30) 関山邦宏「幕末私塾の学規の研究—咸宜園を中心として—」『教育研究　青山学院大学教育学会紀要』二三、一九七九年。山本佐貴(さき)前掲註(10)・(13)。三澤勝己「咸宜園の漢籍収集と塾生の閲覧」『漢籍　整理と研究』一二、二〇〇四年。同「近世私塾の蔵書閲覧規定試考—蜚英館と気吹舎を事例として—」『東洋文化』一〇〇、二〇〇八年。同「広瀬旭荘の咸宜園蔵書収集の発想について—柴秋村「肅舎義書目録序」を手がかりとして—」『国士舘大学経済研紀要』二五、二〇一三年。いずれも、三澤勝己『江戸の書院と現代の図書館』樹村房、二〇一八年に収録されている。

(31) 海原徹『近世私塾の研究』思文閣出版、一九八三年、一一五頁。

(32) 川邉雄大編『浄土真宗と近代日本—東アジア・布教・漢学—』勉誠出版、二〇一六年。

(33) 「咸宜園門下生進路一覧表(淡窓時代)」、前掲註(29)『廣瀬淡窓と咸宜園』一二一～一三二頁。また、前掲註(29)『図説咸宜園』八八～九九頁においても、門人の活動を、儒学者、僧侶、医家、政治家・官吏、画家・文学者、兵学者・化学者・経世家等の項目に分けて紹介している。

(34) 高野澄「咸宜園—広瀬淡窓—」奈良本辰也編『日本の私塾』淡交社、一九六九年、一三四頁。杉本勲「豊後日田の広瀬家史料の調査によせて」『日本歴史』二七二、一九七一年、一三四頁。関山邦宏前掲註(30)、四七頁。

(35) 鈴木俊幸による『近世書籍研究文献目録』(ぺりかん社、二〇〇七年(増補改訂))や『近世・近代初期書籍研究文献目録』(勉誠出版、二〇一四年)を参照。

（36）広瀬貞雄監修、中村幸彦・井上敏幸編、広瀬先賢文庫、一九九五年。
（37）廣瀬貞雄監修、中村幸彦・井上敏幸編、廣瀬先賢文庫、二〇一八年。
（38）中島市三郎『教聖廣瀬淡窓の研究』（増補訂正版）第一出版協会、一九四三年。
（39）国文学研究資料館広瀬青邨文庫の史料群は青邨子孫の吉川孔敏氏によって寄贈されたものである。詳しくは、大野雅之「（史料紹介）「淡窓先生手書克己篇」にみる廣瀬淡窓の苦悩―末弟旭荘のこと―」『史料館研究紀要』（大分県立先哲史料館）一五、二〇一〇年を参照。
（40）廣瀬旭荘全集編集委員会編『廣瀬旭荘全集』第一巻～第一一巻、思文閣出版、一九八二～一九九四年。
（41）大分県立先哲史料館編、大分県教育委員会、二〇一二年。
（42）九州地方の系譜塾については、前掲註（29）『図説咸宜園』、一二二～一二三頁を参照。四国・中国地方の系譜塾については、鈴木理恵『咸宜園系譜塾の展開に関する実証的研究―西日本を中心として―』（二〇一三～二〇一七年度科学研究費補助金基盤研究（C）研究成果報告書）、二〇一八年を参照。

第Ⅰ部　咸宜園教育の確立

第一章　咸宜園塾主の家業化

はじめに

咸宜園は、文化一四年（一八一七）に広瀬淡窓によって開設され、天保年間前半期に旭荘（淡窓の末弟）が塾政を執ったあと再び淡窓が塾主となり、淡窓の最晩年には青邨（淡窓の門人）へ、死後は林外（旭荘の子）へと継承された。明治五年（一八七二）に林外が上京するまでの約五五年間にわたって、西日本を中心に全国各地から、約四二〇〇名の入門者を集めて隆盛を誇った。

咸宜園が長く隆盛した理由として、教育をシステム化したことが先行研究で指摘されてきた。[1] 塾主の個性や人格に依拠した私塾であれば、その死は塾の閉鎖につながった。しかし、咸宜園では、課業や試業で獲得した点数によって昇級が決まるというシステマティックな月旦評を採用し、規約や職任制に基づく塾生の自治的な運営を実現した。淡窓が生涯にわたって病弱でありながら塾主を継続できたのも、塾主を交代してなお隆盛を維持できたのも、こうした独特の教育システムが効果的に働いたからといえよう。

先行研究では、月旦九級制や消権課程などの完成された咸宜園教育に注目が集まり、それらが整備された過程については見落とされがちであった。そこで、本章ではまず、淡窓が儒業存立の地歩を築きながら咸宜園教育を確立する過程を確認する。そのうえで、淡窓から旭荘、青邨、林外へと塾主が伝えられた経緯をみていく。それは同時に、淡窓が儒門としての広瀬家を起こし、咸宜園塾主を家業として伝えていくことに成功した経緯を示すことになる。[2] したがって、儒門広瀬家にとって家督を相続するとはどういうことか、なにを契機に塾主を交代したのか、後継者にどのような資質や条件が求められたのか、後継者はどのように育成されたのかといった点に留意して述べていきたい。

近世日本は「家」を基礎単位とする社会であったから、後継者育成は諸階層で広汎に営まれた。にも関わらず、「家」の後継者育成に関する研究は等閑に付されてきた。[3] 広瀬家についても、髙橋昌彦の「咸宜園の継承問題」[4] があるものの、後継者育成の研究はおこなわれていない。儒者が家業としての儒業を伝える実態を、本章で示すことができればと思う。

第一節　咸宜園教育の形成過程

(1) 教授の道

広瀬家は用達を勤める商家だったから、その長男として誕生した淡窓は御用商人となることを期待されていたはずである。幼少期に父親の三郎右衛門に連れられて代官所に出入りしたのも嗣子として当然だろう。[5] しかし、淡窓は病弱であったため、父親はいつのころか淡窓に家業を相続させることは難しいと判断したらしい。弟久兵衛に家を譲るから「保養専一」にするように、と父親から申し付けられた淡窓は読書を始めたとのちに回想している。[6] 家事を手伝うことなく「書生の振舞のみをする」淡窓は、他人から嘲笑されたという。それでも三郎右衛門は淡窓に学問を続けさせた。それは、彼自身が少年時代に読書を志したにも関わらず、父親に止められた経験があったからだ。三郎右衛門には自らの「宿志」を淡窓に継がせたいという思いがあったのである。[7]

こうして、広瀬家の跡継ぎ候補から外れた淡窓は、学問に専念できる環境を手に入れたが、いっぽうでいかにして生きていくか迫られることになった。一四、五歳の頃に、儒者で生計を立てるのは難しいから医者になったらどうかと勧められた。そこで、しばらく眼医に師事して学んだらしいが、師が日田を去ったため頓挫した(8)。また同じ頃、淡窓に、他家に義子として入って別に家を起こさせる話がもたらされたが、父親が断ったという(9)。すでに当時、淡窓が広瀬家を継がないことを周囲も知るところとなっていたのである。

一〇歳代後半は筑前の亀井南冥の元へ遊学した。淡窓が亀井塾で学んだのは正味二年間に過ぎなかったが、のちに「教ヲ受クルノ日浅シト雖モ。其恩遇ハ。終身随従スル者ヨリモ勝レリ」(10)と述べていることから、亀井塾での経験がその後の淡窓に大きな影響を与えたことがうかがえる。筑前から戻った後の五年間は、病気治療しながら、いつまでも独り立ちできない我が身を憂えて悶々としていた。淡窓を診察していた医師倉重湊に相談したところ、次のような厳しいことばが返ってきた(11)。

畢竟足下今日ノ事業。父母ノ膝下ニ在リテ。教授ヲ以テ事トスルヨリ外ハ無シ。然ルニ。日田ハ儒業ヲ立ツヘキ地ニ非スト云フ。是日田ノ風土悪シキニ非ス。足下教授ノ道ヲ尽サヽルカ故ナリ。足下毎日僅ノ書ヲ講スルノミニシテ。未タ曽テ教育ノ術ニ心ヲ用ヒス。講説ト雖モ。一日作之テハ両日休之コト多シ。如此ニシテ。生徒ノ多カランコトヲ求ムルコト。又難カラスヤ。

淡窓は早くから儒学を学び、秀でた才学を発揮したが、儒者として生きていくことを躊躇していた。中井竹山が寛政元年（一七八九）に松平定信に提出した「草茅危言」において、貧窮に甘んじながらも儒業を専らとしている者については、戸籍に「儒者」と明記し、苗字帯刀を許可すべきであると述べているが(12)、そのように提言せざるを得ない状況が一般的だったのである。それから数十年を経てもなお、儒者として存立することは、幕儒や藩儒にでもならない限り容易ではなかったのだろう。淡窓が躊躇するのも無理はないが、倉重は、日田では儒業で存立できないなどと言い訳をせずに「教授ノ道」「教育ノ術」に専念すべきだと淡窓を諫めた。

倉重からの忠言を受けて意を決した淡窓は、文化二年（一八〇五）三月一六日に豆田町の長福寺学寮に転居して開業した。ここから「講学ヲ以テ身ヲ立ツルノ業」[13]が始まった。二四歳のときであった。その後も豆田町を拠点に成章舎や桂林園へと塾舎を転々と変えたが、文化一四年（一八一七）三月に堀田村に移って塾生との共同生活を始めると、この地に落ち着いた。これが後に咸宜園と呼ばれるようになった。堀田村は淡窓が二歳から六歳になるまで伯父平八（月化）夫妻に育てられた場所であり、文化一四年当時も月化らは同村の隠居宅秋風庵で暮らしていた。淡窓は、秋風庵から道路を隔てた西側に塾を移し、居を構え、妻のナナとともにここで暮らし始めた。

（2）咸宜園の拡大と教育の創意工夫

咸宜園は順調に入門者を増やして規模を拡大させた。桂林園時代に最も多かったときの在塾生数が三一名で月旦評（在籍生数）が六〇名であったのが、咸宜園に移って間もない文政二年（一八一九）から年間入門者数が四〇名を超えた。[14]淡窓はのちに、同三年を回想して「（二月――引用者註）月旦ニ名ヲ録スル者。一百三人ナリ。月旦百人ニ上ル事。此時ヨリ始マル。四月二十日ニ至リテ。在塾生五十四人ニ及ヘリ。（中略）其盛ナルコト。他塾ニコエタリ」と述べ、同八年を回想して「（四月――引用者註）在塾生凡ソ一百十三人。是ヲ在塾多人ノ極トス。七月月旦。通計百八十六人。是ヲ月旦多人ノ極トス」と記している。[15]このように文政年間には塾生数が年々増加し、他塾を凌駕する大規模塾へと拡大を続けた。また、塾生の出身地分布も初期の豊後を中心とする九州地方から、やがて周防・長門・安芸を初めとする西日本各地へ、さらに美濃・信濃・武蔵などの東日本へと広がった。(16)

塾生数の増加に伴い、文政四年から七年にかけて塾舎も拡大した。同四年に、秋風庵のある東側の敷地に東塾（のちの講堂）が建築され、講義はもっぱらこの東塾でおこなうことになり、もとからあった西塾は食事や休息に利用された。その三年後には東塾の前に新塾（のちの東塾）が建てられた。同五年に広瀬本家の一部を、同六年に咸宜園に隣接した民家を借り受けて塾生の宿舎とした。(17)

右のような塾生の増加や多様化に対応して、文政期には塾生活の基本的規則が整備され、効率的な教育方法が創意工夫された。門人教授を始めた文化二年からすでに採用していた月旦評については、当初は四級制であったのを、咸宜園では徐々に等級数を増やし、文政三年に七級制、同一二年には八級制とした。(18)

塾の規則についても、すでに桂林園時代から規約を作成して塾内に掲示していたことが知れるが、(19)文政期初めには、食事の時刻が決められ、「盛飯給事等ノ法」や礼謁式といった、その後長く続く法式の基本が定められた。(20)文政七年に規約を西塾・西楼・東塾・南楼に示した際には、同時に東塾において規約を講じている(21)ことから、整備された規約が成立していたことがうかがえる。関山邦宏によれば、咸宜園の規定は、全般、学校管理、教授者、学生に関するものの四種類に大別され、これらのうちの学校管理に関する規定は他に比べて早くに整えられた。(22)

職任制については、文化一一年に塾長や童子監と呼ばれる職掌を、同一四年に会計人を置いた。文政七年になると塾長法を改め、総管と塾長を一人ずつ置いた。塾長は西塾にいて諸塾の事務を掌ることになっていて、他の塾には諸監を置いた。同時に冗職を廃止したというから、当時職掌の分化が進んでいたのであろう。(23)同一一年（一八二八）に分職の差が決められて、塾長・副監・諸塾監・諸会頭・主簿・書記は六〜四級の、侍者・直日は三〜一級の、掃人は無級の相当職として設定された。(24)

淡窓が講義のなかに漢詩に関するものを常に取り入れていたことは、山本佐貴によって指摘されている。咸宜園の講義には淡窓がおこなう場合と塾生がおこなう場合があり、淡窓の講義は漢詩関連と経書等に関するものの二本立てであった。(25)淡窓が漢詩の講義を行っていたことは日記を書き始めた文化一〇年（一八一三）から記録されているが、漢詩関連とそれ以外の併行講義スタイルをとっていたことが確認できるのは、同一一年の一月から四月にかけて「史記」と「杜律」を扱っているのが最初である。同一四年に作詩課程が定められ、一か月に一五首以上の作詩が塾生に対して課されたことにも(26)漢詩重視の方針が現れている。文政三年（一八二〇）には漢詩関連の講義を「詩講」と総称するようになる。(27)同四年以降は毎年のように講義で「遠思楼詩集」を取り上げるようになる。「遠思楼詩集」とは淡窓の詩を集成したもので、天保八年（一八三七）に刊行された『遠思楼詩鈔』の草稿である。(28)

塾生から徴収した蔵書銭で書籍を購入し、塾生に閲覧させるようになったのも文政年間であった。(29)咸宜園開設以前から塾舎の修復営繕のための費用として日湊銭を徴収しており、(30)それを応用して蔵書購入費捻出の方途としたのである。この取り組みは、当時、咸宜園への入門者が広域から集まるようになったことから、遠隔地からの遊学者に便宜をはかるために始められたものと考えられる。

こうして文政年間は、咸宜園の規模が拡大したのに対応して、月旦評による昇級制、塾生による自治的運営、漢詩重視、蔵書の閲覧供与といった咸宜園を特徴づける教育方式が整備されたのである。その状況について、淡窓は、天保元年に旭荘に塾政を譲り渡す際に次のように記述している。(31)

我等儀不才無能ニシテ世間の事一も人並に勤り不申候へ共、教授の儀は二十年来心を砕き候に付手覚へ候処も有之、門下も他方よりは繁盛に候、大抵我等日々相勤候講釈会読詩文の添削等の儀、自身の力ヲ用候分者格別多き事は無之大方門人任セニ致候間、外人より見候得ば余程閑暇に相見え候得共人の心付キ無之処に工夫ヲ労候、凡席序ノ法、分職ノ法、課程ノ法、試業ノ法、一切ノ規約等何れも二十年来の工夫ヲ以て或ハ増減シ或は改革致置候、其内ニモ仕損じ候事も毎々有之候故、当時に至り而は大抵の事は人に任せ置候而も相済候はヂバン能固り居候故に而候、

「席序ノ法、分職ノ法、課程ノ法、試業ノ法、一切ノ規約等」いずれにおいても二〇年間にわたって工夫を重ね、改革を施した結果、たいていの事は門人に任せておける体制ができた、と自負している。文政期は、淡窓の表現を借りれば、咸宜園教育の地盤固めを進めた時期といえるだろう。

若いころの淡窓は、日田という土地で儒業を生業としてやっていけるかどうか不安だったが、その心配をよそに入門者数が増え続けたことから、塾生からの納入金で生活は成り立った。淡窓は自らの収入について、天保元年に「十三四年以前迄ハ一年ニ銀八九百目位之也〈席序五六十人〉、近年者弐貫目以上也〈席序百五十人〉」[32]と記している。咸宜園開設以前は年間在籍生数が五〇～六〇名しかいなかったために銀八〇〇～九〇〇目にとどまったが、文政期半ばから天保元年までの八、九年間は一五〇名程度の在籍生数を維持したことから、毎年二貫目～二貫五〇〇目の納入金を得ていた。[33]ところが、天保六年から八年まで入門者数は落ち込み、そのために天保年間後半の年間在籍生数は一二〇名前後に減少した。淡窓のように他に生業がなく、塾生からの納入金を収入源とする生活は、塾生数に左右されて不安定だったはずである。そんな淡窓を支えて安定的な咸宜園経営を可能にしたのが広瀬本家であった。

（3）広瀬本家による経済的支援

淡窓は、天保元年（一八三〇）当時、咸宜園の地盤がよく固まったと認識する一方で、将来的には咸宜園を「公辺取リコシラヘ大坂之中井抔申様成事ニ改度」という思いも内に秘めていた。大坂の懐徳堂のように準官学化する可能性を示唆したのは、郡代塩谷大四郎がそれを望んでいたからである。[34]淡窓が郡代の意向に沿って咸宜園の官学化を想定した理由は、単に咸宜園が幕府直轄地に所在したというだけでない。咸宜園経営が広瀬本家との連携によって成り立ち、その広瀬本家の経営は官府とのつながりのもとに成り立っていることを強く意識していたためと考えられる。

広瀬家が用達となったのは、淡窓伯父の平八の代であった。その跡を継いだ淡窓の父三郎右衛門の代には、代官羽倉秘救との関係を強化して家業繁栄の基礎が作られた。[35]淡窓の弟久兵衛は、三郎右衛門から家督を相続するとき、官府を「累世重恩ノ主君」と思って仕えるように言われたという。[36]広瀬家には取り立てて生業とするような産業がなかったため、官府に依存せざるを得なかった。官府との関係が家運を左右すると認識されていたのである。

久兵衛は「家政ヲ改革シテ、家ヲ興スノ志」[37]を持って家業に臨んだという。天保元年に源兵衛に家を譲ったあとも実質的には久兵衛が経営の実権を握り、同三年に掛屋を命じられた。天保年間に広瀬家は著しい経済成長を遂げたが、その成長は大名貸を中心とした高利貸経営によってもたらされたことが野口喜久雄によって明らかにされている。大名貸の資本は、代官所の公金や大名・商人・一族らからの預かりであった。一族である咸宜園塾主からの預かりに対しては高い利息が支払われた。[38]咸宜園の経営の背後には、淡窓実家である広瀬家の支援が大きく関わっていたのである。

淡窓も、広瀬家の一員として儒業面で代官（郡代）と関わった。淡窓と官府との関係については井上義巳の研究がある。すでに一三歳で羽倉代官の息子への読書教授を始め、二二歳からは官府で定期的に四書講義をおこなった。咸宜園開設から半年後の文化一四年（一八一七）九月に日田代官に着任した塩谷大四郎は、長崎や大坂を初めとする幕府直轄地で学校を興していることに刺激され、咸宜園を官府の統制下に置きたいと考えた。淡窓は気が進まぬものの、広瀬家からの圧力もあり、文政二年（一八一九）九月に塩谷の用心格として臣籍に入った。(39)

その後、淡窓は官府に頻繁に出仕せざるを得なくなった。そうした俗務を旭荘に任せて自らは修学に専念したいという思いもあって、淡窓は天保元年末に旭荘に塾政を譲り渡したのだが、それはいっそう塩谷の咸宜園への介入を招くこととなった。塩谷は、月旦評作成や都講人事にまで干渉するようになったのである。意に背く旭荘に対して「訴辱」を加えるのみならず、矛先を久兵衛に向けてその仕事を掣肘しようとした。淡窓や久兵衛は塩谷に対して、旭荘を放逐することで広瀬一族を守りたいと申し出たが、塩谷は承引しなかった。旭荘は窮地に立たされたが、天保六年八月に塩谷が幕命によって江戸に呼び戻されたことを機に、また、ちょうど堺在住の咸宜園旧門人小林安石からの勧めもあって東遊を決意した。(40)旭荘が天保七年四月に日田を去ると淡窓が再び塾政を執った。旭荘は堺で門人を取り始め、月旦評や職任制にもとづいた教育をおこなった。(41)

（4）咸宜園教育の確立

天保六年（一八三五）から八年にかけて落ち込んでいた年間入門者数は、同九年に回復した。その要因のひとつに『遠思楼詩鈔』の流行があったと考えられる。『遠思楼詩鈔』は淡窓の詩集で、旭荘が天保七年に上坂後その出版に向けて奔走し、翌八年に河内屋茂兵衛から上梓された。これによって淡窓の詩人としての名声が広まった。[42]その後、同九年から一二年にかけて淡窓は、「析玄」「迂言」「義府」などの著述を次々と脱稿した。また、天保一二年には、門人の詩を集めて『宜園百家詩』を刊行した。当時、私塾が門人詩集を編んで出版することは珍しかった。山本佐貴は『宜園百家詩』を「門人たちの漢詩学習を励まし、彼らの詩の技術を高めようとする性格のもの」[43]と意義づけている。

天保一〇年に、月旦評が九級制に改められた。無級のうえに、一級から九級がそれぞれ上下に分かれ、全一九ランクに及んだ。飛び級に相当する「超遷」もこのころ導入され、成績のよい塾生はどんどん進級できるようになった。

天保一一年九月に真権の法（消権課程）が取り入れられた。これによって、塾生は一か月の課業や試業で獲得した合計点数が各級の定点に達したとしても、別に設定された課題を終えなければ「権」の字を付され、仮進級として扱われることになった。淡窓が消権課程を採用した背景には、塾生の学力低下があった。当時、三、四級に昇っても『左伝』や『史記』の句読さえできない塾生が存在し、上等生でも月九回の試業以外は勉学がおろそかになるといった弊風が生じ、世上の咸宜園への評価が落ちたと淡窓は認識していた。[44]そうした状況に危機感を持った淡窓が、月旦九級制や消権課程を導入して、咸宜園教育が有名無実化するのを防ごうとしたものとみられる。

先述したように文政年間にすでに、その後長く続く法式の基本が定められていたが、塾則について具体的に知ることができるのは、天保一二年の「辛丑改正規則」「告諭」「分職規約」が最初である。[45]規則は五項目五三則から構成されており、項目とその内訳は職任四・飲食一五・出入一一・用財八・雑一五で、塾生の日常生活を細かく規定していた。「告諭」は一般塾生向けの五則と都講に向けた七則の二種類から成り、塾生に向けて心得や注意事項を諭していた。「分職規約」は職任に関する一九則から成っていた。天保一四年には「癸卯改正規約」、「告諭」五則、「職任告諭」二則を出した。規約は職任一八・飲食一六・出入九・門外一三・用財九・雑一七の六項目八二則から成っていた。

以上のように、天保期後半において淡窓は、塾生の学力向上や塾生活の規律化のために精力的に改革を進めた。天保期前半の「官府の難」（代官による塾政への干渉）による混乱を経て、旭荘に代わって塾政を再び担うこととなった淡窓が、咸宜園の体制強化を図った時期と評価できよう。この改革によって、詳細な塾則、月旦九級制、真権の法など、その後長く続くことになる、咸宜園を特徴づける教育や塾運営の骨子が確立したのである。

こうして咸宜園教育を確立したいっぽうで、淡窓は諸藩でも教育をおこなった。早くは、文政一二年（一八二九）五月から六月にかけて、対馬藩田代領の藩校東明館に招かれて講義をおこなった。天保一三年九月から一〇月にかけて大村藩に招かれ、藩主への講義を担当したほか、藩校教育にも携わった。このため、藩校五教館に月旦評が採用された。弘化元年（一八四四）九月には府内藩に招かれた。同二年に再び大村藩・府内藩に招聘された。

咸宜園教育が公認されたことを示すのが、天保一三年一二月の永世苗字帯刀免許であった。淡窓は「多年学業相励世上手広く致教授候」[46]という理由で水野越前守から永世苗字帯刀を許された。それが単なる名誉というにとどまらず、淡窓にとって大きな意味を持ったことは、次の史料で彼自身が傍線部のように述べていること

からわかる。(47)

謙吉儀者私弟ニ候処父申付養子ニ仕候、其後儒業之為京江戸江数年罷越候処、大坂ニ而人ニ被頼暫く弟子教授相始メ候、私愚存ニも日田之地古来儒者与申者無之、私者一生右之通ニ過シ候共、永久相続之儀者甚無覚束候間、同人望ニ任セ彼表ニ滞留為仕候、其後私儀結構被仰付候ニ付、儒業是非共当地ニ於而永久相続可仕儀ニ奉存候間、謙吉も帰宅力を合可申処、大坂表急ニ引払出来兼候より、門弟矢野範治与申者養子ニ仕、謙吉弟分ニ定メ手伝為仕候、尚又謙吉悴孝之助と申者私手許ニ乍置教育仕候、追々者家業相続為仕候内存ニ御座候事、

淡窓は、永世苗字帯刀を認められたことによって、日田における儒業の永久相続が可能になったと認識していることが読み取れる。咸宜園を旭荘以下の子孫に家業として伝えていくことができると確信したのである。

幕府の公認を得たことが作用してか、天保一四年（一八四三）の入門者は九〇名に、弘化元年（一八四四）は一一三名に達した。塾生数の増加に伴って、同四年には西家に塾生の寄宿舎として南塾を建築した。以後も増減はあったが安定的に塾生を確保できた。最盛期の嘉永年間には二〇〇名前後の在籍生数を維持した。

第二節　旭荘―青邨―林外への継承

儒業で存立することを可能にした淡窓は、咸宜園塾主を広瀬家の家業として伝えようとした。しかし、淡窓には子がいなかったことから、三人の養子に伝えていった。最初に養子としたのが二五歳離れた末弟の謙吉(旭荘)であった。旭荘は、九歳頃から淡窓に従って学び始めた。(48)一三歳から三年間は宗家の仕事を手伝いなが

ら学問に努めた。一六歳になってまもなく、伯父月化の看病に忙しい淡窓から命じられて咸宜園に移り、伯父の死後も喪に服した淡窓に代わって教学を担当した。一七歳になると、宗家に戻って再び家業を手伝っていた。久兵衛に子がなかったことから、その跡を嗣ぐことになるかもしれないと旭荘本人は考えていたようだ。ところが、父親から終身読書したければ兄淡窓の跡を継いだらいいと言われ、旭荘もそれを望んでいることを伝えた。父親の意向を受けて、淡窓は文政六年（一八二三）二月に旭荘を嗣子とすることを官府に届け出て許可された。

天保元年（一八三〇）閏三月に、淡窓は、弟久兵衛と相談して旭荘に家を伝えることを決定した。その年のうちに、自らは退隠し、旭荘を塾経営にあたらせるべく事を進めた。なぜ、この年に旭荘に家を伝えようとしたのだろうか。第一に、旭荘が独り立ちするにふさわしい年齢に達していたためであった。淡窓自身が二四歳で門人教授を始めた経験をもとに、同年齢に達していた旭荘に相続させたのである。第二の理由は、父親の三郎右衛門が高齢（八〇歳）であったことである。そのため、「大人御壮健之内に落着の処を御目に掛け申度存候間、此節婚姻結び本宅を相渡且我等門人を其方に付属致候得ば生業の処一通り相立候姿に相成候」と、旭荘の結婚を急いだ。父親が元気なうちに安心させたいという配慮からであった。さらにいえば、先述したように、淡窓は当時咸宜園の地盤がよく固まったと認識していたことから、旭荘に塾政を譲り渡す好機と判断したのだろう。

天保元年一二月五日に淡窓夫妻は西家の本宅を旭荘に明け渡して東家に隠居した。この日から塾中政令は旭荘に委ねられた。七日には淡窓から旭荘に「伝家録二巻」が与えられた。二六日に旭荘と足立氏との婚儀が執り行われ、旭荘は名実ともに家の主となった。翌二年元旦以後の入門者は旭荘の門人として扱われたが、淡窓自身も講書、詩文添削、月旦評作成などは継続して担当した。淡窓は「老先生」、旭荘は「先生」と呼ばれた。旭荘の例から、家を相続して咸宜園塾政を執るためには、才学を備え、教授経験を有し、一定年齢に達し、結婚していることといった条件が必要だったことがわかる。

天保七年（一八三六）四月に旭荘が東遊すると、淡窓は再び塾政を執った。旭荘の東遊については、以前から「天下後世ニ名ヲ伝候ニ者九州ニ居候而者不便利ニ候、別而日田者儒者之住居可致地ニ無之候ハ、同人（旭荘―引用者註）心底尤ニ存候」[57]と理解を示していた。[58]それでも淡窓は、旭荘がいずれは日田に戻って咸宜園を継承することを期待していた。しかし、旭荘はいっこうに日田に戻りそうになかった。旭荘の長男孝之助（林外）が成長したら咸宜園を伝えようとして、天保一四年から手許に預かって教育していたが、孝之助はまだ幼かった。いっぽう、淡窓は老いていくばかりである。そこで淡窓は、門人の矢野範治（青邨）を義子とし、塾政と家事を任せようと考えた。青邨は豊前国下毛郡の出身で、天保五年に一六歳で咸宜園に入門し、同一〇年に九級下に昇り、都講に就いた。卒業後は医者を目指して肥後に遊学した。弘化元年（一八四四）一月に淡窓は矢野家に人を遣わして青邨に「予業」を継がせたいと請い、六月に青邨を義子とすることを決め、七月に官許を得た。青邨は、従来は医者を兼ねていたので惣髪だったが、儒者となったことから八月に前髪を払った。弘化四年一一月に合原氏と結婚し、西家に居住した。青邨夫妻は淡窓夫妻と異爨だが、食糧は淡窓から支給された。[59]

青邨に業を継がせる官許を得た際、淡窓は青邨を旭荘の弟に位置づけようとした。しかし、竹尾代官から「処士称レ姓帯レ刀。事属二特例一。不レ可三妄生二支派一。宜下称二謙吉子一。而又伝中之於其実子上」として、永世苗字帯刀の特権があることからみだりに支派を生じさせないように戒められた。代官の命に従って形式上は青邨を旭荘の子として届け出たものの、内実は旭荘の弟として遇した。嘉永二年（一八四九）一月にようやく、青邨の名籍を旭荘の弟に改め、名実ともに一致させることができた。同四年九月に、日田に一時帰郷していた旭荘が再び東上する際に、淡窓は旭荘を弟位に戻し、それまで孫として遇してきた孝之助を嗣子とした[60]。つまり、いつまでも東遊したままで日田に落ち着きそうにない旭荘を後継者候補からはずし、代わりに孝之助を第一候補としたのである。ただし、官府簿籍は旧来通りであった。

こうして林外を嗣子と確定したものの、淡窓は安政二年（一八五五）三月一六日をもって青邨に家を伝え、塾生らにそれを告げた。この日は、文化二年（一八〇五）に淡窓が門人教授を開始してからちょうど五〇年となる節目に当たった[61]。淡窓は退隠したが、咸宜園での教授は続けた。青邨は家を伝えられたといっても、あくまでも義子として塾政を継承したのであって、家督を相続したわけではなかったと考えられる[62]。

安政三年に入ると、淡窓は病床にありながら、林外に家を伝えるべく具体的な動きに出た。当時林外は二一歳と若かったが、淡窓が自身の死期の近いことを意識して急いだのだろう。二月に旭荘が帰郷すると、三月五日に淡窓と旭荘は林外の婚儀について相談している[63]。三月二七日には「改二名号一之令」が出されて、淡窓を「老先生」、青邨を「先生」、林外を「若先生」とすることが定められ、四月一日に旭荘から塾生に改称を知らせた[64]。三月二八日に林外は家政を委ねられ、四月一六日に林外の結納の儀が整えられた。

こうして着々と林外への相続準備が進んだところで、四月二九日に淡窓は宗族を咸宜園の春秋園（秋風庵）に集めて、青邨を義子とし、林外を後嗣とすることを正式に伝えた[65]。その時に淡窓から宗族に向けて伝えられたのが次の史料と考えられる。広瀬久兵衛・辛島弥六・広瀬旭荘・広瀬源兵衛・広瀬吾八郎らに宛てて、青邨の代筆によって書かれた「申極之条」である[66]。

一、先年謙吉ニ粗申聞候通、我家儒門ニ付、格別昭穆称呼之儀、正シ置度。無左而は、其末如何相乱候哉も難計。官籍ニ不拘、私家之極致候事、和漢其例多く候。我家之倫理不正候而は、門人之訓ニも障有之候間、我等健在中ニ相極メ候。今後長く左之通相心得可申事。

一、範治事、我等義子ニ致候得共、其事不分明ニ付、今後孝之助兄分として、久兵衛、弥六、謙吉よりは、真之姪同様可相心得、源兵衛、吾八郎、政右衛門等ハ、従兄弟之交ニ致可申事。

一、孝之助、我等夫婦を今迄祖父母と呼来候得共、此後新婦と共ニ父母を以呼、範治夫婦ハ兄嫂を以呼、範治子女は叔姪といたし、範治方よりも、孝之助子女を同様ニ可相心得事。

一、謙吉方ハ孝之助ニ拘り合なく、別ニ一家を立候様可相心得事。

一、家内称呼之儀、以後我等を御隠居、範治ヲ旦那、孝之助ヲ若旦那と称可申。世帯は二ニ候得共、畢竟一家ニ而、親類之交りも右ニ準シ、二家ニ不致事。

儒門である広瀬家において昭穆称呼を正すことは重要であるとの認識を示したうえで、青邨（範治）は義子であって林外（孝之助）の兄とすること、林外は新婦とともに淡窓夫妻を父母と呼ぶべきこと、旭荘（謙吉）は別に家を立てるべきことを伝えた。青邨を義子、林外を嗣子とすることは内々では以前から決まっていたが、いまだ公表していなかった。林外が後継者であることを周知するための措置だった。

五月一五日には淡窓から林外に書籍や器物が伝えられた[67]。後述するように、天保元年（一八三〇）に旭荘に家を伝えたときに蔵書や器物が譲られたのと同様である。

林外は九月に結婚する予定だったが、直前になって破談となった。まもなく一一月に淡窓は死去した。淡窓は林外に広瀬家を伝えようとしたが、林外は結婚して家の主となることができなかったから、家督相続は見送られたのではないだろうか。林外が塾主となった時期については、淡窓死去直後とする『淡窓全集』の説[68]、文久元年（一八六一）とする井上義巳の説[69]、文久三年とする説がある。右にみたように、安政三年（一八五六）にすでに林外に家政や書籍・器物が伝えられていたことに鑑みれば、林外が塾政を執る準備が整えられており、あとは結婚を待つばかりといった段階にさしかかっていたとみるべきだろう。したがって、林外は、吉瀬トクと結婚した安政五年一〇月[70]に名実ともに広瀬家を相続して咸宜園の塾政を執ったと考えるのが妥当ではないだろうか。永世苗字帯刀の特権は青邨ではなく林外が相続しているが[71]、これも淡窓死去の直後ではなく、林外が結婚して家を継いだ後のことと考えられる。

淡窓が咸宜園塾主を家業化することは、広瀬本家から分かれて儒門としての家を起こすことを意味した。そのため淡窓は、広瀬本家の菩提寺大超寺とは別に、儒家広瀬家としての墓地長生園を生前に咸宜園の近くに造成した。淡窓・旭荘・青邨・林外や、彼らの妻子は長生園に葬られた[72]。

第三節　後継者への継承物と教育

（1）旭荘への継承物

咸宜園での門人教授を儒業とした広瀬家が、それを家業として伝える際に、後継者に具体的に何を伝えたのだろうか。天保元年（一八三〇）に旭荘に家が伝えられた際に譲られたものは、訓戒・家法、家督・家産、塾付属の金品に大別される。まず、八月に「謙吉へ申聞候事」が伝えられた。これは、一二則にわたって家主や塾主としての心得、家法などをまとめたものである。特に塾主の心得に関しては、儒家が門人の帰依を得ることの難しさや大切さを詳細に説いている。家法は、淡窓が独自に作成したものではなく、広瀬本家を踏襲して六か条に明文化している。

天保元年末に「伝家録二巻」が旭荘に伝えられたことは先述したが、その草稿と考えられる史料が国文学研究資料館に残されている[73]。この史料は、表題に「久兵衛殿仲平殿江及相続候事」とあることから、旭荘に家を相続させるにあたって、淡窓が広瀬本家の久兵衛と仲平（三右衛門）に伝えておくべき事項をまとめたものと考えられる。冒頭に「謙吉江致付属候品々目録」が掲載されており、これと同じものが「伝家録」として旭荘にも与えられたと考えられる。旭荘に譲渡された品目は、家督に相当するもの、象徴的物具、家産に分類できる。

最初に挙げられたのは「門人簿」と「席序」である。「門人簿」については、「我等か家督此外ニ者無之、退隠之日より入門之者ハ皆謙吉弟子ニ致し、其為ニ此帳面を附属す」と付言がある。旭荘が塾政を執り始めた日から入門者を旭荘の弟子とする、そのことを端的に示すために門人簿が与えられたのである。「席序」は当時在籍していた塾生一五〇名の月旦評であろう。「門人簿」と「席序」が与えられたことは、旭荘が入門者から納められる束脩と当時の在籍生から納められる謝儀を収入として生計を立てることを意味した。だからこそ、門人簿は「家督」に相当すると認識されていたのである。なお、淡窓は「今迄之余銀」で暮らすことが想定されていた。

次いで挙げられているのが、「聖像一幅、亀井先生掛物一幅、案一脚、見台一、硯箱一」である。聖像は言うまでもなく孔子像である。「亀井先生」とは亀井南冥と考えられる。これらの品々については、「拙者数十年来持伝候品也、家業ヲ譲り候験ニ遣候、品之厚薄ニよる事ニ者あらず」と付言がある。つまり、家業譲渡の象徴的物具として旭荘に与えられている。資産的価値はなくても、儒家である広瀬家にとってはそれを所持していることが正統な後継者であることを証明する重要な物であったと考えられる。

そのほか、「本宅」や「西塾」「新塾」といった塾舎、「菜園」などの不動産、「衣類」や「器物」といった家産が伝えられた。

純粋に広瀬家のものではないけれども「塾付キ之品」として、塾生の出資によって購入した「蔵書」、塾生から集められた「飯代」「日湊銭」「罰銭」などの金銭についても、旭荘に伝えられた。

(2)　林外への教育

淡窓は咸宜園で旭荘を教育したが、旭荘が淡窓の養子となることが決まったのは一七歳になってからであったため、咸宜園塾主の後継者として教育したわけではなかった。青邨についても、淡窓の養子となったのは二六歳のときであったから、咸宜園在籍中は他の塾生と同様に教育がなされた。それに対して林外は、旭荘の長男として生まれたことから、誕生時から咸宜園塾主を継承することが期待されていた。

林外（孝之助）が誕生した天保七年（一八三六）当時、旭荘は大坂で淡窓の詩集を出版するために奔走し、また、堺に塾を開いて忙しくしていた。そのため、林外は四歳の中頃まで淡窓膝下で育てられた。その後、母親とともに大坂へ移って四年間余り旭荘のもとで育てられたが、八歳のときに日田に戻り、咸宜園に入門して淡窓に学んだ。

咸宜園では順調に昇級して、弘化四年（一八四七）に六級、嘉永元年（一八四八）に八級に進み、同三年三月に一五歳で九級下に達した。一五歳は、天保一〇年（一八三九）から明治四年（一八七一）までの間に九級に到達したことが確認できる四〇名のなかで最年少である。(74) 安政元年（一八五四）一月に都講となった。都講は通常二〇歳以上の塾生が任ぜられたが、孝之助は一年早く就いた。(75)

入門が早かったとはいえ、一五歳で最上級に達したのは、やはり他の塾生とは異なる恵まれた環境にあったからといえよう。弘化元年（一八四四）半ば以降の咸宜園では青邨が淡窓を補佐していたことから、林外は二人から教育を受けることができた。それは他の塾生でも同様だったが、林外が他と異なったのは、淡窓の孫、青邨の甥として懇切な指導を受けることができた点であった。恵まれた環境にありながら林外が「懶惰」であることから将来の「四広之名」は期待できないと、年長の塾生から厳しく戒められることもあった。(76) 逆に言えば、林外が、淡窓・旭荘・青邨に次ぐ「四広」として周囲から強い期待が寄せられていたことをうかがわせる。

林外は、実父旭荘からも教育や学業に関する指示を受けた。まず、七歳で旭荘の門人から『孝経』の句読を受け始めた。旭荘と林外は一時期を除いてほとんど離れて暮らしていたので、その間は二人のあいだで書状がやり取りされた。嘉永元年（一八四八）の旭荘の書状が五通残されており、そのなかで旭荘は書物を読むように繰り返し説いている。たとえば二月に、「歴史博渉猟、見候丈之書ハ別に帖面ヲ作り、何年何月読始候て、何日終ルト記し、至二十迄ニ万巻之書、読可申候事」と、読書記録をとりながら多くの書籍を読むようにと具体的に指示している。(77) 林外から旭荘に草稿が届けられて旭荘の批評が加えられ返送されることもあった。(78)

林外は八歳で日田に戻ってから後は淡窓とともに咸宜園東家において生活していたが、一四歳になってまもなく嘉永二年一月に西塾に入った。その際に淡窓から「謹従二規矩準縄一、勿レ犯二塾法一」(79) と、塾則を守るように訓戒を受けている。入塾は、林外に塾生活を体験させることを目的とした措置だったと考えられる。

林外は、一五歳で最上級に到達して学問修業においては一段落したことから、翌嘉永四年に家業継承に向けて本格的な準備に入った。淡窓は一月に林外を府内に赴かせた。その目的は、武芸を稽古させることで、武士の作法を体得させ肢体を強健にするためであった。帯刀を許された家の後継者として、刀を扱う方法を知っておくことが必要だと淡窓は考えたのである。府内から戻ったあとの林外は、先述したように九月に淡窓の嗣子と位置づけられ、一一月に淡窓から「林外」の号を授けられ、一二月には家法を授けられた。(80)

林外を旭荘と比較すると、旭荘が九歳頃から咸宜園で学び始めたのに対して林外は八歳で入門した。昇級過程については、旭荘が咸宜園で学んでいたころは九級制ではなかったので単純に比較できないが、五級に達したのは旭荘が一四歳であったのに対して林外は一二歳で、最上級に達したのは旭荘が二二歳（八級）で林外は一五歳（九級）であった。日記を執筆し始めたのは、旭荘が二六歳で、林外は一四歳であった。ちなみに淡窓が日記を始めたのは三二歳のときで、その理由についてのちに「其内ニハ子孫ノ心得ト成スヘキ事モ有ルヘシ」(81)と記している。林外の執筆目的も子孫のために残すことにあっただろう。家法を伝授された年齢は、旭荘が二四歳で林外は一六歳であった。二人の入門年齢はほとんど変わらないものの、昇級速度は林外がかなり速い。(82)また、林外に関して、日記執筆や家法伝授といった家業継承の準備が早い段階からなされていたことがわかる。

本家が咸宜園の教育に直接関わることはなかったが、広瀬（淡窓）家の後継者に対しての助言や戒告といった形での関わりは、淡窓死去後も継続された。たとえば、安政四年（一八五七）に林外は、旭荘から遊学に誘われたものの、広瀬本家の久兵衛から反対されたためにその意見を受け入れて遊学を諦めた。広瀬本家から分立したとはいえ、咸宜園は経済的には本家に依存する状態が続いた。ときには本家の掣肘を受けながら、本家との関わりのなかで存立したことに変わりはなかった。

おわりに

江戸時代において儒者として存立することは容易ではなかった。ましてや、日田という僻遠の地にあって、病弱だった広瀬淡窓にとってはなおさら困難なことと思われた。それを実現できたのは、幼少期から儒学に専念して学問的基盤を形成し、独自の教育方式によって咸宜園を隆盛に導いたこと、日田代官所との結びつきによって成長を遂げた広瀬本家から経済的支援を得たこと、公儀による永世苗字帯刀という身分的保証を得たこと、といった要因が重なったことによる。

淡窓は、門人教授を家業化したことにより、後継者育成という課題に直面することになる。そうしたなか誕生した孝之助は、淡窓・旭荘・青邨に続いて「四広」に列する存在として周囲の期待を集め、後継者として育てられた。幼少時から咸宜園で暮らし、その業を担うことを方向づけられた。淡窓・旭荘・青邨や彼らの門人から学ぶことのできる人的環境、咸宜園の五〇〇〇冊に及ぶ書籍を読むことのできる物的環境、儒学に専念することが許された経済的環境のなかで、順調に最上級に達したあとは家業継承のための準備に取り組んだ。

淡窓が門人教授を家業として確立し、家業を伝える体制を整えたことによって、咸宜園は長期にわたり継続することが可能となった。

註

(1) リチャード・ルビンジャー著、石附実・海原徹訳『私塾―近代日本を拓いたプライベート・アカデミー―』サイマル出版、一九八二年、七五頁。恒遠俊輔『幕末の私塾・蔵春園―教育の源流をたずねて―』葦書房、一九九二年、三四頁。

(2) 先行研究では咸宜園を広瀬本家の家業の一環としてとらえてきた（井上義巳「咸宜園をめぐる政治情勢―咸宜園と日田代官府との関係―」〔『日本教育思想史の研究』勁草書房、一九七八年（初出は一九七〇年）、三〇一頁〕、佐藤晃洋「廣瀬淡窓と廣瀬本家の絆について」（佐藤ほか「廣瀬淡窓と旧宅」『咸宜園教育研究センター研究紀要』二、二〇一三年、第六章八七頁）が、本書では咸宜園を広瀬（淡窓）家の家業ととらえる。

(3) 「家」の継承に注目した教育史研究は、主として家訓研究としておこなわれ、家訓から徳目・教育観・後継者の心得などを析出する方法が採られてきた（近藤斉『近世以降武家家訓の研究』風間書房、一九七五年。同『戦国時代武家家訓の研究』風間書房、一九七八年。入江宏『近世庶民家訓の研究―「家」の経営と教育―』多賀出版、一九九六年）。家訓は伝えられた結果物に過ぎない。後継者がどのような場でどのような方法で育成されたのかという過程を明らかにする必要がある。

(4) 井上敏幸監修・髙橋昌彦著『大分県先哲叢書 廣瀬淡窓』大分県教育委員会、二〇一四年。

(5) 「懐旧楼筆記」（日田郡教育会編『増補淡窓全集上巻』思文閣、一九七一年、三五頁）。以下、『増補淡窓全集』を『全集』と略記する。

(6) 嘉永五年「御尋ニ付奉申上候事」（家宝15-6）。

(7) 「広瀬家譜」巻下（『全集下巻』三二頁）。

(8) 「懐旧楼筆記」（一二四頁）。

(9) 「懐旧楼筆記」（六九頁）。

(10) 「懐旧楼筆記」（九五頁）。亀井塾での経験が淡窓の教育に影響を与えたことについては、諸氏によって指摘されている。辻本雅史は亀井南冥の「すぐれた教育法」が淡窓に「発展的に継承される」とする（『近世教育思想史の研究―

日本における「公教育」思想の源流―』思文閣出版、一九九〇年、一九五頁）。三澤勝己は淡窓の夜話会（毎宵塾生数人を相手におこなった談話会）や蔵書監を亀井塾に倣ったものであると指摘する（「廣瀬淡窓と諸学」大倉精神文化研究所編『近世の精神生活』続群書類従完成会、一九九六年。「近世私塾の蔵書閲覧規定試考―蛬英館と気吹舎を事例として―」『江戸の書院と現代の図書館』樹村房、二〇一八年（初出は二〇〇八年）、三一頁）。齋藤尚志は淡窓が「亀井塾の教育の欠点」を「修正・応用」して咸宜園経営に取り入れたとする（「広瀬淡窓の「教育ノ術」―礼楽刑政による解釈―」『日本教育史研究』二五、二〇〇六年、三八頁）。

(11)「懐旧楼筆記」（一二七頁）。

(12)「草茅危言」巻四「儒者之事」（滝本誠一編『日本経済叢書一六』日本経済叢書刊行会、一九一五年、三五八・三五九頁）。儒者については、宇野田尚哉「儒者」横田冬彦編『身分的周縁と近世社会五　知識と学問をになう人びと』吉川弘文館、二〇〇七年を参照。

(13)「懐旧楼筆記」（一二九頁）。

(14)咸宜園教育研究センター監修『図説咸宜園―近世最大の私塾―』日田市教育委員会、二〇一七年、八四頁。

(15)「懐旧楼筆記」（二五五・三〇九頁）。

(16)咸宜園における地方別入門者数は、関山邦宏「幕末私塾の学規の研究―咸宜園を中心として―」『教育研究　青山学院大学教育学会紀要』二三、一九七九年、五三頁による。

(17)「淡窓日記」文政四年三月八日条（二一七頁）。咸宜園入門者数の増加とそれに伴う塾舎の増築については、土居和幸「廣瀬淡窓旧宅の特色について」（佐藤晃洋ほか前掲註(2)、第一章）四二頁を参照。

(18)月旦評の改変については、海原徹『広瀬淡窓と咸宜園―ことごとく皆宜し―』ミネルヴァ書房、二〇〇八年、一六〇～一六八頁や、吉田博嗣「月旦評と学則三科」日田市教育庁世界遺産推進室編『廣瀬淡窓と咸宜園―近世日本の教育遺産として―』日田市教育委員会、二〇一三年、第一章第三節（三）を参照。

(19)「淡窓日記」文化一〇年九月一〇日条、文化一一年一〇月二七日条、同年一一月二〇日条（一一・三二・三四頁）。咸宜園塾則については、関山邦宏前掲註(16)を参照。

(20)「懐旧楼筆記」文政二年九月条、文政四年八月二三日条（二四五・二七〇頁）。

(21)「淡窓日記」文政七年三月一七日条（三〇九頁）。
(22)関山邦宏前掲註(16)、三九頁。
(23)「淡窓日記」文化一一年三月九日条、同一四年一一月二八日条、文政七年三月一四日条（一六・一一六・三〇八頁）。
(24)「淡窓日記」文政一一年一〇月一四日条（三八四頁）。
(25)山本佐貴「咸宜園における漢詩講釈の展開」『教育学研究紀要』四五（一）、一九九九年、一六四頁。
(26)「淡窓日記」文化一四年七月八日条（一〇四頁）。
(27)山本さき「咸宜園隆盛における漢詩教育の意義」『日本歴史』六四六、二〇〇二年、五八頁。
(28)『遠思楼詩鈔』については本書第三章を参照。
(29)咸宜園蔵書の形成については本書第二章を参照。
(30)海原徹前掲註(18)、八四・八五頁。文化四年（一八〇七）に桂林園を建築した時の借金を、塾生一人一日三銭ずつ取り立てた日湊銭によって返済して以来、咸宜園でも建物の修復営繕のための費用として徴収を継続していた。
(31)天保元年八月「謙吉へ申聞候事」（『全集中巻』五頁）。
(32)「久兵衛殿仲平殿江及相続候事」（青邨文庫 84-16）。
(33)前掲註(31)（『全集中巻』二頁）。
(34)前掲註(32)に同じ。
(35)井上義巳前掲註(2)、三〇六頁。
(36)「懐旧楼筆記」（三一二頁）。
(37)「九桂草堂随筆」巻九（廣瀬旭荘全集編集委員會編『廣瀬旭荘全集随筆篇』思文閣出版、一九八六年、一七〇頁）。
(38)野口喜久雄「日田商人広瀬家の経営」杉本勲編『九州天領の研究―日田地方を中心として―』吉川弘文館、一九七六年（初出は一九七二年）、第二章第一節。
(39)「淡窓日記」文政二年九月二二日条（一七二頁）。
(40)前掲註(37)、一七二頁。
(41)旭荘の堺の塾については、溝田直己「廣瀬旭荘の堺開塾と門下生ネットワークについて」川邉雄大編『浄土真宗と近代日本―東アジア・布教・漢学―』勉誠出版、二〇一六年を参照。
(42) 天保一〇年二月二三日付広瀬淡窓宛広瀬旭荘書状によれば、『遠思楼詩鈔』は菅茶山や頼山陽の詩集と並んで百年来屈指の流行現象を起こしたという（大分県立先哲史料館編『大分県先哲叢書　廣瀬淡窓資料集書簡集成』大分県教育委員会、二〇一二年、来信46、三四七頁）。
(43) 山本佐貴前掲註(25)、一六七頁。
(44) 「新論」（『全集中巻』一二頁）。
(45) 「辛丑改正規則」「告諭」「分職規約」は、中島市三郎によって『教聖廣瀬淡窓の研究』（増補訂正版）（第一出版協会、一九四三年）の巻末増補部分に翻刻されている。
(46) 「淡窓先生小伝」『全集上巻』七頁。
(47) 前掲註(6)に同じ。
(48) 髙橋昌彦前掲註(4)、九七頁。
(49) 「淡窓日記」文政五年正月二〇・二一日条（二四二頁）。
(50) 前掲註(37)、一七一頁。
(51) 「懐旧楼筆記」文政六年二月一三日条（二八七頁）。
(52) 「淡窓日記」天保元年閏三月五日条（四三六頁）。
(53) 前掲註(31)（『全集中巻』一頁）。
(54) 旭荘の「追思録」（前掲註(37)、三〇九頁）によれば、旭荘は当初合原松と結婚しようとした。しかし、松は一五歳であったことから結婚には早すぎると松の両親から断られた。旭荘の父親が「極老」に達していたことと、旭荘自身も二四歳になっていたことから、結婚を急ぎ、相手は足立氏の娘となった。
(55) 「懐旧楼筆記」文政一三（天保元）年一二月五日条（三八二頁）。
(56) 「淡窓日記」文政一三（天保元）年一二月五・七日条（四五六・四五七頁）。
(57) 前掲註(32)に同じ。
(58) 旭荘が東遊に備えて資金を貯められるように、淡窓や弟の久兵衛・三右衛門らが「後年遠遊之手当」を配慮していたことも明らかである（天保元年一二月付広瀬久兵衛・三右衛門書状（前掲註(42)、来信20、二五七頁））。
(59)「淡窓日記」天保一五（弘化元）年正月二七日条、六月八日条、七月二八日条、八月一五日条、弘化四年一一月四・八日条（八七二・八八四・八八九・八九〇・一〇一九・一〇二〇頁）。
(60)「淡窓日記」天保一五（弘化元）年七月二八日条、嘉永二年正月二二日条、同四年九月一八日条（八八九・一〇六五・一一五九頁）。
(61)「淡窓日記」安政二年三月一六日条（一二八五頁）。
(62)井上義巳も同じ指摘をしている（「咸宜園の財政―塾主の会計記録より見た―」、前掲註(2)『日本教育思想史の研究』、三七〇頁）。
(63)「林外日記」（家宝5-1-1）安政三年三月五日条、「旭荘日記」同日条（六―一九八頁）。なお、「林外日記」については、秋月立雄「『林外日記』嘉永二年六月条―翻刻と注釈―」『雅俗』一九、二〇二〇年を参照。
(64)「林外日記」安政三年三月二七日条、「旭荘日記」安政三年三月二七日条、四月一日条（六―二〇一頁）。
(65)「林外日記」安政三年四月二九日条。
(66)安政三年四月付広瀬久兵衛・辛島弥六・広瀬旭荘・広瀬源兵衛・広瀬吾八郎宛広瀬淡窓書状（前掲註(42)、往信248、一七一～一七二頁）。
(67)「旭荘日記」安政三年五月一五日条（六―二〇六頁）。
(68)「淡窓先生小伝」（『全集上巻』八頁）に「安政三年十一月、先生歿せらるゝや、孝之助は二十一歳にして、既に門生教授の任を完うするの学識を具へ居たるを以て、直に其後を継ぎ、先生の遺業を益々隆昌ならしめたり」とある。
(69)井上義巳前掲註(62)。
(70)「林外日記」安政五年一〇月一六日条に「娶二妻吉瀬氏一」とある。
(71)慶応四年「豊後国日田郡代官所・申送書」（村上直校訂『江戸幕府郡代代官史料集』（日本史料選書二一）近藤出版社、一九八一年、三四〇頁）。
(72)吉田博嗣「廣瀬淡窓の墓所造営と葬送について」『石造文化財』六、二〇一四年、一一七頁。
(73)前掲註(32)に同じ。

(74) 吉田博嗣「コラム咸宜園と月旦評―九級に達した門人たち―」咸宜園教育研究センター監修『図説咸宜園―近世最大の私塾―』日田市教育委員会、二〇一七年、六六頁。
(75) 林外の昇級過程は「淡窓日記」による。都講に就いたことは「淡窓日記」嘉永七（安政元）年正月四日条（一二四四頁）による。
(76)「林外日記」嘉永三年二月一五日条に、林外が末田直馬から戒めを受けたことが記されている。末田直馬については本書第五章参照。
(77) 弘化五（嘉永元）年二月二七日付孝之助宛旭荘書状（徳田武・神田正行・小財陽平「広瀬旭荘の林外・青村宛て書簡」『江戸風雅』一三、二〇一六年、五七頁）。秋月立雄「廣瀬林外年譜攷―天保七年から嘉永元年まで―」『西日本国語国文学』七、二〇二〇年。
(78) たとえば、「林外日記」嘉永二年四月三日条には、旭荘から書簡とともに草稿の批評が届けられたことが記されている。
(79)「林外日記」嘉永二年正月二八日条。
(80)「林外日記」嘉永四年正月二八日条、一二月二七日条。
(81)「懐旧楼筆記」（一八五頁）。
(82) 旭荘の昇級速度が遅い要因には、旭荘が、多忙や病気の淡窓に代わって塾政を執った時期があったことも大きく関わっているだろう。

第二章　蔵書の形成と管理

はじめに

かつて、遠くに遊学することを「笈を負う」と言った。笈とは書籍を入れる箱で、それを背負って旅に出たことからこのように表現したのである。学問に書籍は不可欠であった。江戸時代は、出版業が発展したことによって、民衆でも板本を購入することが可能になった。(1) とはいえ、やはり書籍は高価で、しかも都市部以外では購入が難しかった。

咸宜園は豊後国日田に位置しながら、全国各地から入門者を集めた。文化一四年（一八一七）の開設から明治三〇年（一八九七）の廃絶に至るまでの入門者総数五〇〇〇名近くのうち、豊後国出身者はおよそ四分の一にとどまった。(2) 遠隔地からの入門者は、笈を背負って日田に赴いたのだろうか。

咸宜園を開いた広瀬淡窓は、教育方法に種々の創意工夫を施したことで知られる。多くの学問塾が一代限りで廃絶していったなかで、咸宜園が中断しながらも八〇年間にわたって存続し得た要因として、独特の教育や運営方法を採用したことがあげられる。その特徴としてよく知られるのは、三奪法と月旦評による実力主義、厳格な塾則にもとづく自治的寄宿生活、漢詩を重視した教育である。塾蔵書を形成して塾生に閲覧の便を図ったのもその一環である。そのため、咸宜園では蔵書の管理を徹底した。閉塾後もよく保存され、今も往時の状態を保って廣瀬資料館先賢文庫に架蔵されている。

咸宜園蔵書については、杉本勲、横山伊徳のそれぞれによる共同研究の成果がある。(3) また、中村幸彦や井上敏幸らによって作成された『広瀬先賢文庫目録』や『廣瀬先賢文庫家宝書詳細目録』が刊行されている。[4]近年では三澤勝己が咸宜園蔵書に関する研究成果を継続して発表し、それらを収めた『江戸の書院と現代の図書館』が刊行された。[5]しかし、咸宜園蔵書がどのように形成され、管理されたのかといった実態については明らかにされていない。そこで本章ではまず、弘化〜安政年間の淡窓塾主時代末期から明治初期の第四代塾主（広瀬林外）時代までを対象に、蔵書の形成や管理について検討する。次いでそれ以降の時期を対象に、蔵書の保管維持について検討する。咸宜園は、明治七年（一八七四）に林外が死去したために閉鎖された。その後同一三年に再興されたものの、咸宜園経営のあり方には大きな変化があった。そこで、明治七年を区切りとする。

本章で使用する主な史料は、咸宜園の旧蔵書や蔵書目録、[6]〔宜園関係会計録〕（家宝5-4-3）や「養老編」（家宝19-6）といった会計録である。淡窓・林外・青邨の日記や「咸宜園日記」（家宝5-1-2）なども使用する。

第一節　蔵書の形成 ―蔵書銭の徴収と書籍の購入―

咸宜園では塾生から徴収した蔵書銭で書籍を購入して塾生に閲覧させていた。本節では、蔵書銭徴収の実態や購入された書籍について明らかにする。

三澤勝己は、蔵書銭徴収を開始したのが淡窓の末弟広瀬旭荘であったことを、柴秋村が書いた次の「粛舎義書目録序」[7]にもとづいて指摘している。[8]

宜園僻二在海西一。人気醇樸。勤学力行。而蔵書甚寡。旭荘先生創レ寘二義書一。其法毎レ人月納二五十銭一。

借読者加㆓十銭㆒。巻首皆鈐㆓三印㆒。文曰。宜園蔵書。曰。月益日加無尽蔵。曰。社外雖㆓親戚故人㆒。不㆑許㆓借覧㆒。立㆓監一人㆒。謹記㆓出納㆒。翻㆑火覆㆑油者有㆑罰。捲㆑脳折㆑角者有㆑罰。先生東徙後。任㆓都講舎長㆒者。一仍㆓其法㆒。積至㆓五千余巻㆒。今四方遊士。不㆑負㆑笈而獲㆓観群籍㆒。先生之力也。

柴秋村は、嘉永二年（一八四九）七月に大坂の旭荘の塾（粛舎）に入門した。同六年八月に旭荘とともに塾蔵書の点検をして目録を作成したことが、旭荘の日記から知れる。従って、右はその蔵書目録の序文として書かれたものと三澤は指摘する。

序文のなかでも、右に抜粋したのは咸宜園蔵書に関する記述部分である。この序文によれば、咸宜園は、出版業の栄えた大坂からはるか西に位置していたため蔵書が少なかった。そこで、旭荘が「義書」を創始したという。その方法とは、書籍を購入するために、塾生各人から五〇銭を月納させ、蔵書を借用した者には一〇銭を追加納付させるというものであった。同時に旭荘は、三種類の蔵書印を書籍の巻首に押し、蔵書監一人を置いて出納を記録させた。また、書籍を油で汚損する者や捲いたり折ったりする者を罰した。旭荘は天保七年（一八三六）に日田を離れて堺に移ったが、旭荘が創始した「義書」の法や蔵書管理法は、その後も咸宜園の都講や舎長によって維持され、蔵書は五〇〇〇巻余に達した。遠方からの遊学者が書籍箱を背負わずにやってきても、咸宜園で多くの書籍を閲覧することができるのは、ひとえに旭荘の尽力によるものだと秋村は述べている。

三澤は、旭荘が「義書」を始めたのは、病床に伏していた淡窓に代わって塾政を執った文政九年（一八二六）のことだろうと推測している。それは、旭荘自身が「二十ノ年ハ、淡窓公常ニ臥シ玉ヘル故、余塾政ヲ聞ケリ。此時塾ノ余銭ヲ多ク仕立テ、又蔵書ヲ買フヿヲ始メタリ」(9)と書いていることからも裏付けられるという。(10)

いっぽう、次の史料も注目される。(11)

一蔵書　別紙目録有之　代銭三百三拾貫文余

是ハ十年来諸生一人前一日ニ弐銅宛取立候而買入候分也、此法廃り不申候ハ此後も段々増し可申候、名目ハ諸生之物ナレトモ実ハ此方之物同様ニ而珍重之物也、疎略なき様可致事、

これは、淡窓が天保元年（一八三〇）に旭荘に塾政とともに譲渡した物品目録のなかの蔵書の項目である。具体的にどれほどの巻数のどのような書籍が含まれていたのかについては、「別紙目録」が見つかっていないので不明である。注目されるのは、その蔵書が、塾生各人から一日あたり二銅ずつ、一〇年間をかけて取り立てられた三三〇貫文余で購入されたものであったということである。天保元年から一〇年前とは文政三年（一八二〇）にあたる。この頃に徴収を始めたとすれば、淡窓が蔵書銭の創始者と考えるのが妥当であろう。そもそも淡窓は、咸宜園を開く以前から日湊銭を始めていた。文化四年（一八〇七）に桂林園という塾舎を建築したときの借金を、塾生一人一日三銭ずつを取り立てる日湊銭によって返済して以来、咸宜園でも建物の修復営繕のための費用として日湊銭の徴収を継続していた。(12)淡窓が蔵書銭の徴収を思いつくのは自然なことである。

蔵書銭の創始者については旭荘か淡窓か決し難いが、いずれにしても文政年間に始まったことは確かである。徴収額は、右の淡窓の記述によれば文政年間は塾生一人あたり一日二銅とあったが、武谷祐之の回想「南柯一夢」(13)によれば一か月六〇文であった。祐之は天保七〜一四年（一八三六〜四三）に在籍したので、次の記述はその当時の状況とみなせる。

蔵書監ハ亦舎長次席ヨリ任ス、蔵書ノ出納ヲ司ル、一人一部ヲ仮貸シ読了リテ他書ヲ仮貸シ、一時ニ数部

ヲ仮サス。大部ノ書ハ五六冊宛仮貸ス。中・下等生之ヲ仮ル、月ニ六十文ヲ納ル。上等ノ生ハ仮ルモ否モ亦之ヲ納ル、貯蓄シ匱乏ノ書ヲ購求ス。四書五経・蒙求・十八史略・文章軌範・国史略・日本外史等ノ書ハ数十部宛ヲ備へ、廿一史・十三経其他子類詩文集及雑書等モ備へ仮貸ス。遠隔ヨリ来遊ノモノニハ大ニ便利ヲ与ヘリ。

ひとりが一回につき一部を借用でき、大部の書籍については五、六冊に分けて借りることができた。中下等生は、書籍を借りた場合は蔵書銭を支払った。上等生になると、借用の有無に関わらず支払わなければならなかった。塾生は月旦評の成績によって下等（無級）、中等（四級以下）、上等（五級以上）と分けられ、中下等生に課業が、上等生に試業が課された。課業は毎日の素読・輪読・輪講・会講などから、試業は月九回の詩・文・書・句読からなった。いずれの課程でも多くの書籍を必要としたことだろう。

右の「南柯一夢」には、四書・五経などの基本的な書籍についてはそれぞれ数十部を備えていたと記されているが、その事実は確認できない。現存する最も古い目録「咸宜園蔵書目録」（家宝11-42）に「十八史略」五部三五冊、「四書」四部四〇冊、「小学」七部（一部端本）二六冊、「蒙求」六部（一部端本）二二冊が記されている。先賢文庫に現存する『論語集註』（家宝19-1）の裏表紙見返の「宜園蔵書／四書四部之内」、『校定音訓詩経改点』（一般7-20）上巻の表紙見返の「咸宜園／五経五部之内」、『小学句読』（一般7-30）の裏表紙見返の「宜園蔵書／小学六部之内」などの書き込みからみて、多くてもせいぜい六、七部にとどまる。

表1に、弘化元年（一八四四）から慶応元年（一八六五）までの年間ごとの蔵書銭総額と購入された書籍を掲げた。天保年間までの徴収の実態については、会計録が残っていないので不明である。蔵書銭徴収によって毎年三〇貫文前後の収入があった。会計録によると、蔵書銭は、月ごとに「内塾」と「外宿」に区別して集計

されている。「内塾」は塾内寄宿生を、「外宿」は市中に下宿していた塾生を指す。より蔵書利用率が高い内塾生から多く徴収するように差が設けられていたのだろうが、詳細は不明である。

購入されている書籍をみると、まず、出版されて間もない新本があることに気づく。天保一四年（一八四三）に出た「古今学変」が翌弘化元年に、嘉永元年（一八四八）の「甘雨亭叢書」が同三年に、文久元年（一八六一）の「四書日講」「日本政記」などが翌二年に、元治元年（一八六四）の「陳白沙文抄」「宋学士文粋」が同年に購入されているごとくである。淡窓塾主時代は毎年筆写料に費やされていたが、後にはそれがほとんど見られない。文久二年に「詩経」「尚書」「史略」がそれぞれ一〇部前後、慶応元年に「蒙求」四部が購入されているが、これらは塾蔵書用ではなく売本であったようで、翌三年にかけて塾生らに売却されてその代金が蔵書銭とともに収入に計上されている。

年によって購入書籍数に大きな違いが見られる。淡窓の生前は購入数が少ない。淡窓時代の会計録「養老編」によれば、弘化元年の蔵書銭徴収総額は四五貫文ほどにのぼった。前年の繰越金とあわせた収入一〇六貫八二三文に対して、支出は一六貫五二八文にとどまったため、九〇貫三四五文を残した。この繰越金と弘化二年の蔵書銭徴収総額とあわせて一二〇貫文ほどに達したはずだが、同年に多額の出費があったらしく、翌三年の収入は七四貫七四三文（蔵書銭徴収額を含む）に激減している。弘化二年の購入書籍数は表1よりはるかに多かったはずだが、別簿に記載されたためか、「養老編」にはその書籍名がない。同三年の支出は一七貫五九七文に抑えられたため、五七貫一四六文を翌年に繰り越した。このように、淡窓は蔵書銭を毎年使い切るのではなく、積金をしておいて多額の支出に備えたようだが、林外塾主時代には逆に赤字続きだった。「家塾経費録」「宜園会計録」（いずれも〔宜園関係会計録〕に収められている）によれば、文久元年は八貫

表1 蔵書銭徴収と購入書籍

年・収入	購入・筆写書籍	支出	現存書籍（冊数・刊年・架蔵番号）
弘化元年	梅辻春樵集二編	1,710	3巻6冊・天保7跋・咸27-10
(1844)	古今雑抄七律	写料508	
合44,187	古今学変	12匁5分	3巻3冊・天保14・咸35-21
(内34,043)	入学新論	3匁5分	
(外10,615)	窮理通	写料1,550	2巻2冊欠・一般写1-5
弘化2年	老子考	写料1,055	
合31,507	唐宋詩醇	1両2歩	48巻24冊・乾隆35序・唐10-4
(内22,369)	史記	100目	
(外 9,138)			
弘化3年	引痘全編	写料600	
合40,521	四書	1,507	
(内31,949)	夜雨寮筆記	写料680	
(外 8,572)			
嘉永3年	荘子註疏	2歩2朱	
(1850)	左伝		
	甘雨亭叢書三編	17匁5分	嘉永元・咸46-24
	摂東七家	12匁	7巻5冊・一般詩1-12
	花月草紙	写料-	
安政4～5年	大東世語	—	
(1857～58)	明史文苑伝	—	4巻2冊・明和7・咸17-3
	明季遺聞	—	4巻2冊・寛文2後語・咸25-14
	出定笑語	—	4巻4冊・嘉永2序・咸42-7
	泊鷗山房集	—	38巻16冊・唐11-2
	湖海詩伝	—	46巻16冊・嘉慶8・唐4-1
安政6年	武家盛衰記12本	48匁	6巻6冊欠・咸30-3
(1859)	神徳記8本	38匁	
	武将感状記10本	13匁	6巻6冊欠・正徳6序・咸30-1
	王代一覧7本	15匁	7巻7冊・咸21-4
	王代一覧続編10本	22匁	10巻10冊・嘉永3序・咸21-4
万延元年	源氏評釈	30目	
(1860)	鉄研余滴	8匁5分	4巻4冊・咸35-23
合28,138	永代節用	22匁	
(内21,330)	古今集遠鏡	23匁	6巻6冊・一般13-2
(外 6,808)	六合叢談	10匁	8巻8冊・咸19-2
	地球略説	—	
	中外新報	—	
文久元年	浙西六家詩抄	1,000	12巻12冊・嘉永6・咸33-13
(1861)	近世人鏡録	3,420	文政4序・咸28-2
	文語解5冊	600	5巻5冊・明和9・咸41-5
	張岳崧石刻	380	
	成親王百家姓摺書	380	
	鷗陽公選詩帖	380	
合21,261	梁国治千字文	500	
(内14,516)	燕沢碑摺本	300	
(外 6,745)	出雲国風土記	1,500	
	周易伝義	1,700	24巻8冊・寛永4奥・咸1-2
	不尽岳志	200	1冊・咸35-19
	羅山集	3歩2朱	60冊・咸37
	口栄	写料1朱	
	近世名家詩鈔	1歩	3巻3冊・安政5・一般詩1-10
文久2年	昭代文鈔	100疋	
(1862)	桜花帖	8匁5分	
	秋萩帖	10匁	
文久2年	宋庵墨談	18匁5分	
(1862)	常山紀談30本	68匁	
	侗菴筆記	4匁3分	2巻2冊・嘉永5・咸35-17
	菱湖帖	1朱	
	詩経12部	20000	
合25,959	尚書7部	6750	
(内16,614)	史略10部	25000	
(外 9,345)	太平御覧153巻	12両2歩	153冊・文久元跋・咸51～53
	瀛環志略10巻	1両	10巻10冊・文久元・咸19-1
	四書日講18巻	1両	26巻18冊・文久元・咸7-1
	栗山文集5巻	3朱	
	枕上集4巻	2朱	
	元詩自攜10巻	2歩	21巻10冊・安政5・咸33-12
	三省録5巻	2朱	5巻5冊・天保14・咸30-2
	資治通鑑148巻	—	
	日本政記16巻	—	16巻16冊・文久元・咸47-1
	清名家小伝4巻	—	3巻3冊欠・咸17-5
文久3年	紫芝園随筆	2歩	9巻5冊・咸35-1
合26,319	九経談	2朱	10巻4冊・文化7・咸7-3
(内19,694)			
(外 6,625)			
元治元年	褚遂良枯樹賦	2歩	
(1864)	外史大本	95匁	
	魏叔子文選要	12匁5分	3巻3冊・安政5序・咸24-14
	陳白沙文抄	12匁5分	3巻3冊・元治元・咸24-11
合29,899	宋学士文粋	12匁5分	3巻3冊・元治元・咸24-8
(内18,649)	汪堯峰文選要	7匁	2巻2冊・文久2・咸24-13
(外11,250)	王陽明文粋	10匁	4巻4冊・文政11・咸24-7
	龍州先生集要	15匁	6巻6冊・嘉永3序・咸24-3
	方正学文粋	14匁	6巻4冊・文政12・咸24-9
	魏叔子文選要	12匁	3巻3冊・安政5序・咸24-14
	孝経	2匁	
	五代史	1歩	
慶応元年	韓非子	3歩	
(1865)	荀子	2歩1朱	
	世説箋本	3歩2朱	20巻10冊・文政9・咸13-2
	国策	1両	
	韓蘇詩抄	1朱と200文	7巻3冊・嘉永7・咸33-4
	浙江詩評	2朱	
	皇朝史略	2両2朱	17巻15冊・咸55-2
	日本外史補	—	12巻4冊・天保5序・咸47-3
合45,244	文章軌範	—	
(内28,789)	朱竹坨文粋	—	6巻6冊・天保5・咸24-12
(外16,455)	皇朝戦略論	—	15巻15冊・安政3・咸28-4
	中興鑑言	—	1冊・咸29-7
	口字義	1300	
	蒙求4部	4550	
	五経11本	1710	
	算法便覧7本	1400	10巻7冊・天保8・咸41-2
	文選12本	3歩2朱	
	靖献遺言3本	2朱	8巻3冊・咸13-3
	周易折中	3両	22巻20冊・康熙54序・咸1-1
	廿七松堂	—	

出典：〔宜園関係会計録〕中の「家塾経費録」「宜園会計録」、「養老編－養老外編」や「校正東家蔵書目録」をもとに作成。

註1）現存書籍が特定できるものについては『広瀬先賢文庫目録』によって、冊数・刊年・架蔵番号を示した。

2）収入欄の「内」は内塾生を、「外」は外宿生を示し、「合」はその徴収額（単位：文）の合計を示す。

三二文が残ったが、同二年は二三両一歩三朱の不足、同三年は一四両三歩一朱の不足となった。青邨・林外塾主時代の咸宜園の財政については井上義巳が、淡窓の一五〇〇両余に及ぶ遺金を切り崩しながら経営を続けていたことや、林外が咸宜園大改修をおこなったために明治初期に莫大な借金を抱えることになったことなどを明らかにしている。また、会計録の記述の変化から、文久元年（一八六一）五月に青邨から林外への塾主交替があったことを指摘している。[14] 確かに、表1で文久元年以降の購入書籍に変化がみられることは、井上の指摘に符合する。しかし、第一章で述べたように、遅くとも安政五年（一八五八）に青邨から林外への塾主交替がなされていたと考えられる。[15] それでは、文久元年の変化をどのように理解すればよいのだろうか。同年九月に青邨が日田を離れていることから、これを機に林外の独断で会計を操作できるようになったことが書籍購入のあり方に変化をもたらしたものと解したい。

蔵書に入れる書籍は、大坂の河内屋茂兵衛から購入した。淡窓は天保八年（一八三七）の『遠思楼詩鈔』初編以来著作物の出版を河内屋茂兵衛に任せていたので、同書肆とは強いつながりがあった。同書肆から取り寄せた自らの出版著作物を塾内で販売することもしていた。[16]

第二節　蔵書の管理

（1）蔵書監

咸宜園では蔵書監を置いて蔵書を管理させた。本節では、蔵書監の職務内容や歴任者、蔵書を管理するために作成された蔵書目録について検討する。

前掲史料「肅舎義書目録序」によれば、旭荘が監一人を立てて蔵書の出納を記録させたという。これが蔵書監である。三澤は、咸宜園の蔵書監について、亀井南冥の蜚英館に置かれた「掌書生」の影響を指摘している。[17] 淡窓と旭荘はいずれも亀井塾に遊学した経験を有するので、亀井塾の掌書生に倣って蔵書監を咸宜園に置いたことはじゅうぶん考えられる。

咸宜園の規約類のなかで、蔵書監に関する規定は、嘉永五年（一八五二）の「壬子改正塾約」に「我家ノ器具ハ。以㆓塾長㆒可㆑借。書物類ハ蔵書監ヲ以テ可㆑借。皆瑣細ノ物タリトモ。借券ヲ出シ。且預メ返ノ日限ヲ書キ載スルコト」[18]と見える。蔵書を管理することが蔵書監の職務であったから、書籍の紛失は蔵書監の責任となる。「校正東家蔵書目録」（家宝11-43）の「台湾記事」と「職原抄」の書名の脇に「右南方厚蔵為㆓蔵書監㆒時散失」と記されているのは、そのことを示している。また、年代は不詳だが、淡窓が蒲池君逸から「東坡集」を返してもらい、新たに「陸放翁」と「張船山」の借用依頼を受けたときの書状によれば、「陸放翁ハ何人カカリ《(借)》居申候。蔵書監他行ニ而分兼候。張船山有合ノ方差上候」[19]とあって、蔵書監がいなければ塾主でさえ書籍の在処がわからなかったようすがうかがえる。

蔵書監の歴任者を具体的に見ていこう。その初見は、「淡窓日記」文政一一年（一八二八）一〇月二六日条に現れる釈徳令（木屋石門）である。塾長と蔵書監を兼務していた。徳令は、同五年に筑後国柳川上妻郡から入門し、蔵書監現任当時は二六歳で、準六級に昇っていた。別に掌印として蘭溪が任ぜられていた。掌印は、その名称から、蔵書印を管理して書籍に押印する役職と考えられる。

次いで「淡窓日記」文政一二年七月二六日条に桑原純吾が現れる。純吾は同年三月に肥後天草から入門した。七月には早くも三級上に昇り、蔵書監に就いたのである。純吾はその後六級上まで昇級して天保三年

（一八三二）五月に大帰した。淡窓は純吾について「予嘗称為㆓研介之流亜㆒」[20]と書き、岡研介と並ぶ才子として評価した。

秦春甫は、「淡窓日記」弘化元年（一八四四）六月九日条に「蔵書監兼掌印」として登場する。当時一七歳で、月旦評では四権六級上に位置した。春甫は、天保一三年七月に筑後生葉郡から一五歳で入門したが、その年の末には権四級下に昇り、翌年二月に常侍史に就いていた。七年間在籍して二権九級下に至り、淡窓によって「才子」と評された。[21]

「淡窓日記」弘化四年五月二日条に数馬が蔵書監として登場する。当時二権六級上であった。数馬については、入門簿にそれらしき人物が見当たらない。弘化三年七月から同五年八月の大帰に至るまで三年間にわたり常侍史を勤めた。淡窓は大帰に当たり、数馬について「其人愨実。才則不㆑及㆓中品㆒。其別可㆑惜」[22]と記した。

吉富亀次郎は、嘉永六年（一八五三）一月に入門した。筑後の人である。当月に早くも二真三級下に昇り、同年末には二権六級上で常侍史に就いた。「林外日記」同七（安政元）年一月四日条に東家蔵書監に命じられたことが記されている。同年末に四権八級上で権舎長に、安政二年（一八五五）七月に三権九級下で舎長に就き、一〇月に準都講となった。後述するように、安政四年頃に作成された「校正東家蔵書目録」が残されているので、東家に蔵書が保管されていたことが知れる。それを管理するために東家蔵書監が置かれていたのであろう。

信次は文久元年（一八六一）八月に東塾長と東家蔵書監に、道了は同二年一月に西家蔵書監になっている。[23]徳蔵は、「咸宜園日記」同年六月一六日条に「南塾長兼西家蔵書監」として、同年八月晦日条に「東塾長兼東家蔵書監」として登場する。信次や徳蔵の入門年や当時の月旦評上の位置については不明である。道了は安政四年一月に入門して五年目に蔵書監になっている。これらによって西家と東家のそれぞれの蔵書監の存在を確認できる。同じ頃のものと思われる「家塾職掌及年中行事」（青邨文庫84-139）でも蔵書監は東西に分けられ、東家蔵書監は講堂長兼職であることが記されている。咸宜園の建物は、道路を挟んで東西に分かれ、「東家」「西家」と呼ばれていた。東家には秋風庵や講堂、東塾などがあり、西家には考槃楼や西塾が建てられていた。

大渡又三郎は、「咸宜園日記」文久二年八月晦日条に「為二南塾長兼西家蔵書監一、為二履監一如レ故」と出る。西家蔵書監だけでなく、南塾長と履監を兼務していた。万延元年（一八六〇）三月に豊後府内城下から入門し、蔵書監に就いたときには二〇歳であった。月旦評上の成績は不明である。

以上のほかに、蔵書監歴任者として、水築新、南方厚蔵、石田鉄平、亀谷省軒、高嶋節之輔、広瀬敬四郎などがあげられる(24)。

詳細が不明の者を別にすると、蔵書監にほぼ共通するのは、月旦評で六級に位置したこと、常侍史を歴任していること、蔵書監の現任時あるいは離任後に舎長や塾長などの枢要の職任に昇ったことである。前掲史料「南柯一夢」で武谷祐之が「蔵書監ハ亦舎長次席ヨリ任ス」と記していたが、実際に成績優秀な者が蔵書監に任ぜられたことを確認できた。

（2）蔵書目録

咸宜園において蔵書目録が最初に作成された時期は不明である。先述したように、天保元年（一八三〇）に淡窓は一〇年間分の蔵書銭によって購入した書籍の目録を旭荘に渡していたので、遅くともこの頃には蔵書目録に相当するものが存在したことは確かである。「淡窓日記」によれば、弘化元年（一八四四）三月一五・一六日に淡窓は蔵書を検閲して函笥を整理しているが、蔵書目録についての記載はない。安政元年（一八五四）閏七月三日には、孝之助（林外）とともに蔵書を検閲して簿冊を作成しているから、このときに目録が作成された可能性がある。孝之助は旭荘の子であり、淡窓の嗣子である。当時都講であった。[25] 翌日も作業は続いた。淡窓は日記に「久不レ検二蔵書一。至レ此審二巻典一。定二箱函一。且厳二仮借法一。庶无二紛失一耳」と記している。[26] 巻典を審らかにして、各書籍の保管箱を定め、簿冊を作成した。仮借法を厳密にして書籍の紛失を防ごうとしたようだ。[27] これは本来蔵書監の職掌のはずだが、都講の孝之助が手伝っているのは、淡窓の後継者として塾蔵書を把握するためだったのかもしれない。

　現存する最も古い目録は「咸宜園蔵書目録」（家宝 11-42）と「校正東家蔵書目録」（家宝 11-43）である。後者は東家の蔵書目録で、内題「東観蔵書目録」の下に「丁巳改正」と記されているので、安政四年（丁巳）に作成されたことが明らかである。奥に蔵書監水築新と書記釈凌雲の記名がある。「林外日記」安政四年一一月一六日条に「召二凌雲一書二蔵書目録一」とあり、二日後の一八日条に「蔵書目録成」とあることから、「校正東家蔵書目録」はこのときに作成されたものであることがわかる。

　いっぽうの「咸宜園蔵書目録」は、西家の蔵書目録と考えられる。その根拠の第一は、同目録中に記載された「藩翰譜」の書名の下に後筆の割書で「丁巳六月念八日／于蔵家レ東」とあり、さらにその脇に別筆で「ナヲ西家ニアリ」とあることである。第二に、同目録中に記載された書籍のなかで、現存する『和漢年契』（一般 41-35）と『小学句読』（一般 7-31）の奥にそれぞれ「西家蔵書」、「文久三癸亥霜月吉日　西塾」と記されていることである。逆に『近思録』（一般雑 1-8）の表紙見返に「東家蔵書」とあるが、同書籍は「校正東家蔵書目録」のほうに記載されている。

「咸宜園蔵書目録」（以下、西家目録と略記）は二三丁からなり、巻末に別紙二丁が加えられている。「校正東家蔵書目録」（以下、東家目録と略記）は四七丁からなる。いずれも、後代に別表紙がつけられている。いったん作成されたのち、蔵書の増加や紛失に伴って増訂されている。

西家目録の記述時期は少なくとも、「咸宜園蔵書目録」、「野菊村雑処」上下、別紙綴、原表紙見返の四段階に分かれる（表2参照）。「咸宜園蔵書目録」は、半丁に五行、つまり五点の書籍名と本数が、一五丁に及んで列挙されている。合計は一二七点一三〇九冊となる。これらが、「通鑑綱目」から始まり、「第一」から「第二十二」に分けられている。「通鑑綱目」は、全一一七本が四筐に分けて保管されていたことが記されている。「第一」には「歴史綱鑑　四十本」と「泰平年表　七本」の計四七冊、「第二」には「漢書　五十本」といった具合に、まとまった冊数がひとつの番号にあ

表2　西家目録：「咸宜園蔵書目録」（家宝 11-42）の構成

構成（記載時期別）	点数	冊数	現存点数・冊数	最新刊年とその書名	購入・筆写時期の判明する書籍数	記載順位と時期
表紙見返	10	373	8点・216冊	文久元年跋『太平御覧』	全点：文久2年	④文久2年以降
咸宜園蔵書目録（通鑑綱目、第一～第二十二）	127	1309	110点・971冊	嘉永4年題言『克己編』	弘化元年3点、同2年1点、嘉永3年1点	①嘉永4年以降
野菊村雑処 上・下	77	602	60点・472冊	安政4年序『彙纂詩法纂要』	嘉永3年1点、安政5年2点、同6年6点、万延元年2点	②万延元年以降
別紙綴込	27	151	15点・125冊	安政5年『近世名家詩鈔』	万延元年1点、文久元年12点、同2年1点	③文久2年以降

表3　東家目録：「校正東家蔵書目録」（家宝 11-43）の構成

構成（記載時期別）		点数	冊数	現存点数・冊数	最新刊年（筆写年）とその書名	購入・新入時期の判明する書籍数	記載順位と時期
東観蔵書目録	第一～六行	165	728	107点・559冊	嘉永7年『宜園百家詩二・三編』	嘉永3年1点、安政4年2点	①安政4年校正
	後筆追加	39	85	20点・42冊	安政5年写『枕山楼詩話』	安政4年1点、文久元年1点	②安政4年以降
苓陽閣蔵書目録	第一～三十七箱	294	2100	217点・1805冊	嘉永7年跋『文城存稿』	弘化2年1点	①安政4年校正か
	後筆追加	25	80	19点・53冊	安政6年『忠芬義芳詩巻』	万延元年2点、文久元年2点、同2年2点	②万延元年以降か

てられていることから、「第一」から「第二十二」は書籍を保管した箱番号を示すのであろう。つまり、この蔵書目録から架蔵状態をもうかがうことができる。

「野菊村雑処上」は、半丁に五行で三丁にわたり書名と本数が書かれ、そのあとに続く「野菊村雑処下」も同様の形式で五丁に及ぶ。上下あわせて七七点六〇二冊の書籍が記載されている。「咸宜園蔵書目録」と「野菊村雑処」上下は筆跡や記述様式が同じであることから、同一人物によって書かれたものと考えられる。(28) ただ、それぞれに記録された書名を現存書籍と対照検討したところ、出版や購入の時期は異なっていた。「咸宜園蔵書目録」所載書籍には文化〜天保年間の刊記を持つものが比較的多い。『克己篇』（家宝10-1-5）が嘉永四年（一八五一）の題言を持ち、現在確認できるなかで最も新しい。それに対して、「野菊村雑処」所載書籍は弘化・嘉永年間の刊記を持つものが比較的多い。最も新しいのは安政四年（一八五七）序を持つ『彙纂詩法纂要』（咸34-7）である。また、少なくとも一一点は嘉永三年から万延元年（一八六〇）にかけて購入されたことが明らかで、特に安政六年購入本が六点を占める。これらのことから、「咸宜園蔵書目録」中の書籍がより古く記されたもので、嘉永・安政年間以前の蔵書内容を示すものといえる。「野菊村雑処」の書籍は、安政年間から万延元年までに加えられたものが中心を占めている。

巻末に添付された別紙二枚の綴は、半丁七行で書かれ、書籍数は合計二七点一五一冊に及ぶ。そのうちの一四点は万延元年から文久二年(29)（一八六二）上半期までに購入されている。原表紙見返に記された一〇点は、すべてが文久二年下半期に購入されたことが明らかである。これらのことから、別紙綴は文久二年に、原表紙見返は同年末か翌三年に補訂されたものとみられる。

本来の目録部分（「咸宜園蔵書目録」「野菊村雑処」）と別紙綴と原表紙見返の筆跡はそれぞれ異なるので、

三人の手が入っている。蔵書の点検を行った際に付けられたとみられる点（、）や丸（○）の印が残されているものの、東家目録に比べれば少ない。

東家目録は、一五丁から成る「東観蔵書目録」と、二六丁から成る「苓陽閣蔵書目録」に分けられているが、同時期に同筆で作成されている（表3参照）。半丁六行で、六点の書籍名と本数が列挙されている。全体におびただしい数の点、○や△などの印が墨や朱で加えられており、東家目録が蔵書の点検に利用されていたことを彷彿させる。そのためか二〇丁余りにわたり下部が破損している。

「東観蔵書目録」は、「第一行」から「第六行」に分けて一六五点七二八冊が記されたうえで、貼紙によって三九点八五冊が追加されている。「苓陽閣蔵書目録」は、「第一箱」から「第三十七箱」に分けて二九四点二一〇〇冊が記されたうえで、巻末に二五点八〇冊が追加されている。これらの記載は、実際の架蔵箱番号と対応していたものと考えられる。現存書籍と対照して検討すると、「苓陽閣蔵書目録」の第一～第一七箱には唐本が収められており、第二七箱にも唐本が多い。西家目録には唐本は二〇点ほどしか確認できないので、咸宜園蔵書中の唐本はほぼ東家に保管されていたとみられる。

東観と苓陽閣は建物名を示す。「東観蔵書目録」の末尾に「春秋園蔵書」とも書かれているので、東観は春秋園（秋風庵）を指す。苓陽閣は遠思楼の別称である。[30]「咸宜園日記」元治元年（一八六四）五月一五日条に「謁㆓先生於講堂㆒、午後閲㆓蔵書㆒分㆓西東㆒、西蔵㆓於考槃楼㆒、東東《ママ》苓陽閣」とあるので、当時の西家では考槃楼に、東家では苓陽閣に蔵書が保管されていたことがうかがえる。

記載された書籍総数は、西家目録が二四一点二四三五冊、東家目録が五二三点二九九三冊以上に及び、[31]両目録の合計は七六四点五四二八冊以上に達する。これは幕末までに蒐集された冊数である。前掲史料「粛舎義書目録序」で柴秋村が、旭荘が蔵書銭徴収を始めてから嘉永六年（一八五三）までに蔵書が積もって「五千余巻」に達したと記していたが、その数値とも矛盾しない。これらの書籍すべてが、塾生から徴収された蔵書銭によって購入されたとは考えられない。

塾蔵書と塾主の個人蔵書はどのような関係にあっただろうか。「淡窓日記」文政一一年（一八二八）八月九日条に淡窓の書斎が雨漏りしたため、女中や塾生に書籍を移動させたという記載がある。「万善簿」天保七年（一八三六）七月一〇日条には「荀子二部借レ塾」とあって淡窓の私有物を塾に貸し出しているから、淡窓蔵書が咸宜園蔵書と別置されていたことがうかがえる。「万善簿」同一三年二月二日条には「出二蔵書一入レ塾」とある[32]。これも淡窓の蔵書を貸し出したことを意味するのか、それとも淡窓蔵書を供出して咸宜園蔵書に含めたことを意味するのか、ほかに関連史料がないので不明である。

現存する書籍のなかに淡窓の蔵書印が押されたものが極めて少ないことは、もともと淡窓個人の蔵書が少なかったことをうかがわせる。先賢文庫に保管される書籍に施された印記としては、咸宜園蔵書関連のものとして「宜園之蔵書」「同社之外雖親戚故人不許借此」「日益月加無盡蔵」（図1）や「宜園蔵書」（図2）がある。このほかに広瀬家の蔵書印である「廣瀬氏本家」「廣瀬氏本家舊蔵」や、旭荘の蔵書印である「旭荘珍蔵」が押されているものが多い

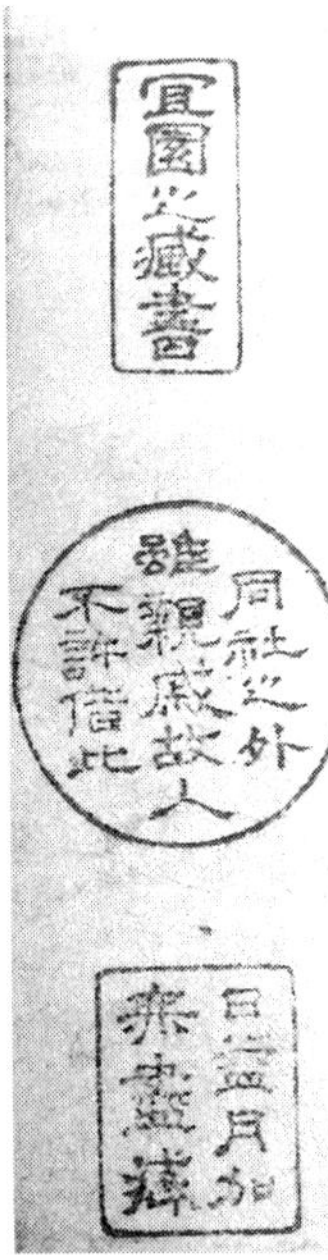

図１『先哲叢談』（一般雑 1-1）の印記

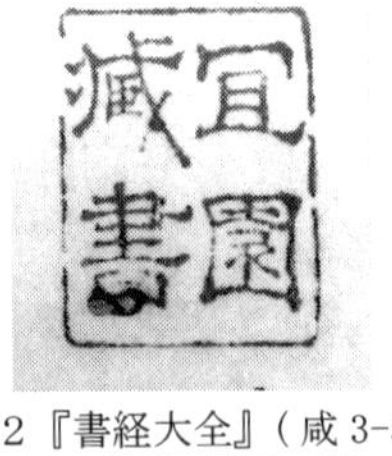

図２『書経大全』（咸 3-5）の「宜園蔵書」印

が、淡窓の蔵書であることを示す「廣瀬建印」「子基」が押された書籍は極めて少ない。

旭荘の蔵書は咸宜園蔵書から区別されていた。天保七年に東遊する際、家具や書籍を淡窓に預けていったことが「淡窓日記」の四月一六日条や六月二三日条に見える。旭荘死後に作成された「文敏公蔵書目録」には一〇一点一七三冊五七帙が記録されている。(33) 青邨の蔵書についても、自ら嘉永四年（一八五一）七月一〇日の日記に「晒二予蔵書一、一々録レ之」と記しているので、塾蔵書と区別されていたことがわかる。国文学研究資料館青邨文庫にも蔵書目録が残されている。

第三節　明治期再興後の蔵書の保管維持

咸宜園は、明治七年（一八七四）に閉鎖された。そこで、同年以降の蔵書の冊数や保管方法を記した史料を時系列で追いながら、咸宜園蔵書の保管維持の状況を確認していくことにしよう。

次の史料「咸宜園改革ニ付愚考」(34)は、明治七年九月八日付で青邨によって作成された、負債返済や維持管理のための改革案の一部である。屋宅田園・貸付・借用などの項目にわたって書かれているなかの「書籍」の部分である。

第一条
咸宜園蔵書・旭荘蔵書と二ツニ分ち有之ニ付、今般取調候目録二通ニいたし置候事、
第二条
今般取調候処六千余巻有之候、尤紛失数十部、端本数十部、尤可惜ハ二公之著書之内未ダ上木ニ不相成も

の数十種紛失いたし、箱共ニ無之ニ付万一ッ借り候者有之、其侭ニ相成候哉も難計、右ハ何方へ参り居候とも聞出シ次第取集メ置き申度事、

第三条

是迄徳次ニ托し置候得ども同人帰村ニ付てハ(久)之明き蔵ニ預ケ置候様いたし度事、

第四条

右書籍大氏（抵）漢籍のミニて沽却六ケ敷、其内直段有之様相成候ハヾ、先人手沢之外ハ売却いたし度事、

第五条

書籍ハ損ジ易きものニ付年中一度ハ是非虫ぼしいたし度、(久)春日氏等ニ頼ミ美日を択び申度、手伝五六人も相雇ひ候ハヾ両日位ニハ片付キ可申歟、其失費ハさし出シ可申候事、

第六条

今般御布達ニ付蔵書目録さし出シ置候、若シ右書中ニ御用本等有之候節ハ夫々手数相かゝり候間誰成共相雇ひ候而用弁いたし候様いたし度事、

第七条

蔵書ハ人ニ為読候方本意ニ候得ども紛失損傷之恐レ有之、且出入ニ付不一形面倒成ものニ付何人より申来候共一切貸渡シ不申様定メ置候事、

第一条によって、咸宜園蔵書と旭荘蔵書に二分した保管状態に即して目録が二通作成されたことがわかる。第六条によれば、その蔵書目録は、布達に応じて提出するために作成されたものであった。このときに作成された目録の下書きが、「咸宜園蔵書目録　旭荘蔵書目録」（青邨文庫 84-171）である。その表紙に「明治七甲戌九

月八日県庁江差出候節之下書」と書かれている。広瀬敬四郎（旭荘の子）の監修によって作成された。咸宜園と旭荘の蔵書目録が綴じられて一冊になっており、それぞれの目録の末尾に合計冊数が記されている。それによれば、咸宜園蔵書は「通計五百八十二部　五千〇九十七本　内三十九本欠」、旭荘蔵書は「通計百六十三部千〇四十二本　内一本欠」で両方の総計は「七百四十五部　六千百三十九本　内四十本欠」となっている。いずれも架蔵状態に即した目録になっているが、注目されるのは、それが『広瀬先賢文庫目録』の記載順序に近いということである。つまり、遅くとも明治七年には、現在の架蔵状態の原型が作られ、それが踏襲・維持されてきたといえる。

右の史料の第三条や第四条によれば、咸宜園蔵書は㊅（広瀬本家）の蔵に保管することになったものの、手沢本以外は売却が望まれていた。しかし、実際にはほとんど売られることはなかったようである。明治一六年（一八八三）の文部省調査に応じて作成された「旧幕府領地内家塾」（青邨文庫 84-141）の「塾主行事及著書蔵書」の項目に「蔵書ハ和漢書籍凡五千巻」と記されており、明治七年から冊数にほとんど変化はない。その内訳については、『日本教育史資料九』附録に「広瀬建私塾」[35]として、「蔵書ノ種類部数　経書八十七部　歴史和漢五十六部、諸子類十二部、詩文集三百六十二部、雑書五百四十七部」と記載されている。蔵書全体の一〇六四部のうち、三分の一にあたる三六二部を詩文集が占めているのは、漢詩教育を重視した咸宜園ならではの特徴といえよう。

明治一三年（一八八〇）に淡窓門人の諫山萩村・村上姑南らによって開設された瓊林義塾は、広瀬本家から一六箱分の咸宜園蔵書を借り出して利用した。残りの書籍についても、年に数回塾生らが広瀬家を訪れて虫干しをするなど手入れを施した。明治一七年八月にも数回にかけて萩村・姑南や諸生が蔵書を取り調べていたことが広瀬家の日記に記録されている。[36] そのときに作成されたと考えられるのが、「咸宜園蔵書目録」（青邨文庫84-170）である。これは、文字や形式が整っていないことや、箱番号が順不同であることなどから、広瀬家で書籍を確認しながら作成された手控えのようなものと思われる。同目録には旭荘蔵書も含まれている。その後、同一八年に広瀬濠田によって咸宜園が再興されると、広瀬本家に残っていた書籍がすべて咸宜園に運び出された。

明治二三年（一八九〇）に発行された雑誌『咸宜園』第一集の「雑纂」に、大分県庁に届け出た咸宜園の概要を記述したなかに「蔵書ハ和漢書籍凡一万巻」[37]とある。また、同年には東塾を売却した資金をもとに、秋風庵の東側に書蔵庫が建設された。その棟札によれば、当時咸宜園校主を勤めていた諫山菽村が、大切な書籍が放置されている状況を憂慮して広瀬濠田に文庫を設置することを提案したことがうかがえる。[38]

明治三〇年（一八九七）一月発行の「日田新報」六九に「数百箱ノ蔵書」の借覧を生徒に許可する広告が掲載されているが、九月に咸宜園は閉鎖された。同三七年に蔵書は広瀬宗家の所蔵となった。[39] 同四二年に宜園文庫の設立が企図された。「宜園文庫創立趣意書草案」（青邨文庫84-148）によれば、「今ヤ昔時ノ紀念《ママ》トシテ貽ルヘキモノ僅ニ淡窓先生ノ旧居和粛堂、遠思楼及蔵書五千余巻ヲ存スルノミ」であり、宜園文庫はこれら「蔵書遺蹟等ヲ不朽ニ伝ヘムト欲ス、以テ徳育ニ裨益シ風教ヲ維持」することを目指したものであった。[40] これは実現しなかったが、大正五年（一九一六）に淡窓図書館を設立することになった。次の文章がその経緯を説明している。

先是日田郡教育会にては、会の事業として、宜園文庫設立の議ありしと雖も、故ありて果さず、只僅かに数百冊の新刊書を以て、巡回文庫を起し、其素因を作りつゝ、ありしが、大正四年大典記念事業として、図書館建設に決し、同年十月工を竣へたるもの、実に此淡窓図書館なり、本館三十二坪五合、玄関一坪三合、講演会場四十九坪五合、書庫八坪七合五勺、渡廊下二十二坪便所五坪、此建築経費金数千円、総て郡内有志及宜園縁故者等の寄附にして、敷地五百余坪は広瀬宗家の提供に係れり、大正五年四月一日より開館、当時図書は、従来広瀬宗家に蔵せし、淡窓、旭荘、林外三先生等の遺著及蔵書七千余巻、並に元巡回文庫の新刊書籍等千数百冊に過ぎざりしと雖も、年々新刊の購入を為し、以て内容の充実を図りつゝあり。因に開館時限は毎日午前八時より午後十一時までなり。

咸宜園講堂跡に淡窓図書館が建設され、咸宜園蔵書は広瀬家から淡窓図書館に委託された。昭和二年（一九二七）刊行の『淡窓全集下巻』例言によれば、その冊数は五五七六冊であったという。同書に掲載された目録は、咸宜園蔵書、唐本、梅墩荘（旭荘）蔵書に分けて作成され、伝来形態に従って函架番号別に書名と冊数が記されている。それぞれの合計を示せば、次のようである。

咸宜園蔵書　六二箱（四一三点二六七〇冊、「東京行」二〇点一一三冊）
唐本類　三三箱（一二六点二〇二四冊、「東京行」二点二〇冊）
梅墩荘蔵書　一五箱（一四五点八九二冊）

蔵書の合計は、六八四点五五八六冊となり、ほかに「東京行」二二点一三三冊がある。「東京行」とは書籍の冊数の下に書かれた注記で、その書籍が東京にもたらされたことを示す。そのうちの一部は、青郁文庫や国立国会図書館に所蔵されている。

昭和四五年（一九七〇）には、『咸宜園蔵書目録』が出された。[41]これは、杉本勲を代表者とする九州大学九州文化史研究施設の関係者ら二五名によって進められた研究の一環として作成され、謄写版で出版された。[42]

これに補訂を加え、広瀬家蔵書目録とあわせて平成七年（一九九五）に出版されたのが『広瀬先賢文庫目録』である。この目録は、同元年の淡窓図書館閉鎖によって、同館に寄託されていた咸宜園蔵書が廣瀬資料館先賢文庫（昭和四四年竣工）に戻されることになったのを機に作成された。(43) 広瀬家蔵書は家宝書と一般書に分かれる。家宝書は、広瀬家の人びとの日記や著作物、咸宜園門人帳など約二四〇〇冊からなる。一般書は、広瀬家で伝えられてきた書籍など二二〇〇冊余から成る。

おわりに

咸宜園では、文政年間より塾生から毎月蔵書銭を徴収して書籍を購入し、その蓄積の上に淡窓蔵書も加えることで、文久年間に蔵書数は五四〇〇冊以上に達した。

蔵書の出納や管理は蔵書監がおこなった。青邨・林外塾主時代には、東家と西家に蔵書が保管され、それぞれに蔵書監が置かれた。蔵書監には優秀な上等生が就いた。蔵書の管理のために、架蔵状態に即して書名と本数を記した目録が作成された。蔵書点検の際に目録と書籍を対照して、書籍の紛失が調べられた。目録は、紛失や新規購入などによる蔵書増減に応じて補訂された。

淡窓塾主時代末期から死去直後にかけて作成・校正された蔵書目録を検討したところ、蔵書が東家と西家に分けて保管・管理されていたため、それに即した目録となっていた。しかし、明治七年までに架蔵方法が変わり、和刻本と唐本に分けたうえで、書籍箱に収められた。その過程で、咸宜園蔵書の整理がおこなわれたらしく、一部は広瀬本家に移動した。先賢文庫広瀬家蔵書のなかに旧咸宜園蔵書が混在しているのは、そのためである。

明治七年九月に大分県庁に提出された目録では、架蔵箱に付けられた順番に従って記載される形式がとられた。さらに文久三年に死去した旭荘の蔵書目録が塾蔵書の目録とセットにされた。散逸したり東京に移されたり架蔵箱が変更したりして、明治七年の目録と『広瀬先賢文庫目録』には異同もあるが、基本的には当時の架蔵形式や目録形式は、現在まで継続しているとみなされる。

淡窓や青邨の日記には、毎夏数日間かけて曝書していたことが記録されている。咸宜園蔵書が約二〇〇年の星霜を経て今日まで良好な状態に保たれてきたのは、そうやって塾主や塾生によって管理され、明治初期の売却の危機を免れ、閉塾後も散逸を危惧する有志や広瀬家によって維持されてきたためである。

註

（1）一九九〇年代以降、江戸時代の書籍、出版、読書などに関連する研究が蓄積され、民衆がさまざまなジャンルにわたる書籍を蒐集していたことや、そういった蔵書家が地域社会において知を形成し、情報を提供する役割を担っていたことが明らかにされてきた。近年刊行された研究成果でいえば、工藤航平『近世蔵書文化論―地域〈知〉の形成と社会―』（勉誠出版、二〇一七年）や、横田冬彦『日本近世書物文化史の研究』（岩波書店、二〇一八年）がある。

（2）日田市教育庁世界遺産推進室編『廣瀬淡窓と咸宜園―近世日本の教育遺産として―』日田市教育委員会、二〇一三年、六二頁。

（3）杉本勲「咸宜園と洋学」（杉本勲編『九州天領の研究』吉川弘文館、一九七六年）、綱川歩美「史料紹介と翻刻　広瀬先賢文庫蔵書目録」（『近世後期における地域ネットワークの形成と展開―日田広瀬家を中心に―』（研究代表者横山伊徳）（二〇〇六～二〇〇八年科学研究費補助金基盤研究（B）研究成果報告書）、二〇〇九年）。

（4）広瀬貞雄監修、中村幸彦・井上敏幸編『広瀬先賢文庫目録』広瀬先賢文庫、一九九五年。廣瀬貞雄監修、中村幸彦・井上敏幸編『廣瀬先賢文庫家宝書詳細目録』廣瀬先賢文庫、二〇一八年。
（5）三澤勝己「咸宜園の漢籍収集と塾生の閲覧」『漢籍　整理と研究』一二、二〇〇四年。同「近世私塾の蔵書閲覧規定試考―蜚英館と気吹舎を事例として―」『東洋文化』一〇〇、二〇〇八年。同「広瀬旭荘の咸宜園蔵書収集の発想について―柴秋村「肅舎義書目録序」を手がかりとして―」『国士舘大学経済研紀要』二五、二〇一三年。いずれも、三澤勝己『江戸の書院と現代の図書館』樹村房、二〇一八年に収録されている。
（6）史料としての蔵書目録や旧蔵書の詳細については、鈴木理恵『咸宜園系譜塾の展開に関する実証的研究―西日本を中心として―』（二〇一三～二〇一七年度科学研究費補助金基盤研究（C）研究成果報告書、二〇一八年）にまとめたので、本章とともにそちらを参照していただきたい。
（7）柴緑著・柴直編『秋邨遺稿　附録』柴直、一九〇一年、四丁ウ～五丁ウ。
（8）三澤勝己前掲註(5)、二〇一三年論文。
（9）「九桂草堂随筆」巻九（廣瀬旭荘全集編集委員會編『廣瀬旭荘全集随筆篇』思文閣出版、一九八六年、一七一頁）。
（10）三澤勝己前掲註(5)、二〇一三年論文、六九頁。
（11）「久兵衛殿伸平殿江相続候事」（青邨文庫84-16）。引用部分は、史料冒頭の「謙吉江致付属候品々目録」の一部である。
（12）海原徹『広瀬淡窓と咸宜園―ことごとく皆宜し―』ミネルヴァ書房、二〇〇八年、八四・八五頁。
（13）井上忠校訂「武谷祐之著『南柯一夢』」『九州文化史研究所紀要』一〇、一九六三年、七七頁。
（14）井上義巳「咸宜園の財政―塾主の会計記録より見た―」『日本教育思想史の研究』勁草書房、一九七八年（初出は一九七一年）、三五二頁。
（15）「咸宜園日記」および「乾々録」（中津市教育委員会所蔵）。「乾々録」は、咸宜園門人横井寿一郎（古城）の日記である（本書第六章参照）。
（16）『遠思楼詩鈔』初編の出版については本書第三章を参照。
（17）三澤勝己前掲註(5)、二〇〇八年論文、七一頁。
（18）『全集中巻』雑上、二三頁。

(19) 年代不詳蒲池君逸宛淡窓書状（大分県立先哲史料館編『大分県先哲叢書　廣瀬淡窓資料集書簡集成』大分県教育委員会、二〇一二年、往信 285、一八六頁）。

(20)「淡窓日記」天保三年五月二六日条（四九六頁）。

(21)「淡窓日記」弘化五年二月二五日条（一〇三一頁）。

(22)「淡窓日記」弘化五年八月一六日条（一〇四八頁）。

(23)「乾乾録第三」（中津市教育委員会所蔵）。

(24) 水築新は、「校正東家蔵書目録」の奥に書記釈凌雲と共に名があることから安政四年の蔵書監であったことが知れる。石田鉄平は、『劉向説苑』（咸 11-7）五・六巻の表紙見返に蔵書監として記されている。亀谷省軒は、「咸宜園日記」元治元年五月一五日条に「西蔵書監」になったことが記されている。高嶋節之輔および広瀬敬四郎は『先哲叢談』（一般雑 1-1）に蔵書監として名がある。

(25) 当時孝之助が都講であったことは、「淡窓日記」嘉永七年正月四日条（一二四四頁）や青邨の日記「愓若編」（青邨文庫）嘉永七年七月二日条によって知れる。

(26)「淡窓日記」嘉永七（安政元）年閏七月四日条（一二六五頁）。

(27) 林外も閏七月二日から三日間蔵書を検閲したことを日記に記している（「林外日記」（家宝 5-1-1））。二日条に「与二角之進清三郎一検二東家蔵書一」とあって、特に東家蔵書を検閲していた。青邨の日記にはこのことについての記述はない。

(28) 西家目録について、前掲註（4）『広瀬先賢文庫目録』三七頁に「林外自筆」と注記されている。特に「咸宜園蔵書目録」（通鑑綱目、第一～第二二）の部分は、安政元年閏七月に淡窓とともに作簿したときに林外によって記された可能性がある。

(29)「家塾経費録」（『宜園関係会計録』所収）によれば、別紙綴に書かれた「洞蓉筆記」「宋庵墨談」は文久二年六月までに購入され、原表紙見返に書かれた一〇点は同年末に購入されている。

(30) 前掲註（2）、九六頁。

(31) すべての書籍について冊数が記されているわけではなく、また法帖類もあるため、正確な書籍数を提示するのは難しい。綱川歩美は、西家目録が「二四〇点二四二四冊以上」、東家目録が「五三三点三一六五冊以上」（前掲註（3）、一六三頁）としている。

（32）『全集下巻』雑下、一四・五五頁。

（33）林外の『読書録』（家宝5-3-3）の巻末に記載されている。慶応二年（一八六六）頃に林外によって記述されたものと思われる。

（34）咸宜園教育研究センターを通じて入手した写しによる。原史料は、前掲註（3）横山伊徳らの共同研究によって作成された目録編の広瀬家文書八三三にあたると考えられるが、未見である。

（35）文部省編『日本教育史資料九』臨川書店、一九六九年、四一三頁。

（36）「明治十七年日記」（家宝28-1-7）八月一二・一五・一六日条。

（37）『咸宜園』第一集、三二頁。なお、雑誌『咸宜園』は、国立国会図書館デジタルコレクションにおいて閲覧した。

（38）前掲註（2）『廣瀬淡窓と咸宜園』一〇五頁に明治四一年当時の書蔵庫の写真が掲載されている。

（39）「咸宜園蔵書目録」と「校正東家蔵書目録」に後代に付けられた表紙に、「明治三十七年我宗家ニ引受当時ノ在庫書籍……」と書かれた昭和二年の広瀬貞治氏による貼紙がある。

（40）古泉学人『三隈鈔』千原豊太、一九二五年、一二〇～一二一頁。引用にあたって本文に付されていたルビは省略した。

（41）杉本勲編『九州天領の研究―日田地方を中心として―』吉川弘文館、一九七六年、五八一～五八三頁。

（42）杉本勲（代表者）『日田市立淡窓図書館保管　咸宜園蔵書目録』九州大学文学部九州文化史研究施設、一九七〇年。

（43）前掲註（4）『広瀬先賢文庫目録』、ii頁。

第三章　『遠思楼詩鈔』初編の出版

はじめに

古和流水は、天保五年（一八三四）に一八歳で、石見国邇摩郡宅野村から豊後国日田の咸宜園に入門した。(1)五〇年後に入門当時を思い起こし、次のような詩を作った。(2)

讀遠思樓詩集有感　　遠思楼詩集を読みて感有り
毎閲佳篇老眼疲　　佳篇閲するが毎に老眼疲る
夢中猶憶及門時　　夢中猶憶う　門に及びし時
朦朧侍坐生徒影　　朦朧として侍坐する生徒の影
恍惚孤吟夫子姿　　恍惚として孤吟する夫子の姿
隈水烟波籠射圃　　隈水の烟波　射圃に籠り
豆田農話入書帷　　豆田の農話　書帷に入る
呼回五十年前事　　呼び回す五十年前の事
獨有青燈仔細知　　独り青灯に有りて仔細知る

近くを流れる三隈川の霧が屋外にたちこめ、豆田町界隈の農夫の話し声が書斎にまで入ってくる。広瀬淡窓は詩を吟じ、生徒は師の傍らに座っている。(3)

古和流水が読んだ「遠思樓詩集」とは、咸宜園の初代塾主広瀬淡窓の漢詩集で、『遠思楼詩鈔』として初編（以下、板本『遠思楼詩鈔』初編を『詩鈔』と略記する）が天保八年（一八三七）に、二編が嘉永元年（一八四八）に刊行された。流水は、右のほかにも「讀二遠思樓詩鈔一」と題する詩を作っており、そのなかで、「遠思樓詩鈔」を読むたびに淡窓の「申々夭々風」（にこやかなようす）を思い出すと書いている。流水は晩年に至るまでときおり「遠思樓詩鈔」を読んで、咸宜園での生活や淡窓を想起するよすがとしていたことがうかがえる。

　このようなことは流水に限らないだろう。淡窓は、『詩鈔』『析玄』などの自著や、門人の詩を集めた『宜園百家詩』を上梓し、塾内で販売した。もちろん門人は退塾後に市販の板本を購入することもできた。(4)

　咸宜園は、三奪法と九級制月旦評による実力主義教育、厳格な塾則にもとづく寄宿生活、漢詩重視など、教育方法に種々の創意工夫を施したことで知られる。遠隔地からの入門者のために蔵書閲覧の便を図ったのもその一環である。自著を出版して塾内で販売し、講義に使用したことも、淡窓の教育的意図に拠るものと考えられる。本章では、淡窓最初の出版物である『詩鈔』の出版経緯――『詩鈔』草稿の編集、出版に至るまでの書肆との交渉や原稿の校訂、出版後の修訂段階などについて詳らかにする。

　『詩鈔』に関しては、井上源吾の評釈がある。また、池澤一郎や早稲田大学の大学院生等による輪読の成果が、平成一七年（二〇〇五）以降「近世漢詩を読む―『遠思楼詩鈔』輪読―」として『近世文芸　研究と評論』に継続掲載されている。(5)本章もこれらの成果に負うところが大きい。しかし、『詩鈔』の出版経緯の詳細については明らかにされていない。また、私塾の出版事業に関しては、松下村塾や古義堂での事例が知られているが、(6)塾主が自著を出版して講義に使用するまでの一連の過程を扱った先行研究はない。

　本章で使用する史料は、淡窓・旭荘の日記や書状、草稿類、『詩鈔』諸本などである。「淡窓日記」を引用する場合には、『増補淡窓全集』(7)（以下『全集』と略記）の該当頁とともに、（淡窓日記七〇〇頁）と表記する。

淡窓が晩年にまとめた自叙伝「懐旧楼筆記」も『全集』上巻に収載されている。これを引用する場合にも、（懐旧一〇頁）のように表記する。旭荘の天保七～八年の日記「日間瑣事備忘」は、影印本『廣瀬旭荘全集日記篇』第一巻に収められている。[8]これについても「旭荘日記」と略記し、引用する場合には同全集の該当頁を（旭荘日記一〇頁）のように表記する。

淡窓・旭荘間でやりとりされた書状は『大分県先哲叢書　廣瀬淡窓資料集書簡集成』に翻刻されている。[9]これに収載された書状を本章で取り上げる場合には、各書状に付された番号と引用頁を、（往信12一〇頁）といったように表記することとする。

草稿については、八種類が大分県日田市の公益財団法人廣瀬資料館の先賢文庫に現存している。これらによって、出版原稿を完成させるまでの編集・校訂作業を追うことができる。[10]草稿を個別に取り上げる際には各草稿の表紙に書かれた外題を使用するが、草稿を総称する場合や特定の草稿を指さない場合には「遠思楼詩集」と表記する。『詩鈔』については、廣瀬資料館や国文学研究資料館など一〇機関に所蔵されている三五点を調査した。

『詩鈔』は、広瀬淡窓の二四七題（三二七首）[11]の詩を上下二巻に集めて天保八年に刊行された。序跋と凡例を合わせて一一葉、本文が八〇葉からなる。[12]当時、菅茶山や頼山陽の詩集とならんで流行したという（来信46三四七頁）。明治半ばまで刷りを重ねて流布した。[13]篠崎小竹・亀井昭陽・帆足万里の序のあとに、小林安石による凡例五則が掲載されている。篠崎の序文には天保六年春、凡例には天保七年秋の年記がある。下巻末に菅茶山の題辞がある。詩の多くに評語が添付されている。評者は、市河寛斎・頼山陽・中島棕隠・杉岡鈍吟・菅茶山・松川北渚・貫名海屋・亀井昭陽・盧揖橋・沈子岡・石卿子・草場佩川・篠崎小竹・中島米華・僧五岳である。

詩の配列は、ほぼ、淡窓が各詩を作成した年齢順になっている。[14]『遠思楼』（家宝11-21）や国文学研究資料館広瀬青邨文庫所蔵『詩鈔』特装本[15]（84-7、以下、特装本と略記）の各詩題の下には、淡窓の年齢が朱で書き入れられている。「懐旧楼筆記」も併せて利用すれば、『詩鈔』二四七題中の一三〇題の詩については作成年代が判明する。規則正しく年齢順に並んでいるわけではなく錯綜も見られるが、[16]配列された位置によっておおよその作詩年代を推定することが可能である。『詩鈔』上巻の一一丁までは三〇歳までに作られた詩で、一二丁以降はほぼ三一～四〇歳の詩で構成されている。下巻の七、八丁までは四〇歳代前半の詩が、八丁以降二三、四丁までは四〇歳代後半の詩が多い。下巻後半は天保年間に入ってから作られた詩が多い傾向にある。

本章では、第一節で草稿の作成・編集過程を、第二節において出版に至るまでの経緯を、[17]第三節で刊行以後の修訂過程を明らかにする。出版への本格的な動きは天保七年(一八三六)五月の旭荘の上坂に始まるので、第一節はそれ以前の日田における淡窓の草稿編集過程を追い、第二節はそれ以降の堺の旭荘と淡窓とのやりとりを見ていく。

第一節　「遠思楼詩集」の編集

『詩鈔』は天保八年に刊行されたが、淡窓が早くから詩稿を集成していたようすが日記や草稿からみてとれる。現存する草稿八種類に関して表1にまとめた。表1は、各草稿における、序や評語の有無、詩の配列、個々の詩の作成年、詩の字句の異同などから、草稿の集成時期を推測してその順番にまとめた。

表１『遠思楼詩鈔』草稿８種類の集成年代と収載詩数

		草稿								板本
表題		遠思楼	遠思楼詩集乾坤	遠思楼詩草	遠思楼詩集	不借人集	遠思楼詩集上	写本前篇遠思楼詩集	遠思楼詩集巻上原稿	遠思楼詩鈔
内題		—	遠思楼詩集巻一二	遠思楼詩草	遠思楼詩草	遠思楼詩集巻之下	遠思楼詩集巻上	遠思楼詩集巻上下	遠思楼詩集巻上	遠思楼詩鈔巻上下
草稿の作成年(推定)		文政年間後半	文政年間末	天保元年か	天保元年か	天保2年9月	天保年間前半	天保6年9月～同7年	天保7年	天保8年刊行
廣瀬資料館架蔵番号		家宝11-21	家宝9-1-39	家宝9-1-10	家宝9-1-44	家宝11-23	家宝11-19	家宝9-2-5	家宝9-1-40	—
年齢別詩題数	19歳(1800年)以前	0	1	1	1	0	1	1	1	1
	20～24歳(1805年)	4	3	2	2	0	2	1	1	1
	25～29歳(1810年)	14	14	8	10	0	14	14	14	14
	30～34歳(1815年)	29	28	26	26	2	25	26	26	26
	35～39歳(1820年)	46	46	41	46	15	25	45	44	42
	40～44歳(1825年)	7	8	8	8	8	5	10	3	10
	45～49歳(1830年)	0	8	6	12	17	0	19	0	19
	50～54歳(1835年)	0	0	0	0	1	1	16	0	16
	55歳以上	0	0	0	0	0	0	0	0	1
	不明	33	50	29	41	78	49	124	33	117
	合計(a)	133	158	121	146	121	122	256	122	247
収載詩中の最古		享和元(1801)	寛政8(1796)	寛政8	寛政8	文化9(1812)	寛政8	寛政8	寛政8	寛政8
収載詩中の最新		文政7(1824)	文政10(1827)	文政9(1826)	天保元(1830)	天保2(1831)	天保2	天保6(1835)	文政5(1822)	天保7(1836)
序跋や凡例の年記		—	—	道光11年(1831)仲冬	辛卯(1831)中元節、壬辰(1832)6月	庚寅(1830)初冬	—	天保6年正月	天保6年正月、天保丙申(1836)孟春	天保6年春、天保丙申秋
詩首数		195	234	169	197	176(上下343)	158	337	155	327
板本採用題数(b)		103	138	111	135	83	108	241	115	—
各草稿での採用率(b／a)		77.4%	87.3%	91.7%	92.5%	68.6%	88.5%	94.1%	94.3%	—
板本での採用率(b／247)		41.7%	55.9%	44.9%	54.7%	—	—	97.6%	—	—
現存冊数／全冊数		1／1	2／2	1／1	1／1	1／2	1／2	2／2	1／2	2／2
丁数		本文40	本文56、附録1	遊紙1、序5、本文58	遊紙1、序・題辞6、本文70	本文39、題辞・跋2、その他1	本文33	遊紙3、序6、本文81、附録3、題辞・跋3	序・跋8、凡例2、本文39、遊紙1	序9、凡例1、本文80、題辞1
字数・行数(半丁)		19字9行	19字9行	18字6行	16字6行	19字9行	19字9行	19字9行	19字9行	19字9行
序跋作者		—	菅茶山	顧蒓・韓崶	台鶴楼・呉鳴鏘・盧揖橋	菅茶山・古賀穀堂	—	亀井昭陽・篠崎小竹・顧蒓・韓崶・許乃普・伯氏・小山・菅茶山・古賀穀堂	亀井昭陽・篠崎小竹・菅茶山・古賀穀堂	篠崎小竹・亀井昭陽・帆足万里・菅茶山
校訂者		—	長坂勇	—	—	釈徳令	—	—	小林安石	小林安石

出典：表の最上欄に示した草稿８種類（廣瀬資料館蔵）と『遠思楼詩鈔』をもとに作成した。
註 1) 表中の—は、記載がないこと、あるいは関連事項ではないことを示す。
　2) 上下巻が揃って現存しないものについては、板本採用率を示していない。

淡窓の日記に「遠思楼詩集」に関する記述が初めて登場するのは、文政四年（一八二一）である。七月四日条に咸宜園で淡窓が「遠思楼集」を講じたことが記録されている（淡窓日記二二七頁）[18]。淡窓は、それまで書きためてきた詩を「遠思楼集」として集成して講義し始めたものとみられる。「遠思楼詩集」の講義は、文政四年以降ほぼ毎年続けられた[19]。

講義を始めて数年後に作成されたと考えられるのが、『遠思楼』（家宝11-21）である。収載詩数が一九五首に留まり、書冊も未だ上下巻に分かれていない（表1）。『遠思楼』に収められた詩の字句を『詩鈔』と比較してみると、その相違が他の草稿に比べて最も大きい[20]。一九五首中、現在確認できるところでは文政七年作の詩が最も新しい。このことから、本詩稿が作成された時期をひとまず文政年間後半としておきたい。

『遠思楼』には、朱筆で詩の字句の修正や削除が施され、削除された詩の代わりに欄外に別の詩が墨書で加えられている。こうしたことから、本草稿は集成後もしばらく編集作業に利用されたと考えられる。詩一三三題のうち九五題の下には年齢が朱筆されている。この九五題は一二七首の詩を含む。年齢は、後筆である。年齢加筆作業は途中段階であって、後ろ四分の一の詩題下には年齢が書かれていない。表1をみると、『遠思楼』に三〇歳代の作品が圧倒的に多いのは、文政年間後半、すなわち淡窓が四〇歳代後半のときに『遠思楼』が集成されたためと考えられる。一三三題のうち八割近い一〇三題の詩が『詩鈔』に採用されており、早い段階から絞り込みがなされていたようすがうかがえる。ただ、一〇三題というのは、最終的に『詩鈔』に収載された二四七題の詩からいえば四割程度にとどまっている。詩稿集成としては始まったばかりで、この後、四〇歳以降の作品が徐々に追加されていった。

『遠思楼』に次いで作られたと考えられる詩稿が『遠思楼詩集乾坤』（家宝9-1-39）である。上下二巻に分冊され、二三四首を収載している。上巻冒頭に淡窓と並んで「門人伊豫長坂凱自強校」と記されている。文政一〇年（一八二七）一一月二四日に入門した伊予国新居郡出身の長坂勇が該当するが、長坂は同一二年一〇月末に五級上に昇ったのち退塾したのか、淡窓の日記に登場しなくなる。また、長坂が校訂に関わったことを示す記述は日記に見られない。『遠思楼詩集乾坤』に収載された作成年がわかる詩のなかでは文政一〇年のものが最も新しいので、本草稿が同年以降に作成されたのは間違いない。下巻末に「附録」として「広瀬子基詩巻後」二首が掲載されている。これは、文政一〇年九月にもたらされた菅茶山の七絶二首（懐旧三三四頁）で、『詩鈔』出版に当たって題辞として採用された。以上のことから、本草稿は、文政年間末（文政一〇年末から、長坂が咸宜園を去ったと思われる同一二年末までの間）に作成されたものとしておきたい。[21]この草稿には、亀井昭陽・菅茶山・頼山陽・中島棕隠・草場佩川・帆足万里・市河寛斎・杉岡鈍吟の評が掲載されているので、文政年間末までにこれらの批評を得ていたものとみられる。

咸宜園で「遠思楼詩集」の講義を続けていくうちに、門人から上梓を勧められるようになったらしい。淡窓は、天保元年（一八三〇）一一月、門人岡研介に[22]「浪華ニ而野生詩稿開板之儀」について堺の小林安石と相談して進めてほしいと依頼し、「今一両年過キ候而、開板仕度候」（往信51三九頁）と記していた。すでにこの頃大坂での開板の話が持ち上がっていたことがうかがえる。小林安石は、淡窓が咸宜園を開く前からの古い門人である。当時は和泉国堺で医者となって開業していた。[23]のちに『詩鈔』の出版に奔走した人物である。

天保二年九月一八日、淡窓は塾生徳令とともに「遠思楼詩集」を改編した（淡窓日記四七九頁）。『不借人集』（家宝11-23）がそのときのものと思われる。この詩稿の内題は「遠思楼詩集巻之下」となっていて、下巻のみが残る。九行罫紙が使用され、冒頭に「豊後広瀬建子基著／筑後僧徳令石門校」とある。序文はない。詩のなかに亀井昭陽・菅茶山・帆足万里の評語が散見される。

『不借人集』巻末に「遠思楼詩集通計　五古四十三首／七古二十五首、五律六十首／排律一首、七律八十六首／五絶二十九首、七絶九十八首／凡二巻三百四十三首、辛卯九月二十二日編」と記されていることから、九月一八日に始めた改編作業が二二日まで続けられたことがうかがえる。末尾に菅茶山の詩と「庚寅初冬」(天保元年)に書かれた古賀穀堂の跋が掲載されている[24]。

この詩稿には朱筆での修正や書き入れが多い。一部の詩題の上には△が墨書されてそれが線で消されていたり、頭書の部分に別の詩が小さな文字で書かれていたり、詩を×で消していたり、貼紙で詩の一部を修正したり、さまざまな編集・校訂作業が施されている。本詩稿を利用して詩の取捨選択が重ねられたことがうかがえる。

また、頭書の部分や詩の間に、篠崎小竹・石卿子・亀井昭陽・沈萍香らの評語が朱筆されている。後述するように、石卿子や沈萍香の評語は天保四年（一八三三）五月にもたらされたものなので、これらの朱筆はそれ以後に加えられたとみられる。天保二年九月の改編作業に用いられた草稿が、その後長く校訂に利用されていたようだ。

表1に示したように、本詩稿収載詩の『詩鈔』での採択率は約六九%で、それまでの草稿に比して激減している。最初の草稿『遠思楼』でも採択率は約七七%で、『詩鈔』に漏れた作品が多かった。しかし、清人の序や批評を得るために作成された二草稿（後述する『遠思楼詩草』『遠思楼詩集』）では詩を精選したからであろうか、採択率は九割前後に及んだ。『不借人集』は、従来多くても二三四首（『遠思楼詩集乾坤』）に留まっていた収載詩数を大幅に増やし、上下巻あわせて三四三首を集成したために、後に削除せざるを得ないような作

品も紛れ込んだということだろうか。

天保三年二月二五日に淡窓は、清の商人沈萍香を介して依頼していた清人二人の序を受け取った。この日のことを、後年次のように書いている（懐旧四〇六頁）。

長崎高島四郎大夫ヨリ来書アリ。清人遠思楼詩集ノ序二篇ヲ寄セタリ。一ハ顧蒓。二ハ韓崶ナリ。皆彼中ノ名家ニシテ。シカモ韓ハ高位ノ人ナリ。沈萍香西帰ノ時。我集ヲ持チ帰リ。題言ヲ乞得タル由ナリ。其真贋知ルヘカラス。故ニ吾家ニ蔵スト雖モ。世上ニ伝ヘズ。

このときにもたらされたのが、現存する『遠思楼詩草』（家宝9-1-10）であろう。『遠思楼詩草』には、「大清道光十一年辛卯仲冬」の年記を持つ顧蒓と韓崶の序がある。韓崶は「大日本国辛卯春萍香沈君以㆓遠思楼稿㆒見㆓貽題跋㆒時」と記しているので、この詩稿は遅くとも辛卯＝天保二年（一八三一）初めに彼のもとに届けられていたようだ。柱に「先得月處」と印刷された六行罫紙を使って、一二一題一六九首の詩が記されている。修正や加筆の跡は見られない。評も入っていない。同詩稿中の作成年代が判明する詩のなかで最も新しいのは文政九年のものである（表1）。ただし、天保元年作の詩が含まれていた可能性がある。というのも、『遠思楼詩草』に収められた「東家」は、『詩鈔』では天保元年に作られたことが明らかな「家君八十賦㆑此志㆑喜」と「哭㆓相良大春㆒」[25]の間（下巻二三丁オ）に配置されている。これらのことから、『遠思楼詩草』は天保元年に作成されたとしておきたい。

徳田武によれば、淡窓の懐旧記に登場する高島四郎大夫は長崎の町年寄で、沈萍香は天保一一年（一八四〇）一二月から弘化三年（一八四六）六月にかけて来航した南京寧波船の船主という。沈萍香とすれば右の記載と時期があわないので、淡窓は天保三、四年当時頻繁に来航していた沈綺泉と錯覚したのだろうと、徳田は指摘する。[26]蔡毅によれば、沈萍香は蘇州の人で名（あるいは字）は鳳翔といい、萍香は号である。頼山陽を初めとする漢詩人たちと交遊して日本の漢詩を中国に紹介したという。確かに『割符留帳』には沈が長崎に天保一一年以来九度来航したことが記されているが、沈は頼山陽が死去する天保三年以前から山陽となんらかの関係があったことから、その実際の来航回数はより多かったと蔡は推測している。[27]実際、沈は天保二年に長崎に滞在していたことから、[28]淡窓の詩稿を中国に持ち帰って清人の序を得たのは沈萍香に間違いないだろう。

徳田武によれば、韓崶は乾隆の抜貢で刑部尚書に達し、顧蒓は嘉慶の進士で通政司副使に至った人物であるといい、時期的にかなり以前に活躍した二人が序を寄せることに徳田は疑問を呈している。[29]

同じく、清人の序が加えられた『遠思楼詩集』（家宝9-1-44）も現存するが、「淡窓日記」にこれに関する記事が見当たらないので入手経緯がわからない。本詩稿には、「辛卯中元節前五日平湖黄金台鶴楼」と、「壬辰夏六月呉江呉鳴鏘」の二人の序があるので、「辛卯」（天保二年）・「壬辰」（天保三年）以降に淡窓のもとにもたらされたとみられる。先の『遠思楼詩草』と同じ六行罫紙に、一四六題一九七首が記されている。『遠思楼詩草』から二首が削られ、三〇首が追加され、詩の順序が若干入れ替わっている。一四六題のうち三分の一を超える詩の頭書部分に盧揖橋の評が入り、同人の印も押されている。これと『詩鈔』の盧の評語を照合すると文言が一致するので、本草稿に付された評語が出版に際して採用されたことがわかる。ただし、すべてが採用されたわけではない。巻末にも盧揖橋の詩と署名・押印がある。

序文を寄せた台鶴楼については不明だが、徳田武によれば、呉鳴鏘は呉江の人で『乍浦集詠』（道光二六年・乍川・潘文秀斎刊）に詩を載せているという。盧揖橋は、「平湖県から海港乍浦に亘る地域における隠れたる文人、ともいうべき人物」[30]とされている。徳田は、『半斎摘稿』（勝田半斎の未刊の詩集）の序詩と批評は、盧揖橋を含め、浙江省嘉興府平湖県乍浦地域に居住していた五人が、その詩稿を廻し読みしたうえで加えたものであると指摘したが、[31]淡窓の詩稿の場合も同様の方法がとられたのではないだろうか。廣瀬資料館所蔵の『旭荘詩草 盧揖橋評 完』（家宝10-4-22）にも盧揖橋の評が書かれ、末尾には盧の七絶二首と署名がある。署名は、道光一二年（一八三二）六月に書かれたものである。『遠思楼詩集』（家宝9-1-44）と『旭荘詩草』の盧揖橋の筆跡は一致する。

清人の序や評が書かれた右の『遠思楼詩草』と『遠思楼詩集』は、収載された詩の多くが共通し、配列もほとんど同じである。同じ紙が使用され、体裁もよく似ていることから、あまり時期を隔てずに作成されたと見られる。もちろん、その時期は天保二年七月以前ということになるだろう。

天保三年（一八三二）八月、淡窓は「遠思楼詩集」一部を門人（釈大含）に託して、頼山陽に詩稿評を依頼しようとした。ところが、その一か月後に山陽は歿した。山陽の死を一一月に知って淡窓は「悵恨之至」と残念がっている（淡窓日記五〇八頁）。『詩鈔』中の四首に頼山陽の評語が付されている。そのうち、「偶成」（『詩鈔』上巻五丁ウ）は、淡窓が文化四年（一八〇七）冬から同五年一月にかけて病床で詠んだ「五律三十首」中の一首である（懐旧一五三頁）。「頼子成評二予詩巻一見レ貽賦レ此寄謝」（『詩鈔』上巻六丁ウ）は、文化五年の作である。淡窓は、同年一月に「五七律数十首」を箕浦子信に託して備後の菅茶山に届け、その評を乞うた。茶山の評が加えられた詩稿は、芸州に滞在していた館林清記に託された。館林は、詩稿を淡窓に届ける途中に広島で頼山陽の評を得ることができた。[32]「頼子成評二予詩巻一見レ貽賦レ此寄謝」は、頼山陽が評を寄せてくれたことへの感謝の意を詠んで、同年に東遊する館林に託して山陽に寄せた詩である（懐旧一五四頁）。「送三人遊二宦長崎一」（『詩鈔』上巻七丁）は、文化五～六年頃の作と推定されている。[33]「隈川雑咏五首」（『詩鈔』上巻一二丁ウ～一三丁ウ、山陽の評は第五首にある）は淡窓三一歳（一八一二年）の作である（『遠思楼』）。したがって、『詩鈔』に掲載された山陽の評は、文化九年（一八一二）以降あまり時期を隔てずに記されたものと考えられる。[34] 天保三年に山陽に評を依頼しようとしたのは、『詩鈔』出版に備えて、淡窓が三〇歳代以降に書いた詩への批評を得るためだったのではないだろうか。

天保四年（一八三三）五月三日にも、沈萍香の仲介によって清人の序や評語が書き入れられた「遠思楼詩集」が淡窓のもとに届けられた。しかし、淡窓にはそれらの真贋を判断することができないため、採用には慎重であった。後年、次のように書いている（懐旧四二九頁）。

長崎ノ春禎助ヨリ。遠思楼詩集ニ。清人ノ序並ニ評語ヲ加ヘシ者ヲ送レリ。瀕生許乃普カ序アリ。太原伯氏小山。茂苑萁生甫。呉中ノ迂楮。広陵ノ石卿子。釆茘子。皆詩ヲ題セリ。又沈萍香カ批判並ニ跋アリ。是沈萍香カ紹介シテ得タル所ナリ。序文並ニ詩。昔年ノ韓葑顧蒓カ二序ニ比スルニ稍醇真ナルニ似タリ。要スルニ真贋シルヘカラス。其本家ニ蔵セリ。故ニ其審ナルコトヲ録セス。

「遠思楼詩集ニ。清人ノ序並ニ評語ヲ加ヘシ者」を送って来た春禎助は、長崎地役人で高島秋帆の門人であった。[35]「淡窓日記」（五二六頁）や右の「懐旧楼筆記」によれば、五月三日に届いた「遠思楼詩集」には許乃普の序、伯氏・迂楮・石卿子・釆茘子らの題詩、沈萍香の批評と跋が書き入れられていたという。しかし、未だそのような詩稿の存在は確認できていない。ただ、後述するように『写本前篇遠思楼詩集』（家宝9-2-5）下巻末に「附録」として許乃普や伯氏の序跋が掲載されているので、内容を知ることができる。そこに、伯氏が「壬辰小春月読㆓過是巻㆒一遍」と書いているので、遅くとも天保三年一〇月には詩稿が清人の手に渡っていたことがわかる。

これまでみてきたように、清人の序跋や評を乞うために少なくとも三種類の詩稿が作成されていた。得られた清人の評語のなかで盧揖橋・沈子岡（萍香）・石卿子のものが『詩鈔』に採用された。沈・石の評が付された詩のなかで作成年代がわかるものに関しては、文政九年（一八二六）が最も新しい。三詩稿とも文政年間末から天保年間初めにかけてあまり時期を隔てずに作成して、沈萍香に託されたものではないだろうか。文政～天保期に日本文人のあいだで、清人の序文、詩、評語を自著に添えることが流行していたというから、淡窓もその流行に乗ったということだろう。[36]

淡窓は、天保四年一二月一日、「遠思楼詩集」について考定した。詩の前後の位置を改め、かつ詩を補入し、全三一六首を二巻に分けて収めることを決定した。そうやってできた「遠思楼詩集」を、人を使って清書させた（淡窓日記五三八頁）。『遠思楼詩集上』（家宝11-19）は、その頃に作成されたと考えられる。上巻しか残っていない。序跋や評語は掲載されていない。一五八首が収載されており、そのうちの九割近くは『詩鈔』に採用されている（表1）。最新の詩が天保二年のものなので、天保年間前半期に作成されたことは間違いない。

天保五年三月一四日、亀井昭陽から淡窓のもとに「遠思楼詩集序文稿」が届いた。この序が『詩鈔』に掲載されたのであろう。四月五日、淡窓は門人（釈徳令）が郷里に帰る際に「遠思楼集一部」を持たせた。柳川の後藤隼人を通じて岡本醒廬の評を求めるためである（淡窓日記五四四・五四六頁）。しかし、『詩鈔』に岡本の評は掲載されていないので、得ることができなかったのだろう。

天保六年四月の日記によれば、門人から上梓を勧められて久しかったが淡窓自身は未だ決意できないでいたようである。それでも「遠思楼詩集」の考定を続け、四月中旬から一三日間かけて門人に謄写させた。七月に堺の小林安石に送った「艸稿二」は、このときの「遠思楼詩集」と考えられる（淡窓日記五七〇・五七七頁）。

安石は、この草稿をもとにして、後述するような「天保丙申孟春」（天保七年一月）の凡例を作成したのであろう。

天保六年九月以降に作成されたと考えられるのが『写本前篇遠思楼詩集』（家宝 9-2-5）である。上下二巻からなる。上巻冒頭に亀井昭陽と、「天保六年乙未正月」の年記が入った篠崎小竹の序文があるので、本草稿がこれ以後に作成されたことは明らかだ。また、本草稿に収載された「護願寺」「鏡阪観㆓森一郎所㆑建碑㆒」「訪㆓咬菜石翁㆒」「九月十三夜同㆓諸子㆒賦」「過㆓児玉主一宅㆒」（『詩鈔』下巻三六～三八丁、「過㆓児玉主一宅㆒」は『詩鈔』では「訪㆓児玉主一㆒」）は、天保六年九月に作られた詩である（懐旧四六六～四六八頁）。安石の「天保丙申孟春」の凡例は掲載されていないので、本草稿は同七年の早い時期に成っていたと思われる。

『写本前篇遠思楼詩集』には、九行罫紙に端正な文字で二五六題（上巻一二二題、下巻一三四題）に及ぶ詩が書かれている。書き入れや朱筆はない。下巻末に「附録」として、顧蒓・韓崶・許乃普・伯氏らの序跋が三丁にわたり掲載されている。そのあとに菅茶山の詩と古賀穀堂の跋がある。天保三年二月および翌四年五月に清人の序跋や評語が淡窓のもとに届けられたことは先述したが、本草稿の下巻附録はそれら序跋をまとめて記載したものである。詩の配列は『詩鈔』に近いが、若干の順不同が見られる。評語が詩の間に挿入されている点など形式的に板本に近い草稿となっている。評者についても、板本と比べて盧揖橋以外は揃っている。しかし、板本と比較すると、評語が加えられた詩に異同がある。たとえば、この草稿では下巻の「東家二首」第二首と「送㆔何相卿帰㆓天草㆒」の詩に貫名海屋の評があるが、板本（「送㆔何相卿帰㆓天草㆒」は『詩鈔』下巻二七丁オ）ではいずれも削除されている。代わりに、草稿では海屋の評語が掲載されていなかった「春初散歩」に、板本（『詩鈔』下巻八丁オ）では海屋の評語が加えられている。

淡窓は、天保七年三月五日に「遠思楼詩集」をほぼ脱稿したので、長崎に遊学する門人に託して、筑前の亀井昭陽と肥前の草場佩川に批正を依頼した。その「遠思楼詩集」二部が四月一四日に戻ってきたので、淡窓は考訂をほどこした。考訂が終わると、門人ら四名に二日半かけて謄写させた。淡窓は訓点・批圏を加えた。同月一八日に「遠思楼詩集」の表装ができたので、再び考訂を加えた。これを旭荘に託して堺の小林安石に届けさせた（淡窓日記六〇〇・六〇四頁）。

前年五月にも草場佩川に草稿を届けて批評を依頼していたらしいことが、同人の書簡からわかる（来信25二六一頁）が、天保七年になって再び依頼した経緯は不明である。同年、淡窓は門人平野五岳にも評を依頼した。四月一〇日頃に旭荘が上坂する予定なので、それに間に合わせるように頼んでいる（往信85六七頁）。『詩鈔』中二〇首に僧五岳の評が掲載されているが、そのうちの一八首は下巻三二～四〇丁に集中し、評者は僧五岳のみになっている。淡窓の新しい作品に評を寄せてもらうことによって、評語の配置バランスを保とうとしたのだろうか。

第二節　『遠思楼詩鈔』の出版準備

開板の話が具体的に動き始めたのは天保七年（一八三六）五月に旭荘が上坂してからであった。旭荘はたびたび淡窓に書簡を送って進捗状況を説明した。上坂後しばらく旭荘は堺の小林安石のもとに身を寄せて、開板を引き受けてくれる書林を捜すことと、「遠思楼詩集」の校訂に取り組んだ。これらについてはのちに旭荘が「書林掛合万端ハ、有田大助ノ労ナリ。遠思楼校訂ハ、安石ノ力ナリ」（来信32二八八頁）と記したように、有田大助と小林安石の尽力があった。この頃、旭荘は「上木一件之事、安石と日夜討論」（来信27―二六三頁）していたようである。七月には廃寺となっていた専修寺を借りて講義を始め、そのいっぽうで出版準備を進めた[37]。まず、上木については、安石が大坂心斎橋筋の書林名田屋佐七に依頼した。六月二日には旭荘自ら名田屋を訪ねている（旭荘日記一五三頁）。名田屋に依頼した理由や上木費用等についての条件は明らかではない。ただ、旭荘が淡窓に宛てた書状に「此節弐拾四五両も可費候得共、三年四年之内ニ八、元金帰り可申候」とあることから、上木に必要な諸経費として二四、五両を淡窓側で負担する心算であったことがうかがえる。旭荘は、六月三日に書林今津屋辰三郎に会った際、上木費用を負担してもよいと提案を受けた。しかし、経費よりも「板ニ望」があることを説明している。書や刷りの美しい本の出版を最優先していたことがわかる。その後、今津屋は直接に名田屋と相談したうえで、両家で売り弘めることを旭荘に提案してきた（来信27―二六四頁）。

校訂については、旭荘と安石のほか、篠崎小竹が関わった。小竹は、江戸の古賀精里に学んだのち、浪華に戻って「関西の詩壇の牛耳をとっていた」[38]。淡窓の『詩鈔』以外にも多くの詩集に小竹の序文が掲載されている。

旭荘は、六月二日に「遠思楼一部」を篠崎小竹のもとに届けさせている（旭荘日記一五三頁）。七月初めにはそれを「正本」と交換し、同時に「帆足評之巻」も小竹に届けた（来信29―二七六頁）。「帆足評之巻」とは、帆足万里が「遠思楼詩集」に評を記入し、その評の取捨選択の指示を淡窓が書き込んだものである。廣瀬資料館に残る『遠思楼詩集巻上原稿』（家宝9-1-40）が「帆足評之巻」に相当すると考えられる。六月二八日に淡窓から旭荘のもとに届いたので、それも小竹のもとに届けたのである。

『遠思楼詩集巻上原稿』は上巻のみだが、確認できたなかでは最終段階の原稿である。ただ、これも板本と詩の配列が若干異なり、詩の字句にも異同がある。本原稿と板本とのあいだには、さらに書き直された原稿があったはずである。亀井昭陽・篠崎小竹・菅茶山・古賀穀堂らの序詩に続いて、小林安石が「天保丙申孟春」（天保七年正月）に書いた凡例が掲載されている。凡例は五則からなり、上梓に至る経緯や清人から序跋を得た経緯などが書かれている。板本の凡例とは内容を異にする。凡例の第三則には次のように記されている。

　清人沈萍香在レ崎也。秋帆高氏為二先生一謀。託以二詩巻一乞二正於彼邦名家一。前後[a]両次。萍香西帰。一請二[b]顧韓二子跋一。一請二石卿子批評。[c]及諸家題言一。又自作レ評焉。今載二[d]石沈評一。若他文[e]頗有レ可レ疑。姑附二諸巻末一。

右によれば、高島秋帆が淡窓のために沈萍香に「遠思楼詩集」を託して清国の名家の批正を乞い、顧蒓と韓崶の跋、石卿子の批評、諸家題言を得たという。この草稿の段階では、石卿子・沈萍香の批評を載せ、他は疑わしいところがあるので巻末に附録として掲載することにしていた。先述した『写本前篇遠思楼詩集』（家宝9-2-5）の下巻末には、附録として清国人の序跋が掲載されていたが、その形式を本草稿でも踏襲しようとしていたことがわかる。しかし、右の傍線を付した部分は朱で修正され、aは「数」に、bは「諸家題言及盧揖橋」に、cは削除され、dは「三子」に、eは「太以レ多不レ載」となっている。また、頭書の部分に墨書で「清人沈萍香之在レ崎也、秋帆高氏以二先生詩巻一示レ之、萍香為レ請二盧揖橋石卿子批評一、又自作レ評今亦載焉」と書かれ、朱筆で「帆足ノ説ニ従ヘハ、詩ハ釆荔子カ一首ヲ載スヘシトナリ、其分ニテハ余リ少シ故ニ一向ニ削ヘシ」とある。

右のように、顧蒓と韓崶の跋は不採用となり、沈萍香・石卿子・盧揖橋の批評が掲載されることになった。また、釆荔子の詩のみ掲載するという帆足万里の意見は退けられ、附録は削除されることになった。

小竹は、旭荘から「遠思楼詩集」を受け取って以降「坐臥ニ携、諷誦」(来信28二六九頁)していたという。小竹は、凡例のなかに書かれた「先生使侍史」の「侍史」を「門人」に改めた方がよいとか、「考校」や「考訂」は他人からの表現であって自著について使用すべきではないとかいったように、細部に至るまで校訂をおこなった。これらは「大ニ有レ益」る助言であった(来信28二六九頁、来信29二七五頁)。清人の序跋の削除を提言したのも小竹であった。シーボルト事件のような問題が生じて上梓に影響することを恐れたためである(来信27二六四頁、来信29二七六頁)。小竹は「考訂ニハ余程尽力」(来信31二八六頁)したから、旭荘は小竹に満幅の信頼を寄せていた。小竹の校合は七月二〇日までに終了した(来信30二八三頁)。その後、旭荘は八月一三日まで一四日間安石の家に寄食し、安石も数日間家業を廃して校訂を続けた(来信31二八四頁、旭荘日記一六二頁)。

筆耕について、いったんは一枚二匁の所に決めたものの、その彫刻されたものを見ても旭荘には格別に美しいとは思えなかった。いっぽう、咸宜園塾生の佐藤寿八郎が筆写した「梅墩詩集」(旭荘の詩集)を書林に見せたところ、書林がその書に感心したという。このことから旭荘は七月五日付の淡窓宛書状で、寿八郎に「遠思楼詩集」一枚を念入りに書かせることを求めた。筆耕と寿八郎の書を比較してよい方を採用しようと考えてのことであった。淡窓膝下の寿八郎に書写を任せられれば、淡窓の意に叶った校訂をすることを期待できたからである(来信29二七七頁)。この旭荘からの書状を同月一八日に受け取った淡窓は、早速寿八郎を雇って「遠思楼集二葉」を謄写させ、二四日に旭荘に送った(淡窓日記六一二頁)。しかし、寿八郎の書は採用されなかった。

八月一七日夕刻に有田大助が旭荘のもとを訪れ、河内屋茂兵衛(以下、河茂と略記)が上板を引き受けたことを知らせた。「一銭不レ費、一部不レ買シテ、此方望次第ニ、本《ホン》仕立」(来信31―二八五頁)という好条件であった。旭荘は、早速に板下を淡窓に送って見せて、それが気に入らなければ江戸の書家を手配する用意があることを知らせている。河茂の『詩鈔』上板に対する力の入れようがうかがえる。河茂に決まるまでは、七、八家の書林が旭荘や安石のもとに羊羹や饅頭を持参して申し入れたが断ったという。交渉を大助に一任していたようである(来信32―二八九頁)。

八月一八日の書状で、旭荘は淡窓に、箇のうえにも箇がよしという方針で凡例を作ったので叱正を乞う、改作できれば送って欲しい、と依頼している(来信31―二八四頁)。先述したように、『遠思楼詩集巻上原稿』には「天保丙申孟春」の年記が入った凡例が掲載されていたが、その内容を簡略化した修正案が採用されたために板本では「天保丙申秋」の年記に改められたのであろう。

八月二四日に旭荘は安石・大助とともに河茂を訪れ、『詩鈔』の開彫について話し合い、次の諸点を決定した(旭荘日記一六四・一六五頁、来信32―二八七・二八八頁)。①書林から五〇部を礼本として贈ること、②序文については、篠崎小竹のものに限り旭荘が金二歩を支払って書いてもらい、その他の菅茶山・帆足万里・亀井昭陽については、一序につき一両程度の礼金を書林から支払う。③板下については希望に沿うような書家に依頼することとし、その経費は書林が負担する。④官府への開板出願費用ほか諸雑費については書林が負担する。「九州人ノ著述ニ、書林ヨリ礼本ヲ納テ彫刻スルハ、開闢来未曾有之事」であったという(来信32―二八八頁)。それだけに、もしも『詩鈔』が「不流行」であった場合には、淡窓の面目がつぶれてしまうことを旭荘は恐れた。淡窓に対して、恒遠頼母・井上直二郎ら主な門人を入門帳から選んで廻状を出し、『詩鈔』を買うよう手配することを要請している。恒遠頼母は文政二年(一八一九)に入門し、退塾後は郷里の豊前国上毛郡薬師寺村に自遠館（のちに蔵春園）を開塾した。[39] 井上直二郎は文政三年に入門し、退塾後は郷里の筑後国御井郡日比生村に開塾していた。[40] 咸宜園門人の開設した塾へも売り弘めようという意図であろう。旭荘は、『詩鈔』が売れたならば、広瀬家の著述の出版は今後も永く河茂が同様の条件で引き受けてくれるだろうと見込んでいたのである（来信32二八九頁）。

九月に入っても九・一〇日両日に、淡窓は児玉茂や聞恵らとともに校訂を続けていた（淡窓日記六一七頁）。いっぽう旭荘は、九月末、安石・大助とともに河茂を訪ねて筆耕の件を依頼し、その翌日から安石とともに「遠思楼詩集」の本文と質疑の校訂を始めた。大坂にいる大助を呼び寄せて、校訂が終わった端から大坂の筆耕に渡して板下を書かせた。筆耕から板下を受け取って再校訂したうえで彫工に渡すという工程で進められることになっていた。様式は、半丁につき一九字詰め九行取りと決められた（来信33二九四頁）。

「出勤帳」[41]によると、一〇月に名田屋佐七が「遠思楼詩集全部弐冊」の開板を願い出ている。同月二五日の旭荘の書状によると、筆耕に故障があって未写であるため、「関原［七絶］、古仏［七古］等三四首」を加えたとあり、ここに来て「和二某生関原懐古一」（『詩鈔』下巻三三丁オ）や「濠郁田間有二偶人十餘一其状極古蓋佛寺遺迹也二首」第二首（『詩鈔』下巻二丁オ）など三、四首が追加されたことがわかる。筆耕料は一枚につき三匁で、[42]一日に二、三枚が仕上がると見込んでいた。彫工については、「京師之井上某、浪華之綿屋文作」に決定していた（来信34二九七頁）。

一一月三日付の旭荘からの河茂宛書状に「遠思楼九枚受取申候」[43]とあるので、当時も板下の再校訂が進められていたことがうかがえる。同じ頃、淡窓のもとに「遠思楼詩鈔新刻二葉」が届けられた。それを見た淡窓は出来映えに満足して日記に「完善」と記している。同月末には書写がほぼ終了し、彫刻も半分程度は終わっていたため、淡窓は「成功必在二明春一矣」と年明け早々の成就を確信していたようだ（淡窓日記六一三頁）。いっぽうの旭荘も、一二月二一日に校訂作業をすべて終了し、彫刻の工程に完全移行した。

校訂作業にあたっていた当時の旭荘の書状にはその苦労が記されている。筆耕による写し誤りが多かったようで、「本文之字、一枚ニ一二字ハ御座候。かエリテンハ五六所も御座候。批圏、二三処も落居候」というありさまであった。板下の校訂をするときに、批圏（○）や返り点（レ）の欠落を指摘する場合は、紙の上部に「何之句圏脱、或与二―人一散歩。二一（ママ）。此カエリテント句ト落タリ」などと加筆して筆耕に見せ、筆耕が修正したのちに彫工に渡すようにした。しかし、彫工の方でも返り点を落としたり批圏を削るといった誤りがあった。旭荘・安石・大助の三人で三度にわたって校訂したが、筆耕は大坂に住んでおり、堺に居住していた旭荘とは距離が離れていたための不便さがあった。販売前に淡窓の「校考」を経て、誤りがあった場合には彫工に埋木を施させて対応する考えであることを淡窓に伝えている（来信36三〇二頁）。

『遠思楼初編下』（家宝9-2-8）は校正に使用された板本である（以下、校正本とする）。上巻は確認できていない。遊紙一枚のあとに、亀井昭陽の序が三丁分あって、下巻本文が続く。本文一丁オが『詩鈔』と異なっている。校正本では本文冒頭の「淡窓廣瀬先生著」と「門人豐後小林勝安石校」が線上に記されているが、出版された『詩鈔』ではそれらは二・三行めに収まっている。校正本では「詠二庭前石燈一」の詩の評は亀井昭陽のみとなっているが、出版された本では中島子玉の評が加わっている。一丁オは、彫刻のやり直しがなされたためである。旭荘の天保八年正月七・八日付書状に「〔石灯之詩ニ、評ヲ加エ、前半頁ヲ彫カエソロ〕」（来信37三〇九頁）とあるので、この校正本はこれ以前に校正に用いられていたことがわかる。

同じ書状のなかで旭荘は、一四、五葉の彫刻ができたことを淡窓に知らせた。しかし、彫工が数人に及んだのでそれぞれの巧拙の差が字の肥痩になって現れ、見苦しくなった。そのことに旭荘は立腹し、「態浪華迄出浮、書林ヲ詰候筈」と書いている。また、彫刻が成就すれば淡窓に一部摺って送るので早々に校訂して返送するように伝えている。こうして、必ずしも順調とはいかないまでも、出版に向けて仕事が進められていた。

ところが、二月一九日に大塩平八郎の乱が起き、河茂が事件に座して獄に下った。淡窓はそのことを四月二七日に知り、『詩鈔』上梓に影響が及ぶことを心配していた。まもなく五月三日には河茂が出獄したことを聞いて、つつがなく上梓が進むことに期待を寄せたようである（淡窓日記六三七頁）。

五月二五日、有田大助から淡窓に、全備ではないものの刻本が届けられて、誤りを正すように依頼された（淡窓日記六三八頁）。旭荘も、六月四日付の書状で淡窓に校正を急がせた。書状によると、「遠思楼集、私東行、河茂災難、彼是大延引、此節出来候丈差上候。（中略）只今ハ、小竹序之彫刻ニかゝり居候。大抵相済。唯三四枚残り居候と、大助申候。写誤御正、急々御遣可被下候」（来信42三三二頁）とあって、旭荘の江戸行き[44]や大塩一件で出版が遅延していたのである。

ようやく、八月二六日に『詩鈔』が刻成した（旭荘日記二四五頁）。完成した『詩鈔』三〇部を持って、旭荘は九月二二日に日田に帰った。旭荘にとって、ほぼ一年半ぶりの帰還だった。河茂からは礼本として五〇部が贈られたが、淡窓が旭荘に命じて安石と大助に二〇部を贈らせた。淡窓は『詩鈔』の出来映えについて「書刻頗精。表装亦美」と満足している（淡窓日記六四九頁）。一一月二〇日には、『詩鈔』一〇〇部が大坂より咸宜園に到着した（淡窓日記六五四頁）。これらは塾生に配られたのかもしれない[45]。その二日後の二二日から諸生の求めに応じて『詩鈔』の講釈が開始された（淡窓日記六五四頁）。これ以降も毎年『詩鈔』の講義は続いた[46]。

天保九年二月一九日にも河茂から『詩鈔』一一〇部が淡窓のもとに届けられ、三月一九日から新来生のために講義が開始された（淡窓日記六六三・六六六頁）。

五月二六日付旭荘書状は、『詩鈔』の官許が得られたことを淡窓に伝えた。この書状には『詩鈔』の「正誤三十余件」が付されていた（淡窓日記六七五頁）。『詩鈔』公刊が決まったので、誤りを修正しようとしたのだろう。三〇箇所以上に及んだ修正について具体的にはわからない。宮崎修多は特装本の書き入れに注目している。宮崎によれば、書き入れは、典拠・注釈、作品への批評、誤字誤刻の訂正の三種類からなる。このうちの誤刻訂正が「正誤三十余件」と内容的に重なる可能性が高いと指摘する。[47] 特装本と他の板本を対照した池澤らは「公刊前に施した修訂を指示する書き入れで、初印の段階で反映されていたのは、十九箇所に留まる」[48] と指摘する。修訂箇所が一九しか認められないことについて、池澤は旭荘の意見を淡窓がすべて取り入れなかったためとした。

「出勤帳」六月三日条には、「名田佐より、天保七申年十月板行開板願出候遠思楼詩集願下ケ之義、口上書ヲ以願出候ニ付、聞届候事」[49] とあって、天保七年一〇月に名田屋佐七から出されていた開板がいったん願い下げられたことが知れる。その理由については不明である。先述したように、旭荘は五月二六日付書状で官許を受けたことを書いているので、それまでに官許を得ていたはずである。「出勤帳」六月五日条には「河茂より、江戸板相合遠思楼詩集添章引替願出候」とあるが、同八月一四日条には名田屋佐七が願人となって「遠思楼詩集弐冊」の下り本の願い出がなされている。同月二四日には「上ケ本」（奉行所への提出本）が差し出された。[50] こうして、『詩鈔』は公刊が認められ、江戸でも販売されることになった。

『詩鈔』に関する書林の評は、「百年来南郭等ハ除イテ、茶山、山陽、遠思楼三集尤流行也。茶山ハ、今ニてハ些子はやり止候由。山陽とハ優劣シガタシト申事也」というものだった（来信46三四七頁）。服部南郭には及ばないとしても、菅茶山や頼山陽と並んで百年来屈指の流行現象を起こしたようである。

八月一八日に旭荘から「遠思楼詩抄華様本一部」が淡窓のもとに届いた（淡窓日記六八二頁）。旭荘は、唐紙摺の『詩鈔』を一六部仕立てて、「江戸諸公及諸儒」に贈る（来信44三四一頁）[51]とともに、淡窓にも「極上品唐紙摺一部」を送ることをあらかじめ書状で知らせていた。紙代だけで一〇〇疋もかかる極上品なので永代珍蔵すべきと淡窓に伝えた（来信43三三七頁）が、唐本仕立ての『詩鈔』の現存は確認できていない。

第三節　出版後の修訂

富士川英郎は、『詩集日本漢詩　第一一巻』において『詩鈔』の書誌を記述した際に、同氏が調査した一六点の『詩鈔』をすべて同版とした[52]。これに対して、池澤一郎は具体的に十数カ所の修訂を指摘したうえで、初版初印ののちにそれらの修訂を加えた版が広くおこなわれたことを示唆した。修訂の時期については、板木の所有が河茂と今津屋辰三郎の共有から河茂単独になり、販売書肆が五書肆から一一書肆に拡大した段階ですでに本文の字句の修訂がおこなわれていたとみている。しかし、この説明では、「明治期の印本に修訂前のテキストが認められる」[53]ことを理解できないことから、「段階的に淡窓の意向が版面に反映された可能性もある」として課題を残した。

池澤の指摘に示唆を得て、校正本および特装本の朱筆と、『詩鈔』を対照することによって、以下①〜㊷にあげた修訂を確認した。校正本には、毎丁にわたって朱筆が施されている。修正は、一丁につき一〜五、六箇所に及び、多くは訓点や批圏の補筆である。特装本ではそのほとんどが反映されて修正されているが、後に段階的に修正されていったものもある。それらは七回に分けて、入れ木によって部分的な修訂が重ねられた。表2には、板本を八段階で示した。字句の修訂を中心に掲げ、圏点や返り点については省略した。①〜㊷の番号は、表2と対応する。修訂される前の字句を傍線で示し、どのように修正されたかを矢印の後に示した。表2でもその修訂後の漢字を示した。①②㉗㉝㊵㊶㊷の場合は、（　）内のように略記して表2に示した。

巻上

① 序　亀井昭陽、篠崎小竹、帆足万里の順番（亀井）→篠崎、亀井、帆足の順番（篠崎）
② 序の丁番号　序と凡例に個別の番号（個別）(54)→篠崎序から凡例にかけての通し番号（連続）
③ 凡例第一則　然身寓二遠郷一→郷○
④ 凡例第五則　因二吾友有田大助一請二損レ貲刻一レ之→捐
⑤ 二丁オ「讀二徒然草一六首」第五首第一〇句羣議乃蜩蟷→螗
⑥ 三丁ウ「筑前城下作」第二句當時築石尚依然→自、同第三句元兵没レ海蹤安在→猶
⑦ 四丁ウ「月下獨酌」第一句幽居寂寞歎レ無レ友→奈
⑧ 九丁オ「岳滅鬼」第五句密林一路無二朝昏一→昏○
⑨ 一〇丁ウ「送三弟子禮之二對馬一二首」第二首第四句能抗　日域尊→能抗　二日域尊一
⑩ 一二丁オ「送三人使二薩摩一二首」第二首第六句許史今朝漢外家→時
⑪ 一四丁オ「春日奉二懐東都羽倉明府一」の下が空白→明府嘗宰二我州一結句故及

⑫ 一四丁オ「油菜花」第三～四句倚レ閭楊柳・・・似レ有レ情↓倚、閭楊柳、・・・似、有、情、
⑬ 一六丁ウ「題二採樵圖一」第三句請看鉤餌臨レ淵者↓窺
⑭ 一七丁オ「西洋貢レ象二首」第一首第四句巨象西來渡二大洋一↓白
⑮ 一七丁ウ「謁二南溟先生墓一二首」第二首第四句千、涙、墮二莓苔一↓莓、
⑯ 二〇丁ウ「秋夜懐二彦山役敬中一」第八句此夕仙山入レ夢青↓一夜
⑰ 二二丁ウ「卜居新成相大春熊君象關長卿携レ酒見レ過得二來字一」第六句灘、聲、枕上雷↓上、
⑱ 二三丁ウ「卜居」第三五句何以名二我室一↓吾
⑲ 二三丁ウ「暮春登二太賀城山一得二花字一」第二句太賀城高景最佳↓嘉
⑳ 二七丁オ「秋晩散二歩近村一」第一句稲獲田疇曠↓穫
㉑ 三四丁オ「求来里神祠」第七句豐年穰穰祭祀多↓事
㉒ 三五丁ウ「冬夜宿レ府二首」第一首第八句猶覺官廳醉易レ消↓寒
㉓ 三六丁オ「讀二子玉彦山紀行一賦贈」第四句寧知杖屨入二天中一↓往

巻下

㉔ 二丁オ「濠邨田間有二偶人十餘一其状極古蓋佛寺遺迹也二首」第一首第六句苔衣雖レ重奈二曉霜一↓二曉霜一
㉕ 四丁オ「間居雑詩四首」第二首第四句有レ人出二村里一↓閭
㉖ 五丁ウ「寄二岡子究一」第一〇句終年足二盤礴一↓盤、同第一二句夷酒愁二邉酌一↓虜
㉗ 九丁ウ「奥人添川寛夫来訪」第一句松島柳津維奥州（松島）↓北客相逢問二奥州一（北客）
㉘ 一〇丁ウ「送二子禮東行一」第一六句秦皇驅レ石猶無レ術↓鞭

㉙　一二丁オ・一三丁オ「讀二先哲叢談一七首」第一首第五句斯道中興業→績、同第四首第一六句賢レ賢當レ如レ此→合

㉚　一六丁ウ「醉後戯題」第二五句凡此諸生百夫英→子

㉛　二一丁ウ「自二豐前一歸有レ作」第二句馬溪風景寂關レ情→物

㉜　二二丁オ「旅舘食二西瓜一」第三句佳境笑他嘗蔗客→レ蔗

㉝　二二丁ウ「家君八十賦レ此志レ喜」第三句桃李種レ庭延二衆鳥一（桃李）→請レ吏重修施藥院（請吏）、同第四句栗梨堆レ案賦二羣児一（栗梨）→勸レ僧新鑿放生池（勸僧）

㉞　二三丁オ「東家二首」第一首第五句揮レ涙瞻二遺影一→拜、同第六句焚レ香寫二妙詞一→謄

㉟　二七丁オ「昭陽先生六十初度賦レ此寄賀五首」第二首第一句豪端滾滾湧二風濤一→毫、第三首第三句皆道斯文天未レ喪→喪○

㊱　二九丁オ「題二天橋圖一為二長谷部氏一」第九句松外明而遠→潤

㊲　三三丁オ「和二某生關原懐古一」第一句鞭弭相逢事已賒→跡

㊳　三八丁オ「關壯繆賛」→繆

㊴　三八丁オ「秋晩與二松徳甫来真一散歩得二含字一」第六句蟣蠓春レ日雨初含→蜉蝣

㊵　四〇丁オ「過二君逸災後新居一」第六句誰知陰徳及二黎氓一→豈、同第七句比鄰皆是蒙二餘澤一（皆是）→結構憑二誰力一（結構）

㊶　題辞　菅茶山の印無し（無）→菅茶山の印有り（有）

㊷　題辞「呉栄書（印）」無し（無）→「呉栄書（印）」有り（有）

一〇機関に所蔵される『詩鈔』三五点を調査した(55)。そのうちの三点は端本であったため参考にとどめた。表3は、三二点の『詩鈔』について、それぞれがどの段階であるか、それぞれがどのような奥付を持つか示したものである。

第一段階を示すのは、特装本と廣瀬資料館蔵本（家宝9-2-9）の二点である。いずれも、表紙が市販本のように黄色でないことを初めとして、見返がなく、序が亀井のものから始まっていること、亀井・篠崎・帆足の序や凡例に個別に丁番号が付されている点や、下巻末の題辞のあとの菅茶山の印や「呉栄書（印）」の記載そのものがないこと、刊記・奥付がないことまで共通する。この段階の『詩鈔』は市販される以前のものと思われる。数は少ないものの、いずれも旧広瀬青邨蔵書や日田広瀬家といった、淡窓の近辺に伝えられていることがそれを裏付ける。廣瀬資料館本は、天保八年刻成直後に河茂から淡窓に礼本として贈られた五〇部のうちの一部かもしれない。

第二段階の修訂本は、早稲田大学図書館土岐文庫本（7W164）しか確認できていない。これには、三箇所㉔㉚

表2『遠思楼詩鈔』の修訂

修訂段階	巻上																巻下																
	①	②	④	⑤	⑥	⑦	⑩	⑬	⑭	⑯	⑱	⑲	⑳	㉑	㉒	㉓	㉕	㉖	㉗	㉘	㉙	㉚	㉛	㉝	㉞	㉟	㊱	㊲	㊳	㊴	㊵	㊶	㊷
第1段階	亀井	個別	損	蠟	尚安	歎	朝	臨	巨	此夕	我	佳	獲	祀	官	入	村	夷	松島	驅	業當	生	景	桃李栗梨	瞻寫	豪	遠	事	穆	蟣蠓	誰皆是	無	無
第2段階	亀井	個別	損	蠟	尚安	歎	朝	臨	巨	此夕	我	佳	獲	祀	官	入	村	夷	松島	驅	業當	**子**	景	桃李栗梨	瞻寫	豪	**潤**	事	穆	蟣蠓	誰皆是	無	無
第3段階	**篠崎**	個別	損	蠟	尚安	歎	朝	臨	巨	此夕	我	佳	獲	祀	官	入	**閭**	夷	松島	**鞭**	**績合**	子	**物**	桃李栗梨	**拜膽**	**毫**	潤	**跡**	**繆**	蟣蠓	誰皆是	**有**	**有**
第4段階	篠崎	**連続**	**捐**	蠟	**自猶**	歎	**時**	臨	**白**	此夕	**吾**	**嘉**	**穫**	祀	官	入	閭	夷	松島	鞭	績合	子	物	桃李栗梨	拜膽	毫	潤	跡	繆	蟣蠓	誰皆是	有	有
第5段階	篠崎	連続	捐	**螗**	自猶	歎	時	臨	白	此夕	吾	嘉	穫	祀	官	入	閭	夷	松島	鞭	績合	子	物	桃李栗梨	拜膽	毫	潤	跡	繆	蟣蠓	誰皆是	有	有
第6段階	篠崎	連続	捐	螗	自猶	歎	時	臨	白	此夕	吾	嘉	穫	祀	官	入	閭	夷	松島	鞭	績合	子	物	桃李栗梨	拜膽	毫	潤	跡	繆	**蜉蝣**	誰皆是	有	有
第7段階	篠崎	連続	捐	螗	自猶	歎	時	臨	白	此夕	吾	嘉	穫	祀	官	入	閭	**虜**	**北客**	鞭	績合	子	物	**請吏勧僧**	拜膽	毫	潤	跡	繆	蜉蝣	**豈結構**	有	有
第8段階	篠崎	連続	捐	螗	自猶	**奈**	時	**窺**	白	**一夜**	吾	嘉	穫	**事**	**寒**	**往**	閭	虜	北客	鞭	績合	子	物	請吏勧僧	拜膽	毫	潤	跡	繆	蜉蝣	豈結構	有	有

出典：『遠思楼詩鈔』諸本32点（表3参照）をもとに作成した。
註1）丸囲み番号は、本文と対応する。
　2）ゴチックは、修訂した字句を示す。

表３　『遠思楼詩鈔』初編の修訂８段階別奥付等

段階	見返			奥付・刊記	所蔵機関・架蔵番号	点数
1	なし	なし	なし	なし	国文学研究資料館（青郁文庫84-7 2冊)、廣瀬資料館（家宝9-2-9 2冊）	2
2	なし	なし	なし	なし	早稲田大学図書館土岐文庫(17W164 2冊)	1
3	なし	なし	なし	書林　大阪河内屋茂兵衛・今津屋辰三郎・名田屋佐七、京都芳野屋仁兵衛、江戸和泉屋金右衛門、「天保九戊戌年秋八月発兌 刻竣」	慶應義塾大学図書館(32-49 2冊)	1
4	遠思楼詩鈔初編	天保丁酉	群玉堂・青藜舘	書林　大阪河内屋茂兵衛・今津屋辰三郎・名田屋佐七、京都芳野屋仁兵衛、江戸和泉屋金右衛門、「天保八丁酉年秋八月発兌 刻竣」「天保九戊戌年秋八月発兌 刻竣」	山口県文書館（吉田樟堂文庫 1649・1650 2 冊)、慶應義塾大学（斯道文庫 22L-f3 2 冊)、廣瀬資料館（家宝9-2-6 2 冊）	3
5	遠思楼詩鈔初編	天保丁酉	群玉堂・青藜舘	三都書林　京都河内屋藤四郎、江戸須原屋茂兵衛・山城屋佐兵衛・須原屋新兵衛・西宮屋弥兵衛・岡田屋嘉七・丁子屋平兵衛、大阪河内屋茂兵衛	国文学研究資料館(87-248 2冊)	1
	遠思楼詩鈔初編	天保丁酉	群玉堂・青藜舘	なし	国立公文書館(内閣文庫206-321 2冊)	1
6	なし	なし	なし	なし	東京都立中央図書館(特別文庫加賀文庫11024 4冊淡窓六種)	1
	なし	なし	なし	製本所　大阪心斎橋通淡路町今津屋平七	山口県文書館(徳山市戸田山田家101合冊)	1
	遠思楼詩鈔初編	天保丁酉	群玉堂・青藜舘	書林　京都河内屋藤四郎、江戸須原屋茂兵衛・山城屋佐兵衛・須原屋新兵衛・山城屋政吉・英大助・英文蔵・丁子屋平兵衛・岡田屋嘉七、大阪河内屋藤兵衛・河内屋茂兵衛	広島大学図書館(919.5H-72 2冊)、山口県立図書館(W919.5A 2冊)	2
7	遠思楼詩鈔初編	天保丁酉	群玉堂・青藜舘	書林　京都河内屋藤四郎、江戸須原屋茂兵衛・山城屋佐兵衛・須原屋新兵衛・山城屋政吉・英文蔵・丁子屋平兵衛・岡田屋嘉七・和泉屋吉兵衛、大阪河内屋藤兵衛・河内屋茂兵衛板	東京都立中央図書館(特別文庫和112 2冊)	1
8	遠思楼詩鈔初編	天保丁酉	群玉堂・青藜舘	書林　京都河内屋藤四郎、江戸須原屋茂兵衛・山城屋佐兵衛・須原屋新兵衛・山城屋政吉・英大助・英文蔵・丁子屋平兵衛・岡田屋嘉七、大阪河内屋藤兵衛・河内屋茂兵衛	慶應義塾大学図書館(65-81-1・2 2冊)	1
	遠思楼詩鈔初編	天保丁酉	群玉堂・青藜舘	書林　京都河内屋藤四郎、江戸須原屋茂兵衛・山城屋佐兵衛・須原屋新兵衛・山城屋政吉・英文蔵・丁子屋平兵衛・岡田屋嘉七・和泉屋吉兵衛、大阪河内屋藤兵衛・河内屋茂兵衛板	東京都立中央図書館(特別文庫諸橋文庫919MW7 4冊)、早稲田大学図書館(へ18-201 4冊)	2
	遠思楼詩鈔初編	天保丁酉	群玉堂・青藜舘	発兌書肆　大阪河内屋茂兵衛・江戸須原屋茂兵衛、「嘉永二年己酉六月」	国文学研究資料館(ナ8-164 4冊)、慶應義塾大学図書館(CL-D-2-8-14 2冊、80-24 4冊、168-88 4冊)	4
	遠思楼詩鈔全四冊	なし	千鐘房・群玉堂	(二編下)発兌書肆　大阪河内屋茂兵衛・江戸須原屋茂兵衛、「嘉永二年己酉六月」	早稲田大学図書館(へ18-1402 4冊)	1
	遠思楼詩鈔全四冊	なし	千鐘房・群玉堂	(二編下)書林　京都河内屋藤四郎、江戸須原屋茂兵衛・山城屋佐兵衛・須原屋新兵衛・山城屋政吉・英文蔵・丁子屋平兵衛・岡田屋嘉七・和泉屋吉兵衛、大阪河内屋藤兵衛・河内屋茂兵衛板	東京都立中央図書館(特別文庫4634-9 4冊)、早稲田大学図書館(会津文庫イ21-608 4冊)	2
	遠思楼詩鈔	なし	千鐘房・群玉堂	発兌書房　東京北畠茂兵衛・稲田佐兵衛・小林新兵衛・山中市兵衛・佐久間嘉七、西京辻本仁兵衛・藤井孫兵衛、名古屋片野東四郎・栗田東平、大阪岡田茂兵衛	廣瀬資料館(家宝11-48 2冊)	1
	遠思楼詩鈔	なし	千鐘房・群玉堂	(三編坤)書肆　東京北畠茂兵衛・稲田佐兵衛・小林新兵衛・山中市兵衛・長野亀七、甲府内藤伝右衛門、尾州片野東四郎、西京藤井孫兵衛、大阪松村九兵衛・岡田藤三郎・岡田茂兵衛	東京都立中央図書館(特別文庫1326 6冊)	1
	遠思楼詩鈔	なし	千鐘房・群玉堂	(三編坤)和漢西洋書籍売捌処　群玉堂河内屋　大阪心斎橋博労町角岡田茂兵衛	国立国会図書館(詩文-237 6冊)	1
	遠思楼詩鈔	なし	青木嵩山堂蔵	(二編下)和漢洋書籍出版所　発行者青木恒三郎　製本発売所嵩山堂本店　同嵩山堂支店(東京)　同嵩山堂分店(四日市)	慶應義塾大学図書館(167-63 4冊)	1
	遠思楼詩鈔	なし	青木嵩山堂蔵	(二編下)和漢洋書籍出版所　発行者青木恒三郎　製本発売所嵩山堂本店　売捌所嵩山堂支店(東京)　売捌所嵩山堂支店(四日市)	早稲田大学図書館(へ18-2063 4冊)	1
	遠思楼詩鈔	なし	青木嵩山堂蔵	(二編下)和漢洋書籍発兌処　発行印刷者青木恒三郎　製本発売所青木嵩山堂(大阪)　同青木嵩山堂(東京)	慶應義塾大学図書館(182-70 4冊)	1
	遠思楼詩鈔	なし	青木嵩山堂蔵	なし	山口県立図書館(R919.5A 2冊)	1
	なし	なし	なし	なし	国文学研究資料館(青郁文庫84-9 2冊淡窓六種)	1

㊱の修訂の跡が見られる。いずれも下巻に含まれており、現在のところ上巻の修訂箇所は確認できていない。㉔㉚㊱のいずれの修訂点についても、校正本では「一二」（訓点）、「子」、「潤」と朱筆されていたが、第一段階の板本には反映されていなかった。

土岐文庫本は、第一段階と同様に序が亀井から始まり、序や凡例に個別に丁番号が付されている。また、題辞の菅茶山印や「呉栄書（印）」、刊記・奥付もない。第二段階も公刊前と考えられる。ただし、表紙は黄色である。公刊前の天保八年一一月と同九年二月に咸宜園で買い取った二一〇部が、この段階の『詩鈔』ではなかろうか。それらが塾生に贈与され、その塾生の手を経て全国各地へ拡散した可能性があり、土岐文庫本はそのうちの一冊であるかもしれない。今後、第二段階の板本が見つかれば、その位置づけを解明できるだろう。

第三段階は、慶應義塾大学図書館本（32-49）である。上巻では序の順番が変更され、篠崎が最初になっている（①）。しかし、序から凡例までそれぞれに個別の丁番号が付されている点は第二段階と変わらない。下巻では、②③④⑥⑧⑨⑩⑪⑫⑭⑮⑰⑱⑲⑳が修訂されている。見返はないが、表3に示したように奥に「天保九戊戌年秋八月発兌　刻竣」の刊記と五書林が明記されて、市販本としての体裁を整えている。題辞が第二段階までと異なるので、板木の彫刻がやり直されたようである。第二段階までは、一行につき八字であったのが九字に増えている。筆跡も異なる。題辞末尾には菅茶山印や「呉栄書（印）」も付されている。上巻遊紙に「林外堂主人蔵」と墨書されていることから咸宜園第三代塾主広瀬林外との関係も推測されるが、詳細は不明である。

第四段階は、山口県文書館吉田樟堂文庫本（1649・1650）、慶應義塾大学斯道文庫本（22L-f3）、廣瀬資料館本（家宝 9-2-6）である。上巻のみに修訂が確認でき、②③④⑥⑧⑨⑩⑪⑫⑭⑮⑰⑱⑲⑳に及び、七回のなかでは最も多くの修訂が施されている。いずれも、見返は双辺枠外上部に「天保丁酉新鐫」とあり、双辺枠内を三分割し「淡窓広瀬先生著／遠思楼詩鈔初編／浪華書房群玉堂青藜舘仝梓」とある。廣瀬資料館本については、『広瀬先賢文庫目録』に四冊本として記録されている。[56] しかし、現物を確認したところ、二冊本と判断した。その根拠は、初編と二編で元の持ち主が異なったことである。初編では「麻生綱次郎蔵書」（綱次郎は淡窓妹の子）と書かれていたのが消されている。二編巻下の奥には「嘉永二酉四月中旬南陔祖父賜之矣　広瀬克蔵書」と、南陔（淡窓弟の久兵衛）から孫に贈られた旨が記されている。四冊すべてに咸宜園の蔵書印が押されており、セットとして利用に供されていたことがうかがえるが、それは元の持ち主から離れた後のことであろう。

山口県文書館本は、上巻の遊紙に「天保戊戌夏広瀬淡窓翁所貺　穀誌（印）」と墨書されており、天保九年夏に淡窓から贈られたことがわかる。刊記は「天保八丁酉年秋八月発兌　刻竣」となっている。現在確認できているなかで、天保八年の刊記を有するのは同本と国文学研究資料館広瀬青邨文庫本（下巻のみ残存、84-8）の二点である。この青邨文庫本と第四段階の『詩鈔』三点の奥付には五書林の名がある（表3参照）。以上から、第四段階は公刊直後に相当すると考えられる。ただし、第三段階の慶應義塾大学図書館本が、下巻で天保九年の刊記を持っていながら、上巻は山口県文書館本より前の修訂段階にとどまっていることは理解できない。上下巻で印刷時期が異なるのかもしれない。

第五段階は、国文学研究資料館本（87-248）、国立公文書館内閣文庫本（206-321）である。現在確認できているのは上巻の⑤のみの修訂にとどまる。第三・四段階の板本の奥には五書林と天保八年もしくは同九年の刊記が記載されていたが、第五段階になると奥付が大きく変わる。国文学研究資料館本の奥には三都の八書林の名があがっている。調査対象とした『詩鈔』で八書林が記載されたものは、この一点だけであった。

第六段階は、東京都立中央図書館特別文庫（加賀文庫 11024）、山口県文書館（徳山市戸田山田家 101）、山口県立図書館（W919.5A）、広島大学図書館（919.5H-72）に所蔵される四点である。下巻の㊴のみが修訂されている。都立図書館本は、表紙に「淡窓六種遠思楼詩前編」という題簽があるので、二編とともに四冊本として出版されたものであることが知れる。山口県文書館本は上下巻合冊になっている。表紙の色が薄青色であることや、奥に「製本所　大阪心斎橋通淡路町今津屋平七」とあるのも特異である。

第六段階以降すべての板本で、篠崎小竹序の「塾」（『詩鈔』上巻一丁オ）の「丸」のハネが欠けている。その状態で板木が使われ続けたようである。

第七段階は、東京都立中央図書館特別文庫（和 112）のみ確認できている。修訂箇所は㉖㉗㉝㊵で、下巻に集中する。[57] ㊵第七句に関しては、入れ木で「結構二憑誰力一」と修訂されたようだが、確認したすべての板本でその部分が薄くなっている。[58] なかには空欄と間違えるほどにほとんど見えないものもあった。

第八段階は、調査対象とした『詩鈔』三二点中一八点がこの段階に含まれる。修訂箇所は⑦⑬⑯㉑㉒㉓で、上巻に集中する。[59] 明治期に至るまで、この段階の板本が普及した。長期間に及ぶため、奥付・刊記も表3に示したように多くの変化が認められる。当初群玉堂（河茂）と青藜館（今津屋辰三郎）の同梓として出版していたのが、やがて河茂と江戸の千鐘房（須原屋茂兵衛）の合梓となり、明治期には浪華書肆嵩山堂の発行となる。「嘉永二年己酉六月」の刊記を有する四点は『詩鈔』二編とセットになった四冊本である。東京都立中央図書館（特別文庫 1326）と国立国会図書館（詩文 -23）の六冊本は、『遠思楼詩鈔』初編～三編（淡窓小品）がそれぞれ乾坤巻二冊から構成されている。

以上の八段階に及ぶ修訂は、上下巻をセットにして見た結果である。上下巻を別にして見てみると、上巻については四回の修訂がなされ五種類（表2の第一・二、第三、第四、第五～七、第八）の板本が存在し、下巻についても四回の修訂がなされ五種類（表2の第一、第二、第三～五、第六、第七・八）の板本が存在することになる。今後『詩鈔』諸版を詳細に検討することでより多くの修訂箇所が確認されれば、さらに増えていくだろう。

修訂には、少なくとも次の三つのケースがあった。第一に、刊行前の校訂の際に見落とした、筆耕や彫工の誤りを正す場合（③④⑧⑳など）。第二に、後に示す⑥の「自」と「尚」のように草稿段階から字句の変更を繰り返していたものを草稿段階に戻す場合。第三に、㉗㉝㊵のように刊行後しばらく経って第七段階で大幅に字句を入れ替えている場合。(60) 第三のケースは、淡窓が『詩鈔』の講義をするなかで修訂の必要性に気づいたのかもしれない。

おわりに ―詩の推敲―

本章で追ってきた、詩稿集成から出版後に修訂が施されるまでの過程で、淡窓の詩がどのように変化したかみてみよう。具体例として「筑前城下作」（『詩鈔』上巻三丁ウ）をあげて、字句の変化をたどってみたい。「筑前城下作」は、寛政八年（一七九六）に淡窓が一五歳で作った詩で、『遠思楼詩集乾坤』以来六種類の詩稿に収載され、推敲の跡が見られる。また、板本では二文字が修訂されている。修正された箇所に傍線を付した。岡村繁が旭荘の詩の推敲過程を検討したように、(61) 本章でも推敲や修訂による淡窓の詩の変化を説明すべきであるが、筆者にはその能力がないので、字句の異同の指摘にとどめる。煩雑になるので訓点を省略する。

『遠思楼詩集乾坤』（家宝9-1-39）

伏敵門頭潮拍天、當時築石自依然、猶思神后征韓日、敢忘元兵渡海年、城郭影浮春浦月、絃歌聲隠暮洲烟、
昇平轉見閭閻富、處々垂楊繫賈舩、
『遠思楼詩草』（家宝 9-1-10）
伏敵門頭潮拍天、當時築石尚依然、敢忘神后征韓日、還憶元兵越海年、城郭影浮春浦月、絃歌聲隠暮洲煙、
昇平轉見閭閻富、處々垂楊繫賈舩、
『遠思楼詩集』（家宝 9-1-44）
伏敵門頭潮拍天、當時築石尚依然、敢忘神后征韓日、還憶元兵渡海年、城郭影浮春浦月、絃歌聲隠暮洲烟、
昇平轉見閭閻富、處處垂楊繫賈舩、
『遠思楼詩集上』（家宝 11-19）
伏敵門頭浪拍天、當時築石自依然、元兵没海蹤猶在、神后征韓事久傳、城郭影浮春浦月、絃歌聲隠暮洲烟、
昇平有象君知否、處々垂楊繫賈舩、
『写本前編遠思楼詩集』（家宝 9-2-5）
伏敵門頭浪拍天、當時築石尚依然、神風東至元兵盡、龍駕西征韓貢傳、城郭影浮春浦月、絃歌聲隠暮洲烟、
昇平有象君看取、處處垂楊繫賈舩、
『遠思楼詩集巻上原稿』（家宝 9-1-40）
伏敵門頭浪拍天、當時築石自依然、元兵没海蹤猶在、神后征韓事久傳、城郭影浮春浦月、絃歌聲隠暮洲烟、
昇平有象君看取、處處垂楊繫賈舩、
『詩鈔』（早稲田大学図書館土岐文庫本（17W164））

伏敵門頭浪拍天、當時築石尚依然、元兵没海蹤安在、神后征韓事久傳、城郭影浮春浦月、絃歌聲隠暮洲煙、
昇平有象君看取、處處垂楊繋賈舩、

『詩鈔』（広島大学図書館本（919.5H-72））

伏敵門頭浪拍天、當時築石自依然、元兵没海蹤猶在、神后征韓事久傳、城郭影浮春浦月、絃歌聲隠暮洲煙、
昇平有象君看取、處處垂楊繋賈舩、

第一句の「潮」は「浪」に修正された後に戻されることはなかったが、第二句の「自」と「尚」のように何度か入れ替わりがあった字句もある。第三・四句は大きく変化した。

淡窓や旭荘が詩の推敲を重視したことはすでに指摘されている。[62] 咸宜園の塾生に対する教育においても推敲を重視した。[63] その淡窓の姿勢が、自身の漢詩集の草稿編集や出版後の修訂にも現れていることを確認できた。

『詩鈔』の官許を得たのと同じ頃、淡窓は門人詩集『宜園百家詩』の草稿を編集して、東遊する平野五岳に託した（懐旧五二七頁）。草稿は旭荘に届けられ、旭荘は上梓の準備にとりかかり（来信43三三七頁）、天保一二年（一八四一）に刊行された。旭荘の詩集『梅墩詩鈔』の初編～三編も嘉永元年（一八四八）に刊行された。また、淡窓らは『詩鈔』の出版準備を始めた天保七年からすでに続編を出すことを想定しており（来信27二六四頁）、同年以後に作った詩を集めた『遠思楼詩鈔』二編を嘉永元年に上梓した。その際、淡窓は旭荘に対して、初編を担当した筆耕や彫工に対する不満を漏らし、あるいは「前編之本《ホン》大小長短、此方気ニ叶不申、此節ハ望通ニ致度候」、「前編帆足其他外人ノ説ニ従ヒ改タル処我等気ニ叶ハス、始終心懸リニ存スル処数ケ所アリ、此節ハ左様ノ処ハ外□ニ拘ラス旧ヲ守リタク思フナリ」[64] と述べていた。これらの反省は二編の出版に向けての作業に活かされた。

このように、『詩鈔』以後、淡窓と旭荘の出版活動は続くことになった。出版された著書は咸宜園で販売された。『詩鈔』を初めとする淡窓著書の、咸宜園での販売や講義がどのようにおこなわれたかということについては、今後の課題としたい。

註

（1）流水の入門年は、『仁摩町誌』（仁摩町誌編さん委員会編、（島根県邇摩郡）仁摩町役場、一九七二年、九四七頁）では天保六年となっているが、淡窓日記や入門簿によれば天保五年二月一一日である（淡窓日記五四二頁、日田郡教育会編『増補淡窓全集 下巻』思文閣、一九七一年、入門簿亦楽編巻五、四四頁）。流水は同年一一月に一級上に上がっているが、翌六年一〇月二六日に「除名」となってから淡窓の日記に現れない。

（2）古和流水『更上楼詩鈔巻上』古和鍬一郎、一八九〇年。読み下しは田中路生『読書尚友三 更上楼詩鈔を読む（一）巻上』田中路生、一九九八年による。流水は咸宜園を出たのち、京都の貫名海屋につき、江戸で医学を学んだ。帰郷して家業の医を継ぐとともに、数百人の門人に業を授けた（田中路生前掲書、前掲註（1）『仁摩町誌』）。

（3）流水入門当時は旭荘が塾主を勤めていたが、淡窓も講義をしたし、旭荘の体調が悪い時期には淡窓が塾政を掌った。

（4）流水が在塾した当時は未だ『詩鈔』は出版されていなかったから、流水が読んだ「遠思樓詩鈔」は退塾後に購入されたものであろう。

（5）井上源吾『廣瀬淡窓の詩 遠思樓詩鈔評釈 一〜四』葦書房、一九九六年。池澤一郎ほか（箋廣會）「近世漢詩を読む―『遠思楼詩鈔』輪読―」〜（其の十九）『近世文芸　研究と評論』六九〜八八、二〇〇五〜二〇一五年（本章では、「輪講（其の＊）」『近世文芸』＊（号）、＊年（＊には数字が入る）と略記する）。

（6）蔵本朋依「松下村塾の出版活動―その始まり―」『地域文化研究』一四、一九九九年。同「松下村塾の出版活動」『国語国文』七〇（一二）、二〇〇一年。中村幸彦「古義堂の蔵板に関する文書について」『中村幸彦著述集 第一一巻』

中央公論社、一九八二年（初出は一九六二年）。

(7) 日田郡教育会編『増補淡窓全集 上中下巻』思文閣、一九七一年。

(8) 廣瀬旭荘全集編集委員会編『廣瀬旭荘全集 日記篇第一巻』思文閣出版、一九八二年。

(9) 大分県立先哲史料館編『大分県先哲叢書 廣瀬淡窓資料集書簡集成』大分県教育委員会、二〇一二年。

(10) 本章で扱う八種類の草稿のほかにも、髙橋昌彦によって早い段階に作成された草稿（金沢市立図書館所蔵）が確認されているが、ここでは触れない。また、髙橋によって諸本の詩題比較対照表が作成されているので、詳細はそちらを参照されたい（髙橋昌彦「廣瀬淡窓著述攷」『史料館研究紀要』（大分県立先哲史料館）二〇、二〇一六年）。

(11) 近藤春雄編『日本漢文学大事典』明治書院、一九八五年、六七頁の「遠思楼詩鈔」の項には三二六首とある。髙橋昌彦は、『遠思楼詩鈔』の構成を以下のように紹介しており、これによると合計三二三首となる（井上敏幸監修・髙橋昌彦著『大分県先哲叢書 廣瀬淡窓』大分県教育委員会、二〇一四年、二一二頁）。古詩四首・五言古詩二五首・五言排律一七首・五言律詩五一首・五言絶句三七首・七言古詩七首・七言排律九首・七言律詩九六首・七言絶句七七首。

(12) 「懐旧楼筆記」には、「上下二巻。本文八十葉。序跋ヲ合シテ九十葉トス。詩三百二十四首ナリ」（五〇五頁）とある。

(13) 「輪講」池澤一郎執筆部分、『近世文芸』六九、二〇〇五年、九六頁。

(14) 編年体になっていることは、すでに池澤一郎（前掲註(5)）や髙橋昌彦（前掲註(11)、二一二頁）によって指摘されている。

(15) 特装本は旧広瀬青邨蔵書である。青邨は本姓矢野氏で、咸宜園の門人であったが、広瀬淡窓の義子として淡窓生前から塾主を勤めたのち、明治期に東京に東宜園を開設して咸宜園方式の教育を広めた。流布している板本と形態が異なり、「美濃版五針という書型装丁」（宮崎修多「広瀬青邨文庫蔵『遠思樓詩鈔』の書入れについて―典拠の諸相―」蔡全勝主編『日本文化論叢　中日文化教育研究フォーラム報告書』大連理工大学出版社、二〇〇一年、四一三頁）であるため、宮崎によって「特装本」と呼ばれている。本章でもその呼称を踏襲した。

(16) 『遠思楼』によれば、『詩鈔』下巻二六丁ウの「送㆔田有年之㆓長崎㆒」は淡窓が三二歳のときの作で、同下巻二九丁の「又為㆓山本氏㆒」は四〇歳のときの作である。また、同下巻三〇丁ウ「夏日訪㆓高豊水㆒」は、『遠思楼』に収載されていることから、淡窓が四〇歳代前半までに作った詩とみられる。下巻後半には、天保年間前半期の作品が配置される傾向があるので、その中でこれら三首は際だって早い時期のものである。

(17) 出版経緯については、井上源吾「あとがき　遠思樓詩鈔について」（前掲註(5)）や、溝田直己「咸宜園教育における詩作―遠思楼詩鈔と宜園百家詩―」（日田市教育庁咸宜園教育研究センター編『漢詩人廣瀬淡窓　平成二六年度咸宜園教育研究センター特別展』日田市教育庁咸宜園教育研究センター、二〇一四年）にあらましが述べられている。

(18) 井上源吾は、「文政四五年頃までに淡窓は青年時代からの自作の詩をまとめて一つの冊子にしてゐた」と指摘する（前掲註(17)、三六〇頁）。

(19) 「淡窓日記」によれば、「遠思楼詩集」の講義は次のように開かれている。文政四年七月、同五年閏正月、同六年九～一〇月、同八年一〇～一一月、（同九・一〇年淡窓日記欠）、同一一年四～六月、同一二年一二月、天保元年正月、同二年六月、同三年九月、同五年正月～二月、同六年正月～四月、同七年正月～三月。なお、「遠思楼詩集」と記されるようになるのは文政六年以降である。

(20) 一例をあげて比較してみる。最初にあげたのが『遠思楼』（家宝11-21）に収められた「遊二某氏園一」で、後が『詩鈔』「題二擷芳園一」（上巻一八丁オ）である。傍線部の字句が変わっている。

名院風光惹二興長一。褰衣且度二小廻廊一。幽篁邃幕疑二陰雨一。浄几明窓還夕陽。花際時時傳二笑語一。松間處處奏二笙簧一。帰家他日重相憶。懐袖空餘蘭蕙香。

華舘風光惹二興長一。遊人自訝到二仙郷一。幽篁邃幕疑二陰雨一。浄几明窓還夕陽。花際時時傳二笑語一。竹間處處奏二笙簧一。帰家他日重相憶。懐袖空餘蘭蕙芳。

(21) 髙橋昌彦は、廣瀬資料館本（家宝9-1-39）のほかに、大阪府立中之島図書館本や久留米図書館本を確認したうえで、本草稿の成立時期を文政一〇年九月から天保三年四月の間と指摘している（前掲註(10)、五頁）。

(22) 天保元年当時、岡は大坂で医業を開いていた。同年一一月一〇日付で坪井信道から岡に宛てた書状によると、岡は浪華永住を決定していたらしい（杉本勲「咸宜園と洋学」杉本勲編『九州天領の研究』吉川弘文館、一九七六年、四四八～四五〇頁）。岡は天保元年二月に長崎から大坂に向かう途中で淡窓のもとを訪れているので、その際にも開板の話が出たことだろう（懐旧三七七頁）。

(23) 徳令は、筑後国柳川上妻郡木屋村の光善寺から文政五年五月に入門した。六級上まで昇級し、塾長や蔵書監などを勤めたのち、天保二年九月二八日に退塾した。徳令に関しては、水月哲英編・発行『石門先生』、一九三四年がある。

(24) 古賀穀堂の跋は『詩鈔』に掲載されなかった。天保元年から時が経っていたからかもしれない。旭荘は、天保七年六月初めの時点では新たに穀堂の跋を得ようと考えていたようだが、当時穀堂は「大病」の状態にあり（来信27二六六頁）、九月に歿した。経緯の詳細については、髙橋昌彦前掲註(10)、五〜七頁を参照。

(25) 「家君八十賦レ此志レ喜」「哭二相良大春一」が天保元年の作であることは、「懐旧楼筆記」巻二九（三七六・三七九頁）から明らかである。

(26) 徳田武「『半斎摘稿』と清人序跋」『近世日中文人交流史の研究』研文出版、二〇〇四年、三五二頁。

(27) 蔡毅「長崎清客と江戸漢詩―新発見の江芸閣・沈萍香書簡をめぐって―」『東方学』一〇八、二〇〇四年、四頁。

(28) 『長崎市史地誌編仏寺部下』（長崎市役所編、清文堂出版、一九六七年再刊（一九三八年発行）、八八〇頁）に、「辛卯清明日初次遊大徳寺」と題する天保二年の沈萍香の詩が掲載されている。また、沈萍香が「大清道光十二年壬辰孟春之月」（天保三年正月）に長崎で書いた詩も知られる（岡田博「小谷三志をめぐる人々（その二十六）沈萍香」『郷土はとがや』二九、一九九二年、一〇〇頁）。これらのことから、沈萍香が天保二〜三年に長崎に滞在していたことがうかがえる。

(29) 徳田武前掲註(26)、三五三頁。

(30) 徳田武前掲註(26)、三三七頁。

(31) 徳田武前掲註(26)、三三九頁。

(32) 淡窓と山陽の交流については、黒川桃子「広瀬淡窓と頼山陽―文化五年の交流を通して―」『近世文芸　研究と評論』七五、二〇〇八年を参照。

(33) 「輪読（其の三）」宍戸道子執筆部分、『近世文芸』七一、二〇〇六年、一二一頁。

(34) 「偶成」の山陽の評は文化五年に得た可能性がある。

(35) 肥前の人。はじめ荒川十五郎と称した。のち春民（孫次郎）の養子となり、禎助と称した（前掲註(9)、四九八頁）。弘化元年七月二〇日付淡窓宛の書状によれば「紅毛本国」より軍船が来航したようすを詳細に報告している（来信59三六九頁）。

(36) 徳田武前掲註(26)、三五三頁。
(37) 旭荘の堺における足跡については、日田市教育庁咸宜園教育研究センター編・発行『平成二四年度特別展廣瀬旭荘没後一五〇年記念廣瀬旭荘―東遊　大坂池田―』、二〇一二年、八・九頁を参照。
(38) 富士川英郎「篠崎小竹」『江戸後期の詩人たち』平凡社、二〇一二年（原著は一九六六年に麦書房より刊行）、一九四～一九八頁。
(39) 恒遠俊輔『幕末の私塾・蔵春園―教育の源流をたずねて―』葦書房、一九九二年、三六頁。本書第四章参照。
(40) 倉富了一編・発行『昆江井上先生』、一九三七年、一三頁。
(41) 大阪府立中之島図書館編・発行『大坂本屋仲間記録　第四巻』、一九七八年、三六二頁。同編・発行『大坂本屋仲間記録　第十五巻』、一九九〇年、二五九頁。
(42) 京都の書肆永田調兵衛の記録「商用諸雑記」によれば、安政七年（一八六〇）の漢詩集の筆耕料は一丁あたり一・二匁だったという（橋口侯之介『続和本入門―江戸の本屋と本づくり―』平凡社、二〇〇七年、九八頁）から、一枚三匁は高いといえる。
(43) 平野翠「河内屋茂兵衛来簡集」『大阪府立中之島図書館紀要』一四、一九七八年、三三頁。
(44) 旭荘は、天保八年二月に江戸に向けて出立し五月末に堺に帰った（旭荘日記一九〇～二三〇頁）。
(45) このことについての記載は「淡窓日記」には見られない。後の嘉永二年四月一六日に、『遠思楼詩鈔』二編が咸宜園に届いた際の広瀬青邨の日記には、「遠思楼二編百六十部自二府内一至、賜二余及四級以上五十三人各一部一」とあって、四級以上の塾生五三名に贈与されたことがわかる（「日省録」青邨文庫 84-55）。このことから、初編についても塾生に贈与された可能性がある。
(46) 山本さき「咸宜園隆盛における漢詩教育の意義」『日本歴史』六四六、二〇〇二年、六〇頁。
(47) 宮崎修多前掲註(15)、四二〇頁。
(48) 「輪読（其の五）」池澤一郎執筆部分、『近世文芸』七三、二〇〇七年、一〇一頁。
(49) 前掲註(41)『大坂本屋仲間記録　第四巻』、四四七頁。
(50) 前掲註(41)『大坂本屋仲間記録　第四巻』、四五七・四五八頁。

(51)『詩鈔』の献本先については、一〇月二四日付旭荘書状（来信46三四七頁）、「旭荘日記」の五月二八日条・七月二五日条・一二月二日条にも記載されている。
(52)富士川英郎編『詩集日本漢詩 第十一巻』汲古書院、一九八七年、五～一一頁。
(53)「輪読（其の二）」池澤一郎執筆部分、『近世文芸』七〇、二〇〇六年、一二六頁。
(54)亀井の序に一～三、篠崎序に一～四、帆足序に一～二、凡例に一の丁番号がふられている。
(55)国文学研究資料館・早稲田大学・慶應義塾大学所蔵本のうち一部については以下の方法によって閲覧した。
国文学研究資料館本（87-248・ナ8-164）…デジタル目録データベース。

早稲田大学図書館土岐文庫本（17W164）…古典籍総合データベース。

慶應義塾大学斯道文庫本…前掲註(52)『詩集日本漢詩 第十一巻』。

同図書館本（65-81・80-24・167-63・182-70）…慶應義塾大学グーグル図書館プロジェクト。
(56)広瀬貞雄監修、中村幸彦・井上敏幸編『広瀬先賢文庫目録』広瀬先賢文庫、一九九五年、二五頁。
(57)㉖の修訂二箇所のうち、「盤」についてはすでに第二段階で修訂済みである。第七段階で修訂されたのは「夷」の部分である。
(58)国文学研究資料館広瀬青邨文庫本（84-8、端本、三～五段階のいずれかに属する）は入れ木で修正した文字が目立って濃くなっているが、修訂㊵については他の文字と比べて際立って薄いのが特徴である。
(59)㉑に関しては、東京都立中央図書館本（特別文庫諸橋文庫919MW7）の「事」が他と比較して大字になっていることから、修訂が二度なされた可能性がある。
(60)㉗「奥人添川寛夫来訪」第一句「松島柳津維奥州」は、次のように、草稿段階で「北客相逢問二奥州一」が採用されたことがあった。
『不借人集』（家宝11-23）…松島柳津維奥州（傍線部を消して「北客相逢問」と朱筆）
『遠思楼詩集乾坤』（家宝9-1-39）…松島柳津維奥州
『写本前篇遠思楼詩集』（家宝9-2-5）…北客相逢問二奥州一
㉝「家君八十賦二此志一喜」の第三・四句は、草稿では次のように一貫していた。

『遠思楼詩集』（家宝9-1-44）・・・・桃李垂レ庭延二百鳥一。栗梨堆レ案哺二群児一
『不借人集』（家宝11-23）・・・桃李垂レ庭延二百鳥一。栗梨堆レ案哺二群児一
『写本前篇遠思楼詩集』（家宝9-2-5）・・桃李垂レ庭延二百鳥一。栗梨堆レ案哺二群児一

㊵「過二君逸災後新居一」は、天保七年三月に作られた作品である（懐旧四七五頁）ため現存する草稿には掲載されていない。

(61) 岡村繁「広瀬旭荘の遺稿とその推敲過程」『斯文』一〇六、一九九八年。

(62) 松下忠「広瀬淡窓」『江戸時代の詩風詩論—明・清の詩論とその摂取—』明治書院、一九六九年、六七六頁。岡村繁、前掲註(61)。月野文子「広瀬旭荘の「夜過二二州橋一書二矚目一」詩—成立事情とその推敲の態度をめぐって—」『福岡女子大学文学部紀要　文藝と思想』六五、二〇〇一年。

(63) 市場直次郎「廣瀬淡窓・旭荘の漢詩指導例—松永顯徳甫著『草稿』について—」『近世文藝』四九、一九八八年。鈴木理恵「漢学塾への遊学」『近世近代移行期の地域文化人』塙書房、二〇一二年。

(64)「遠思楼上木一件」（家宝9-1-30）。

第Ⅱ部　咸宜園教育の西日本への拡大

―空間的展開―

第四章　初期系譜塾蔵春園の模索

はじめに

蔵春園は、咸宜園門人である恒遠醒窓（一八〇三〜六一）によって、豊前国上毛郡薬師寺村（現在の福岡県豊前市薬師寺）に開設された漢学塾である。醒窓は文政年間前半期に咸宜園に学び、大帰（卒業）直後の同八年（一八二五）八月から死去直前の文久元年（一八六一）四月まで門人を受け入れた。その後、元治元年（一八六四）に醒窓の子精斎（一八四二〜九五）によって再開され、明治二八年（一八九五）まで継続した。全期間を通じた蔵春園への入門者は少なくとも一〇〇〇名を下らない。

本章では、醒窓が蔵春園に咸宜園教育をどのように取り入れたかをみていく。咸宜園教育とは、第一に三奪法と月旦評による実力主義、第二に厳格な塾則や職任制による塾生の自治的運営、第三に漢詩重視、第四に蔵書の塾生への閲覧供与を指す。咸宜園においてこうした特徴的な教育方式が確立するのは、天保期の終わりと考えられる（第一章参照）。

蔵春園に関しては、「咸宜園の殆んど完全な継承型の塾」であったという井上義巳の指摘がある。[1]「完全な継承」とはどういう意味だろうか。右にあげた完成された教育方式が想定されているとすれば、未だ咸宜園教育が整っていなかった文政期に塾生時代を過ごした醒窓にその「完全な継承」が可能だったのか疑問である。

蔵春園に関して見るべき先行研究としては、昭和二七年（一九五二）に刊行された岡為造編『豊前薬師寺村恒遠塾』がある。これは、「恒遠家の文献、墓碑銘、梅村先生（醒窓の孫にあたる恒遠麟次――引用者註）の実話、執筆物、及び故老の談話等に拠って編集」[2]されたものである。醒窓の学統や門人の動向について詳細な記載があるが、咸宜園教育との関連については言及されていない。その後の蔵春園に関する記述[3]はもっぱら同書に依拠したものになっている。

本章で使用する史料のうち蔵春園に関連するものとしては、醒窓の日記（以下、「醒窓日記」と略記）、入門簿、「新旧点簿」、「告諭」、「臨時告諭」などである。[4]これらは史跡蔵春園に所蔵されている。咸宜園関連としては淡窓の日記や自叙伝「懐旧楼筆記」、入門簿などである。

第一節　文政期の咸宜園と系譜塾

恒遠醒窓は、享和三年（一八〇三）、豊前国上毛郡薬師寺村に伝内の二男として生まれた。通称を和市といい、のちに頼母と改めた。[5]字は子達、醒窓は号である。恒遠家は医者の家系とされる。[6]

醒窓は、文政二年（一八一九）二月に一七歳で咸宜園に入門した。弟の運平も、醒窓に二年後れて入門した。醒窓は順調に昇級して、文政二年末に三級下に達した。[7]その後の昇級速度は鈍るが、同三年末に四級下、同四年末に五級下に達している。同五年初めには、淡窓が伯父月化の看病に忙しかったため、教学が広瀬謙吉（淡窓末弟）に、塾事が醒窓に委任された。[8]醒窓は、このあとも文政七・八年のうちの一時期に塾長を勤めた。[9]また、「国語」「家語」「世説」「徂徠集」などの講義もおこなった。咸宜園では塾主だけでなく上級の塾生も講義を担当したのである。同七年初めに六級下に、同年末には六級上に達した。当時は七級制を採っていたので、[10]最上級に近い位置まで達したわけである。

塾生としての醒窓が「淡窓日記」に登場するのは文政八年八月二四日が最後で、帰郷する醒窓に代わって旭荘が塾長に就いたことが記されている。蔵春園の入門簿によれば、醒窓は帰郷直後の八月二七日から門人を受け入れ始めた。

醒窓は、最初の妻との間に二人の男子をもうけたが、天保二年（一八三一）と同七年にそれぞれ夭折した。二人めの妻との間に長男敬吉郎（精斎）が誕生したのは同一三年三月であった。醒窓はすでに四〇歳に達し、跡継ぎを必要としたことから、兄の子次三郎（香農）を養子とし、敬吉郎を中津藩儒山川玉樵の養子に出した(11)。次三郎が同一四年三月に醒窓の子として咸宜園に入門したときにはすでに二〇歳になっていた(12)。

醒窓が在籍した文政二～八年は、咸宜園の塾生が増加の一途をたどった拡大期にあたる。文政三年の二月に在籍生が初めて一〇〇名を超え、四月に在塾生が五四名に達した。のちに淡窓は当時のようすを「其盛ナルコト。他塾ニコエタリ」と記している(13)。同八年の四月に在塾生が一一三名に、七月に在籍生が一八六名に達して、ともに最多を記録した。入門者の数だけでなく、出身地分布も広がって広域から集まるようになった。塾生数の増加に伴い、塾舎が増築され、職任制や塾規約が整備された。

当時の塾則について、「淡窓日記」や「懐旧楼筆記」から関連する記述をあげると以下のようである。

文化一〇年九月一〇日　制㆓入門初読三条㆒。以示㆓諸生㆒。（「淡窓日記」二頁）

文化一一年一〇月二七日　掲㆓規約於桂林園㆒。（「淡窓日記」三二頁）

同年一一月二〇日　掲㆓新令三条於桂林園㆒。（「淡窓日記」三四頁）

文政二年九月　此時ヨリ始メテ。塾生自己ニ菜ヲ作ルコトヲ禁シ。食事ノ時刻ヲ定メ。盛飯給事等ノ法ヲ立テタリ。其法後年損益スト雖モ。大略此時ヨリ定マレリ。（「懐

旧楼筆記」二四五頁）

文政三年一月一七日　掲㆓規約五条於堂㆒。〈告㆓来訪諸賓㆒云々。意在㆑謝㆓絶俗物㆒。〉（「淡窓日記」一八三頁）

文政四年八月二三日　塾生毎日礼謁ノ式ヲ定メ。東塾ニオイテ。之ヲ行ヘリ。此事今ニ至ルマテ三十年。猶其式ニヨレリ。（「懐旧楼筆記」二七〇頁）

文政六年三月五日　借㆓北鄰長兵衛家㆒。移㆓生徒十余人㆒。〈三食皆於㆓西塾㆒。規約与㆑塾无㆑別。仮称㆓北塾㆒。〉（「淡窓日記」二七九頁）

文政七年三月一七日　講㆓規約於東塾㆒。既掲㆓諸四塾㆒。〈規約頗有㆓損益㆒。四塾西塾西楼東塾南楼也。〉（「淡窓日記」三〇九頁）

桂林園時代から存在していた規約が、文政期になって整備されたようすがうかがえる。まず、文政二年あるいは四年といった早い段階で、食事の時刻、盛飯給事法、礼謁式など後年まで続く法式が立てられた。六年に隣家を借りて塾舎にあて、そこにも塾と同様の規約を布いた。七年にはそれまでの規約に大きく増減を加えたものを塾生に講じている。

職任制については、文化一一年（一八一四）三月に塾長や童子監が置かれ、同一二年には副監、句読監、講師などがあった。同一四年一一月に会計人が置かれた。文政七年三月に塾長法を改め、総管と塾長を各一人置いた。西塾に塾長を、他の塾に諸監を配置した。塾長は諸塾の事務を担当した。[14]

醒窓は、咸宜園門人のなかでも早期に開塾した。醒窓と同じ時期に咸宜園で学んだ井上直次郎も少し後れて開塾した。次の淡窓の回想[15]によれば、直次郎は開塾に際して許可を得るべく、文政一〇年春に淡窓を訪れたらしい。

此春ノ事ト覚エタリ。井上直次郎筑後ヨリ来訪ヒ。余ニ請ウテ云ヒケルハ。郷里ノ子弟。某ニ教ヲ受ケンコトヲ請フ者多シ。某不才浅学ヲ以テ辞ストイヘトモ。猶請ウテ止マス。父命シテ曰ハク。日田ニ行イテ。先生ニ問ヒ。先生以テ可トセハ。之ヲ始メ。不可トセハ。ヤムヘシト。願ハクハ先生ノ一言ヲ以テ。之ヲ決セント。余乃之ヲ許セリ。直次郎是ニ於テ。塾ヲ開キ。四方ノ生徒ヲ誘引ス。ソノ後。門客年ヲ追フテ盛ニナリ。終ニ恒遠。重富ノ二生ト。鼎足ノ勢ヲナセリ。

直次郎の郷里では彼の教えを請う子弟が多く、その希望に応えるための開塾であった。醒窓と直次郎と重富永祐の塾が「鼎足ノ勢」をなしていたとあることから、多くの入門者を集めていたことがうかがえる。(16)

井上直次郎（号は知愚）は筑後国御井郡大城村の出身で、文政三年（一八二〇）七月に咸宜園に入門した。同八年三月に六級下へと昇級し、五月に塾長に任ぜられた。いつまで在籍したのか不明である。子の栄も天保一四年（一八四三）九月に咸宜園に入門し、二権九級下まで昇り、舎長や準都講を勤めて弘化四年（一八四七）初めに大帰した。帰郷後栄は、父を補佐して塾で教えた。初期の塾のようすは不明だが、広瀬林外が嘉永三年（一八五〇）三月に直次郎を訪ねた際、栄の案内で塾を見て日記に次のように記している。(17)

与㆑栄同観㆓其塾㆒、々号㆓備園㆒、時留㆓其塾㆒者廿余人、外来生亦廿余人、有㆓席序㆒、大抵学㆓我塾㆒者也、別有㆓書及算之席序㆒、其都講為㆓釈善哉㆒、居㆓七級上㆒、観㆔栄名在㆓於九級上㆒、傍注曰、嘗在㆓於宜園㆒、亦位次、栄見笑曰、我偕号矣

備園と名付けられた塾には、二〇名余の塾生と二〇名余の外来生が学んでいた。井上塾では席序（月旦評）を初めとして多くを咸宜園に倣っていたようだ。都講も置かれていた。咸宜園教育が整備されつつあった文政

前半期に在籍した知愚と、咸宜園教育が確立した天保末期に入門した栄とでは咸宜園での経験が異なる。たとえば、月旦評は文政前半期には七級制だったが、天保一〇年に九級制に変わった。塾を統轄する職についても、文政前半期は塾長で六級の塾生が就くことが多かった。天保四年に塾長に代わって都講が置かれ、九級の塾生が就いた。井上塾では栄の経験が活かされ、九級制が採用されて都講が置かれた。書と算の席序があったことや、七級の塾生でも都講に就き得たことは咸宜園とは異なる。九級に到達する塾生が稀有だったためと考えられる。完全模倣ではなく、実情に応じて臨機応変に部分修正しながら導入していたことがうかがえる。

井上の塾は、『日本教育史資料九』には掲載されていない。福岡県の学事年報や統計書によると明治一〇年（一八七七）に私立学校（柳園学校）として開業して漢学を教え、同一四～一八年は四〇～五〇名の生徒数を維持した。しかし、一八年に栄が咸宜園に教師として招かれたことで生徒数は激減し、翌年に栄は郷里に戻ってきたものの、同二一年に死去したことで柳園学校は閉鎖された。[18]

重富永祐（号は縄山）は、筑後国竹野郡樋口村から文政二年（一八一九）五月に咸宜園に一四歳で入門した。文政八年四月に塾長に就いて六級上に昇った。翌五月の大帰の際、淡窓は、縄山について「才気俊邁」と日記に記してその才知を高く評価している。帰郷後、田主丸町で開塾した。[19] 天保末期に東遊して佐藤一斎に就いて学び、弘化二年（一八四五）に門人教授を再開した。[20] 縄山が自らの塾に咸宜園教育を導入したか否かは不明である。

醒窓、知愚、縄山は、いずれも咸宜園で塾長を経験していた。在籍中に漢学を修得するにとどまらず、多数の塾生の長として塾を統轄する能力を身につけたものとみられる。三名が大帰直後に開塾できたのもそうした経験があったためであろう。また、醒窓は在籍中に一七名を咸宜園に紹介しており、そのうちの一二名を僧侶が占めていた。[21]後述するように蔵春園入門者には僧侶が多かったが、すでに咸宜園在籍中から僧侶とのつながりが深かったことが注目される。

第二節　蔵春園の教育

(1) 塾生の様相

蔵春園は、開塾当初は自遠館とよばれる学舎から始まり、塾生数の増加に応じて敷地内に講堂や寄宿舎を増築した。醒窓の孫にあたる恒遠麟次によると、居宅（晴雪軒）とその離れにあたる書斎（求渓舎）を中心に、居宅の裏に講堂と寄宿舎（梨花寮）、居宅の北に応接のための遠帆楼、居宅の東に貧生の自炊場として設定した咬菜舎、求渓舎の西南に寄宿舎（夕陽楼）があった。塾生数が増えた最盛期には、塾外の民家を借りて寄宿舎にしたという。[22]

蔵春園の入門簿は、醒窓時代のものが一五冊、精斎時代のものが八冊、計二三冊が現存する。巻一には文政八年八月～翌九年五月の入門者二四名分が、巻四六には万延元年（一八六〇）九月～翌文久元年四月の入門者一二名分がまとめて綴じられている。このことから、醒窓時代の入門簿は本来四六冊が存在したとみられ、門人は少なくとも八〇〇名を超えたはずである。[23]現存する一五冊から抽出できる門人は二六六名である。これ以外の入門者五〇名の情報を『福岡県史資料』[24]で入手できるので、本章では合わせて三一六名を分析対象とする。

入門簿には、各入門者の出身地・氏名・年齢・紹介人などの記載がある。年齢が記載されるようになるのは天保一〇年以降である。年齢記載のある一四九名のなかで、最年少は九歳、最年長は三三歳である。一〇代半ばから後半にかけての年代が多い。平均は一七歳である。年齢が高い入門者には僧侶が多い傾向がある。出身地については、一五九名が豊前国で、このうち出身郡不明七名を除いた一五二名を郡別にみると図1のようであった。蔵春園の地元である上毛郡の出身者が最多となっている。まずは近いということが入門者を集めた理由であるといえよう。表1で入門者数を出身国別にみると、開塾後、年を追うごとに入門者が広域から集まったことがわかる。九州北部だけでなく、中国・四国地方や近畿地方からの入門者も少なくない。特に長門国出身者が五〇名に達しているのが注目される。

図1　豊前国内郡別にみた出身地分布

蔵春園が開塾したことで、上毛郡から咸宜園への入門者に変化があっただろうか。文政元年（一八一八）から慶応三年（一八六七）までの、上毛郡から咸宜園・蔵春園・水哉園への入門者数の推移を調べてみた。水哉園は系譜塾ではないが、上毛郡の北に位置する京都郡上稗田村に天保六年（一八三五）に開設され、月旦評を採用したことや塾生に僧侶が多かったことなど、咸宜園との共通点が多い。[25] しかし、上毛郡から水哉園への入門者は九名ときわめて少なく、蔵春園とは競合しなかったとみられる。いっぽう、上毛郡から咸宜園への入門者は四五名に及んだ。文政元年の八名を最多として、同七年まで毎年一〜二名の入門者を送り出していたが、同八年以降は数年に一〜二名が入門する程度に減少した。上毛郡から蔵春園へは九八名が入門している。咸宜園入門者を超える数が蔵春園に集まったのは、従来であれば咸宜園に子弟を送っていたような家や寺院が蔵春園に入門させるようになったことに加えて、蔵春園開塾が新しい修学者層を掘り起こす契機になったためと考えられる。

入門者の約五三％を僧侶が占めていたことが特徴的である。僧侶の人数が入門者数に占める割合を出身国郡別にみると、豊前国が約三三％だったのに対し、長門や周防は七割前後に達しており、遠隔地出身者に僧侶の割合が高い傾向にある。咸宜園でも淡窓門人の三分の一を僧侶が占めていたことが井上義巳によって指摘されている[26]が、蔵春園の僧侶の割合は咸宜園をはるかに超えている。

豊前国の僧侶五二名に限ってその所属する寺院の宗派を調べたところ、真宗二五名（大谷派一〇名、本願寺派一五名）、天台宗一名、黄檗宗一名、不明二五名であった。蔵春園塾生に真宗僧侶が多かった理由については、

表１　蔵春園入門者の地域的広がり

和暦	西暦	豊前	豊後	筑前	肥前	肥後	長門	周防	安芸	石見	讃岐	阿波	伊予	播磨	摂津	京都	近江	美濃	江戸	計
文政8	1825	11	1																	12
文政9	1826	11			1															12
文政11	1828	7	7				2													16
天保3	1832	5					3												1	9
天保4	1833	4	1		1	2	1	1	1											11
天保5	1834	7			1		4	5			3									20
天保8	1837	8	3		2		3				1						3			20
天保9	1838	6	3		1	1	4		1						2					18
天保10	1839	1																		1
天保11	1840	4	1		1		5	5					1			2				19
弘化3	1846	11	1	3	1		5	3												24
弘化4	1847	11																		11
嘉永2	1849	11					1	2			1	1		1						17
嘉永3	1850	2	6				2			2					1					13
嘉永4	1851	5																		5
嘉永5	1852	7	3			1	2	1	1				1							16
嘉永6	1853	18	2				6	3										1		30
安政1	1854	7	2																	9
安政2	1855	8	4	2			2		1											17
安政3	1856	3	1																	4
安政6	1859					2	1										1			4
万延1	1860	4			1		6	3		3										17
文久1	1861	8					3													11
計		159	35	5	9	6	50	23	4	5	5	1	2	1	3	2	4	1	1	316

出典：蔵春園の入門簿より作成。

醒窓の姻戚に真宗寺院関係者が多かったことや、醒窓と西本願寺との結びつきが指摘されている。また、児玉識や龍溪章雄は、醒窓から門人月性への送別辞「送烟溪序」を根拠にして、醒窓が真宗を経世・実用の宗教ととらえていたことを指摘し、その真宗観が塾生に影響したとみている。しかし、水哉園の塾生にも大谷派の僧侶が多かったことから、蔵春園に真宗僧侶が集まったのが単に塾主醒窓の個性によるものかどうかについては検討課題として残される。

入門者紹介ルートは、地縁・門人・姻戚をたどる三つに分類できる。第一の地縁ルートは、蔵春園近隣の住民が入門者を紹介するものである。たとえば、薬師寺村に隣接した挾間村の楠原貞庵は文政八年に主に上毛郡内から五名を紹介している。第二の門人ルートは、塾生が入門者を紹介するものである。たとえば、周防国大島郡の妙円寺烟溪（月性）は同郡から四名を入門させている。このように、開塾当初は近隣の知人が塾生を集め、やがて塾生が同郷の入門者を紹介することによって、より広域からの入門者が集まるようになったのである。天保四年以降は第三の姻戚ルートが加わり、恒遠家の姻戚妙円寺を通じて、肥前・讃岐・京都など遠隔地から入門している。

[27] [28] [29] [30] [31] [32] [33]

（2）咸宜園教育の導入

塾の規則に関するものとしては、「告諭」と「臨時告諭」が現存する。「告諭」は、その最後に「恒遠頼母」の名が記されていることから、醒窓が作成したものとわかる。「臨時告諭」に天保八年（一八三七）の年記があるので、「告諭」はそれ以前からあったとみられる。「告諭」第一四則に「貧窮に付自炊願出し輩有之候節ハ規約ニ載ル通り其人平生之行状に依り相免可申、尤食事之節者食堂に罷出一同に食し候事」とあることから、蔵春園に「規約」が存在したことは確かである。「醒窓日記」文政九年（一八二六）九月八日条によれば、「改㆓書塾規約㆒」とあって塾規約を改正しているので、開塾後の早いうちに規約が作成されていたことがうかがえる。これらのことから、すでに塾内に布かれていた規約に漏れていた事項を「告諭」として出したのではないかと考えられる。

ただし、咸宜園の場合、告諭は規約の補足というものではなく、規約と告諭はまったく性格の異なるものであった。規約には禁止事項や拘束性の強いことがらを端的な文章で箇条書きに列挙して、塾生の生活を細かい点まで律した。それに対して、告諭は塾生が心得ておくべきことを数か条に絞って塾生に諭すように記す傾向があった。しかし、このようなあり方は天保期以降のことであって、醒窓が在籍した時期の咸宜園に告諭があったことは確認できない。

蔵春園の「告諭」は形式面や内容面で咸宜園の規約に似ている部分がある。たとえば、蔵春園の「告諭」の第一三則と第一六則には次のように醑日（塾主と塾生が酒食をともにする日）に関する規定がある。

一　食者塾一同いたし毎日食堂に出浮可申、尤病気之節幷醑日者居塾江持帰候而も不苦事、
一　五日十五日廿五日を醑日に相極、其間限り自分飲食差許候、尤佳節者醑日同様にいたし候而も不苦候事、

右の二つは、次にあげた咸宜園の天保一二年の「辛丑改正規則」(34)の内容と共通する。

一　醑日ハ毎月廿七日ニ定メ其外ハ五節句幷ニ休日之分ニ可致事、
一　醑日ハ飲酒自菜菓子類差許候事、
一　三度之食事一同於西塾可致之。但シ醑日之節ハ居塾ニ持帰り候而モ不苦候事、

咸宜園で醑日が月に一度しかなかったのに対して、蔵春園では三回も設定されていた点は異なるが、醑日に塾

生が自分で用意した物を食べることや、食事を居塾に持ち帰ることが許されている点は共通する。
右のように、咸宜園の規約と蔵春園の「告諭」が形式的に共通し、内容面でも一部似ている理由として考えられるのは、醒窓が在籍していた当時の咸宜園における状況がそのようなものであったということである。すなわち、規約と告諭の形式が未分化なものであり、規約がいまだ数十則に及ぶような詳細なものではなく、そのあり方を醒窓が蔵春園に導入したと考えられる。ただ、裏付ける史料がないことから推測に留まる。[35]
「告諭」は巻子装の状態で保存されている。全二五則からなり、学業のほか、職任や飲食などの塾生活に関して規定されている。第一則に「塾長以下諸監幷講師・句読師等之職者、我等に相代り何れも大切之事に候間、相慎相勤可申事」とあることから、咸宜園と同様に職任制が採られていたことが明確である。塾の運営や管理に係わる職掌としては、塾長をトップとして諸監や主簿がおかれていた。諸監には、素読監を初めとして、日課簿を扱う監、洒掃を所管する監、塾生を罰したり塾生から罰銭を徴収する監などがあった。各監には副監も置かれた。会計を担当する主簿については、「主簿之職者大切之事ニ付席序之上下に不拘其任に当る人柄相用可申事」と第二二則に特記されている。金銭を扱う職であるから成績に関わらず信頼できる塾生が求められたのだろう。主簿以外の職掌については席序に応じて任じられたものとみられる。学業に関わる職掌として講師や句読師が、寄宿生活に関わる職としては守夜・侍者・行人・炊飯・燀湯などが置かれていた。
『豊前薬師寺村恒遠塾』には「恒遠塾の役員」として、「上に塾長があり其の下に軒事が三人、之は塾舎三所にあったからで、其の下に外来監、新来監、礼法監、洒掃監、会計監、蔵書監、撃折監、等の七監等があって夫々任務について居た」[36]と書かれている。いつからこのような職任が置かれていたのか不明である。咸宜園で文政七年三月に塾長法を改めて、塾長は西塾に居住して全体を統轄し、その他の塾に諸監を置いたことは先述した。蔵春園でも右の記述によれば、塾長の下に「軒事」と呼ばれる職を置いて塾舎三か所を各軒事に任せていたようだ。

特に蔵書監があったことは注目される。咸宜園では文政年間に塾生から蔵書銭を徴収して書籍を購入し、蔵書監に蔵書を管理させ始めた。その開始時期については、文政三年頃か同九年のいずれかとみられる（第二章参照）。文政三年頃に始めたとすれば、醒窓は在籍中に蔵書銭徴収の法を体験したことになり、それを蔵春園に導入したととらえることが可能である。文政九年に始めたとすれば、醒窓は大帰後に蔵書監に関する情報を入手して咸宜園に倣ったとみなされる。

蔵春園の蔵書については「図書目録」が残っている。同目録には、国書、医書、儒書に分けて書名とその冊数が記されている。冊数の記載がない場合もあるので正確な数は不明だが、国書が四四点約一九〇冊、医書が五一点約一五〇冊、儒書が一一一点約五〇〇冊に及ぶ。医書も混じっていることから、塾蔵書というより恒遠家蔵書の目録の性格が強いように思われる。もしも実際にこれだけの塾蔵書が形成されていたのであれば、蔵書監による管理がおこなわれていても不思議ではないが、塾生から蔵書銭が徴収されていたことは確認できない。

「告諭」第三則の次の記述から、蔵春園でも「席序」による昇級制が採られていたことは確かである。

易に屈伸之理を説ク、是学者第一可心得事也、故我塾にハ席序を設ケ如何様発達之輩も最初ハ人之下ニ居年月を経入精致候上者上達ヲ遂け一塾之長と相任し候様致申候、是即屈伸之理也、最初暫之屈を嫌ひ我塾法に背き兎ヤ角申候輩仮令他方へ参り候共決而発達致すへからす、是屈を経すして伸を好者也、学問之道ニ限らす世間ニても屈せずして伸と云ことハ毛頭無之道理也、能々可心得者也、いかに才学のある者でも最初は下級から始め、上達することによって塾長に就くことができるというのは、咸宜園の月旦評と同様である。それが易学の「屈伸之理」によって説明されている点に、醒窓の独自性がある。「告諭」第五則に、「上等以下之輩者試業会読等之力に依り席序超級いたし候事」とあることから、上等生より下の塾生は、課業のほかに試業や会読の得点によって飛び級が可能だったことがうかがえる。咸宜園では、原則として中下等生は課業で得た点で、上等生は試業で得た点で昇級したが、中下等生にも試業を受けることが認められており、その得点によって飛び級が可能であった。これを超遷といい、咸宜園では天保九年頃からおこなわれ始めたとされている。[37] 先述したように、「告諭」が天保八年の「臨時告諭」より早く作成されたとするならば、咸宜園で天保九年に始まったとされる超遷を咸宜園に先駆けて採用したことになり、矛盾が生じるので「告諭」は天保九年以降に作成されたとみなすべきかもしれない。その場合、醒窓は咸宜園在籍中の経験のみならず、大帰後も咸宜園教育の情報を入手し、それを蔵春園に導入したと考えられる。[38]

「臨時告諭」は二則から成る。全国的に飢饉が広がっていた天保八年に、塾生に倹約を説くために出されたものである。形式面で咸宜園の告諭に似ている。

蔵春園が昇級制を採用していたことは、「新旧点簿」からもわかる。これは、安政期の塾生の毎月の得点数を記録したものである。そのうちの一二名の獲得点数と昇級の関係を表2にまとめた。たとえば戸早貞吉は、安政元年（一八五四）六月から翌二年一月にかけて獲得した点数の合計が二五三三点に達し、三級上に昇級を果たした。翌二月から九月にかけて三一五八点を得て四級下に達している。当時の塾生において五級下が最上級者だったことがわかるが、蔵春園が何級制を採用していたのかは不明である。従来、蔵春園は一〇級制を採っていたとされてきた。一〇級を「客席」とし、九級からスタートして「平素の採点と臨時の試験」によって進

表２　蔵春園の塾生の得点と昇級

塾生名	期間	合計点	昇級
戸早貞吉	安政元年6月～2年1月	2533	3級上
	2月～9月	3158	4級下
	10月～4年2月	1176	—
弓場源吾	安政元年6月～2年11月	1411	3級下
	12月～3年6月	1548	3級上
	7月～4年2月	2022	—
頓蔵	安政元年6月～2年1月	1495	2級上
	2月～4年2月	1066.5	—
吉富一郎	安政元年8月～2年3月	1194	4級上
	4月～11月	1436	2級下
	12月～4年3月	142	—
井上定二郎	安政4年5月～9月	1117	4級上
	10月～5年2月	572.5	—
大木福二郎	安政2年3月～6月	838	4級上
猪之助	安政4年4月～9月	1001	4級上
恵弁	安政2年6月～9月	1026	上等上
先承	安政4年5月～8月	1394	上等上
	9月～5年2月	1279.5	—
遊外	安政2年7月～4年5月	1423	上等上
恒遠仁一郎	安政3年10月～4年2月	1214	4級上
	3月～8月	2159.5	5級下
	9月～5年2月	1421	—
恒遠勇三郎	安政4年2月～5月	1503	4級上
	閏5月～12月	2739	5級下

出典：「新旧点簿」より作成。

級したというのである。[39] しかし、戸早が三級から四級に進んだように、数の少ない級から多い級への昇級制が採られていた点や、各級が上下に分かれていた点は咸宜園と共通する。咸宜園において昇級に必要な定点は、中島市三郎が紹介した淡窓死去後の試業に関するもの[40]しかわからないので比較できない。また、表２からは点数と昇級との間に規則性が確認できない。これらの解明は課題として残される。「権」の字を付された事例がないことから、咸宜園が天保一〇年に採用した消権課程は安政期の蔵春園には導入されていなかったとみられる。

「醒窓日記」から蔵春園の講義書目を抽出すると、経として「論語」「孟子」「毛詩」「尚書」「大学」「中庸」「周易」など、史として「左伝」、子として「荘子」「列子」「老子」、集として「袁中郎文」「船山集」「杜律」などがあげられる。講義書目がすべてあげられているわけではないので、醒窓が淡窓のように恒常的に詩集の講義をおこなっていたかどうかは日記からは判断できない。安政三年に「遠帆楼詩鈔」の前集・第二集の講義[41]もおこなっている。「遠帆楼詩鈔」は醒窓の詩集である。前集が天保一三年に、その後編は安政六年に出版されたから、右の第二集の講義は草稿段階のものであろう。

醒窓が安政六年（一八五九）に門人詩集『遠帆楼同社詩鈔』を刊行したことは、明らかに咸宜園に倣ったものである。咸宜園では門人の詩を集めて『宜園百家詩』を出版した。天保九年から準備が進められ、初編〜三編が天保一二年から嘉永七年にかけて出版された[42]。醒窓も初編に詩を掲載している。

『遠帆楼同社詩鈔』初編の例言には「醒窓先生弟子千有余人、其能㆑詩者不㆑少、故本集有㆓数十巻㆒、而不㆑能㆓遽梓㆒焉、此編唯鈔㆓両豊之詩㆒出之、若其各国之詩、期㆓他日輯録㆒耳」とある。一〇〇〇名以上のなかから豊前豊後二国の門人の詩を編集したものであった。その他各国の門人の詩集についても予定されていたようだが、続編が出版されたことは確認できない。初編は二冊から成り、第一冊（乾巻）の巻一に二〇名、巻二に二三名、第二冊（坤巻）の巻三に二六名、巻四に二四名、合計九三名の詩が掲載されている。第一冊は野口鎮久と吉冨一郎によって、第二冊は別府義実と松尾寅によって纂評が加えられている。『遠帆楼同社詩鈔』の刊行は、蔵春園でも門人の詩作が奨励され、漢詩を重視した教育がなされていた証左といえる。

第三節　明治期の蔵春学校

文久元年に醒窓が死去したあと、その子精斎が元治元年（一八六四）に入門者を受け入れ始め、塾が再スタートした。精斎は中津藩儒山川玉樵の養子となっていたが、安政六年（一八五九）に醒窓養子である香農が死去したために呼び返された[43]。精斎の養父が経営していた山川塾も、系譜塾ではないものの咸宜園に倣った教育方式を採用していた[44]。したがって、精斎が継承したのちの蔵春園も咸宜園教育方式を踏襲したのではないかと考えられる。蔵春園は明治一一年（一八七八）にいったん中学校として認可されたが、その後各種学校となった。明治一七年当時の蔵春学校について、『文部省第十二年報』は以下のように記録している[45]。

豊前国上毛郡ニアリ、恒遠敬吉郎氏ノ私設ニシテ学科ハ漢文一科ノ専門ナリ、学期ハ三ヶ月ヲ以テ一期トシ二十期即チ五ヶ年ヲ以テ卒業トス、其課程ヲ閲スルニ子史ヲ雑ユト雖モ経学ヲ以テ主トスルモノ、如シ、生徒百名内外アリ、其七十名余ハ寄宿生ニシテ遠方ヨリ遊学スルモノ殊ニ多シト云フ、教授ノ法ハ講義輪講等ニテ太郎臨校ノ際モ生徒ヲシテ古文尚書及周易ヲ輪講セシメタリ、生徒ノ読書力ハ頗ル優ナリト云フヘシ、然レトモ其風儀ニ至リテハ宜シカラサルモノアルカ如シ、本校主恒遠氏ハ世襲ノ大儒ニシテ名士往々其門ヨリ出ツト云フ、

『福岡県学事年報』によれば、蔵春学校は明治一〇年代において、少ない年でも三三名、多い年で六〇名の入学者を受け入れていた。一般的に明治前期は漢学塾の隆盛期にあたるが(46)、明治一七年の蔵春学校でも生徒数が一〇〇名前後、そのうち寄宿生は七〇名余りに及び、遠方からの遊学者で栄えたようすがうかがえる。しかし明治二〇年代にはいると、全国的な趨勢に沿って生徒数は減少した。

講義や輪講といった旧態依然とした教育方法が採られていたようだが、「子史ヲ雑ユト雖モ経学ヲ以テ主」とあることから、漢詩教育はほとんどおこなわれていなかったとみられる。「学期ハ三ヶ月ヲ以テ一期トシ二十期即チ五ヶ年ヲ以テ卒業」とあることから、月旦評による昇級制は廃止されていたものとみられる。公教育が普及するなかで、私立学校といえども近代教育に適応せざるをえず、咸宜園教育は消えていくことになるのである。

蔵春園の門人で特筆すべきは、涵養学舎を開いた鴛海量容（一八一九〜九六）である。量容は、豊後国国東郡草地村の出身で、蔵春園で天保三年（一八三二）二月から同一二年四月まで約一〇年間学んだのち、同年五月から一三年一一月まで大坂の篠崎小竹のもとで学んだ。弘化元年（一八四四）から郷里で門人教授を始めた

ようだが、明治元年一〇月から同五年五月まで島原藩学に勤務した。同年八月に帰郷して涵養舎を開いた[47]。明治一〇年八月に大分県に提出された「私塾開業願い」[48]によれば、涵養舎の学科は「皇漢洋普通学」とされている。早くから普通学を教える学校への転身を遂げていた。教員として、量容のほかに潤（量容の五男）、鳳太郎（量容弟謙斉の長男）、百郎の四名が記されている。鳳太郎は蘭学や医学を学んだことがあり、涵養舎においては「理化学科教員」を担っていた。百郎は英学や数学の学習歴を持っていた。明治一一年から同二三年まで、三〜五名の教師数を保っていたことから、鷲海一族が右の種々の科目を分担して教員を勤めていたものとみられる。明治一〇年代前半は二〇〇名を超える生徒を擁して隆盛したようだが、その後減少の一途をたどった[49]。涵養舎が咸宜園教育を導入していたか否かについては不明である。

おわりに

文政期は咸宜園において塾生数が激増した拡大期にあたる。また、塾生の出身地分布も九州地方を越えて周防・長門・安芸を初めとする西日本各地へ、さらには東日本へと広域に及んだ。咸宜園の規模が拡大した背景には、当時の漢学隆盛があった。本章でみた恒遠醒窓や同輩の井上知愚や重富縄山らが、咸宜園を大帰した直後に開塾しているのも、各地で漢学教育の需要が高まっていたことを示している。

蔵春園の教育について本章で明らかになったことは以下の三点である。第一に、等級制が採用され、入門者全員が最下級からスタートし、課業や試業により獲得した点数を積み上げて昇級する実力主義であった。第二に、「告諭」二五則は、のちの咸宜園規約を簡略化したような形式と内容を持っていた。塾生は職任を担当し、規約や告諭に基づいて、自治的な寄宿生活を送ることが求められていた。第三に、門人の漢詩集『遠帆楼同社詩鈔』を刊行した事実から、漢詩を重視していたといえる。醒窓が咸宜園に在籍した当時の方式のみならず、大帰後にも咸宜園教育の情報を入手して臨機応変に蔵春園に導入していたことが推測できる。

文政期の咸宜園の教育方式は後代に比べると未整備ながらも、系譜塾蔵春園に導入された。蔵春園は、咸宜園で全国各地からの入門者が増えて拡大を続けていた時期に、系譜塾として、豊前・長門国を中心に咸宜園の教育方式を広めたと評価できる。

註

（1）井上義巳『福岡県の教育史』思文閣出版、一九八四年、一九七頁。ほかに海原徹も「醒窓は自らがかつて経験した塾中の組織や職制をほとんどそのまま採用している」とし、「咸宜園の職階制や幾つかの「塾約」を若干簡略化しただけであり、その趣旨、内容ともほとんど変わらない」とする（海原徹『月性─人間到る処青山有り─』ミネルヴァ書房、二〇〇五年、二二頁）。

（2）岡為造編『豊前薬師寺村恒遠塾』恒遠俊輔、一九七六年（もとは、築上郡教育振興会発行、一九五二年）、凡例。

（3）恒遠俊輔『幕末の私塾・蔵春園─教育の源流をたずねて─』葦書房、一九九二年。黒岩純子「恒遠塾の研究─幕末・明治初期における蔵春園～その1～─」『九州女子大学紀要　人文・社会科学編』二八、一九九二年。蔵春園が輩出した著名な僧侶に関する研究のなかで同塾の教育に触れられることはあるが、概説的なものにとどまっている（児玉識「月性と真宗教団」三坂圭治監修『維新の先覚月性の研究』月性顕彰会、一九七九年。海原徹前掲註（1）『月性』。龍溪章雄「東陽円月研究序説─青年期修学時代を中心とする伝記考証─」『真宗学』一二九・一三〇、二〇一四年）。

（4）「醒窓日記」は文政九・天保二・安政元～三・嘉永五年の六冊。ほかに年記のないものが一冊あるが、文政一二年のものと考えられる。「告諭」は岡為造編前掲註（2）、一九～二〇頁に翻刻されているが、原史料から三則が省略されている。

(5)「淡窓日記」文政三年一一月二五日条（二〇八頁）。
(6)岡為造編前掲註(2)、三頁。
(7)咸宜園での醒窓の昇級過程の詳細は、吉田博嗣「咸宜園門下生略伝（二）」『咸宜園教育研究センター研究紀要』三、二〇一四年を参照。
(8)「淡窓日記」文政五年正月二一日条（二四二頁）。
(9)「淡窓日記」文政七年七月一四日条（三一七頁）、文政八年八月六日条（三五二頁）。
(10)海原徹『広瀬淡窓と咸宜園―ことごとく皆宜し―』ミネルヴァ書房、二〇〇八年、一六四頁。
(11)岡為造編前掲註(2)、五頁。
(12)「淡窓日記」天保一四年三月一九日条（八四〇頁）。
(13)「懐旧楼筆記」（二五五・三〇九頁）。
(14)「淡窓日記」文化一一年三月九日条（一六頁）、同一二年八月一〇日条（五〇頁）、同一四年一一月二八日条（一一六頁）、文政七年三月一四日条（三〇八頁）。
(15)「懐旧楼筆記」（三三一頁）。
(16)天保期に咸宜園に在籍した武谷祐之も「筑后広尾井上直次郎・同田主丸重富栄介宜園ノ生ニテ夙ニ家塾ヲ開キ郷先生タリ、一時名望ヲ得タリ」と、直次郎や栄介（永祐）が早くから開塾していたことを記している（井上忠校訂「武谷祐之著『南柯一夢』」『九州文化史研究所紀要』一〇、一九六三年、八二頁）。
(17)「林外日記」（家宝5-1-1）嘉永三年三月七日条。
(18)柳園学校は『福岡県学事年報』に明治二〇年まで掲載されているが、翌二一年以降はない。なお、福岡県の学事年報や統計書は国立国会図書館デジタルコレクションで閲覧した。
(19)「淡窓日記」文政八年五月一二日条（三四二頁）。「淡窓日記」（六九二頁）および「懐旧楼筆記」（五三三頁）の天保一〇年正月一七日条によれば、重富永祐は開塾後六～七年の間、淡窓に対して「怨ムルコトアリ。音信ヲ通セサル」状態が続いたが、その後無礼を謝ってきたので、永祐と旧交を修めたという。
(20)「重富縄山先生小伝」浮羽史談会編・発行『浮羽先哲遺芳』、一九一五年、一〇丁。浮羽郡教育会史蹟調査部編・発行

『浮羽郡教育沿革史資料』、一九三〇年、四三～四四頁。
(21) 醒窓が紹介人となって咸宜園に入門した僧侶は以下の通りである（豊前国からの入門者は郡村のみ示す）。上毛郡西友枝村徳宝寺法雲、同郡原井村西楽寺洪範、宇佐郡長洲村妙満寺玄昌・玄智、同郡同村徳乗寺吐龍、豊後国東郡伊美村教円寺善実、下毛郡平田村浄了寺峻嶺、同郡蛎瀬村照雲寺龍天、同郡中津の光善寺六龍・善蓮寺抱傾、出雲松江桜崎村真光寺寂照、石見銀山町順勝寺寂然。
(22) 蔵春園の建物の配置や詳細は、岡為造編前掲註(2)、九～一〇頁を参照。
(23) 入門簿一冊あたり平均一七・七人の入門記録が綴じられていることから、これに四六冊を掛け合わせると、八一五人となる。
(24) 「恒遠塾遊学者」福岡県編・発行『福岡県史資料第五輯』、一九三五年。
(25) 水哉園については、以下を参照。「水哉園遊学者」福岡県編・発行『福岡県史資料第二輯』、一九三三年。友石孝之『村上佛山―ある偉人の生涯―』美夜古文化懇話会、一九五五年。古賀武夫著・発行『村上仏山を巡る人々―幕末豊前の農村社会―』、一九九〇年。城戸淳一『村上仏山と水哉園―新発見資料と郷土の文献―』花乱社、二〇二〇年。
(26) 井上義巳「咸宜園入門者についての研究」『日本教育思想史の研究』勁草書房、一九七八年。
(27) 岡為造編前掲註(2)、二一～二四頁によれば、醒窓は、上毛郡吉木村円光寺女や同郡沓川村正念寺女を妻とした。醒窓の兄披雲の妻は同郡原井村妙円寺女で、男薩雲は同郡原井村妙円寺を嗣いだ。
(28) 墓碑銘（岡為造編前掲註(2)、八九～九〇頁）によれば、醒窓は安政六年（一八五九）に二息を伴い上京し、しばらく西本願寺に留まって書を講じたという。
(29) 児玉識前掲註(3)、五八頁。龍溪章雄前掲註(3)、一三六～一三七頁。
(30) 田川市史編纂委員会編『田川市史上巻』田川市役所、一九七四年、九七五頁。
(31) 上毛郡出身者（楠原建平・高野他蔵・廓忍・宇宮周太郎）と豊後国大分郡の大音。
(32) 天保五年四月に竜泉寺天竜・妙善寺憲嶺・秋本佐多郎を、同年五月に妙円寺天瑞を紹介している。
(33) 天保四年に肥前長崎の光源端輗を、同五年に讃岐国の泉川茂八郎・徳清寺清音・円光寺了純、肥前長崎の観善寺碕山を、同一一年に京都の速満寺法振を紹介している。

(34) 中島市三郎『教聖廣瀬淡窓の研究』（増補訂正版）第一出版協会、一九四三年（初版は一九三五年）。
(35) 現存する咸宜園の規約は、天保一二年「辛丑改正規則」（五三則）や、同一四年「癸卯改正規約」（八二則）のように、詳細な内容を持っている。
(36) 岡為造編前掲註(2)、九七頁。
(37) 海原徹前掲註(10)、一七〇頁。
(38) 「淡窓日記」によれば、醒窓は咸宜園を退いた後も淡窓を訪ねている（天保六年四月（五七一頁）、同九年閏四月（六七一頁）、同一三年八月（八〇九頁）、弘化元年一一月（九〇四頁）、同二年五月（九三二頁））。天保一二年一〇月（七八二頁）には、使いを送って『宜園百家詩』を購入している。こうした機会を使って醒窓が咸宜園教育に関する情報を更新していたことが推測される。また、天保一四年に入門した次三郎（醒窓養子）を通じて咸宜園教育についての最新の情報を得ることもできただろう。
(39) 岡為造編前掲註(2)、一二頁。
(40) 中島市三郎前掲註(34)、二五六頁。
(41) 三浦尚司校註『遠帆楼詩鈔後編』草文書林、二〇〇四年、まえがき。
(42) 関西大学総合図書館所蔵（L24 1-258-1・2）。
(43) 岡為造編前掲註(2)、五頁。
(44) 小久保明浩『塾の水脈』武蔵野美術大学出版局、二〇〇四年、二八頁。
(45) 文部省編『文部省第十二年報　二冊』宣文堂書店、一九六六年、六六九頁。
(46) 池田雅則『私塾の近代―越後・長善館と民の近代教育の原風景―』東京大学出版会、二〇一四年、八一頁。
(47) 鶯海重容編『鶯海量容先生と私塾涵養舎』鶯海量容先生と涵養舎記録保存会、二〇〇五年。
(48) 鶯海重容編前掲註(47)、一〇～一八頁。
(49) 大分県の学事年報や統計書による。なお、これらについては、国立国会図書館デジタルコレクションで閲覧した。

第五章　三亦舎を介した書籍流通

はじめに

江戸時代は、商業出版の隆盛によって、民衆が書籍を購入して手元に置くことができる社会が実現した。教育が普及したのも、書籍の流布によるところが大きい。特に漢学塾では素読、輪読、会読、講義などのために、塾生ひとりにつき多くの漢籍を必要とした。ところが、当時の漢籍は高価だったし、書肆のない地方ではそもそも購入が困難だった。また、遠隔地に遊学する場合、事前に必要な書籍をすべて用意するのは困難だっただろう。そうした塾生に便宜をはかるため、咸宜園では文政年間に塾生から蔵書銭を徴収して書籍を購入し、塾生の閲覧に供する取り組みを始めた。幕末には蔵書数が約五四〇〇冊に達した。

他の漢学塾でも多くの蔵書を所有していた。菅茶山が備後国神辺（現在の広島県福山市神辺町）に開いた廉塾でも約四五〇〇冊の蔵書が確認されており、「閭塾蔵書記」が残る。廉塾では、塾主によって蔵書の管理がなされ、書籍を購入した塾生から書物代が集められていた。[1] 池田草庵が弘化四年（一八四七）に但馬国養父郡（現在の兵庫県養父市）に開いた青谿書院でも蔵書は約二〇〇〇冊に及んだ。[2] 青谿書院資料館に残る会計簿には、塾生別に油代・蚊帳賃・炭代・洗濯賃などとともに書物代が記録されていることから、塾生から書物代を徴収していたことがわかる。

咸宜園が他の漢学塾と区別されるのは、塾生から継続的に徴収した蔵書銭で書籍を購入して蔵書を形成し、蔵書監に出納を任せるといった組織的な管理体制をとっていた点である（第二章参照）。系譜塾にも同様の方法が導入されたのだろうか。

江戸時代の書籍、出版、読書をめぐる研究は、一九九〇年代以降飛躍的に進んだ。実証的研究の蓄積によって、村役人層や医者などの家にさまざまなジャンルにわたる書籍が蒐集されていたことや、そういった蔵書家が地域社会において情報を提供する機能を担っていたことが明らかにされてきた。[3] いっぽう、漢学塾がどのように蔵書を形成したのか、塾生はいかにして書籍を入手したかといったことは、漢学塾の教育の実態を知る上で基本的な問題であるにもかかわらず明らかになっていない。

本章では、咸宜園門人末田重邨（一八二二～六九）によって安芸国高宮郡大毛寺村（現在の広島市安佐北区可部町）に開かれた三亦舎に注目する。三亦舎に導入された咸宜園教育の具体相を確認したうえで、井上清太郎という塾生に注目して、書籍入手の手段と経路を明らかにすることを目的とする。史料としては、末田重邨の日記（末田家文書）、三亦舎の月旦評の写しや井上清太郎をめぐる書状（井上家文書）などを使用する。

第一節　咸宜園教育の導入

（1）咸宜園における末田重邨

末田重邨は、名を廉、字を子温、通称を直馬といった。重邨は号である。文政五年（一八二二）に高宮郡大手寺村の白石山八幡宮（現在の両延神社）神職泰船の子として生まれた。両延神社の境内に残る「重邨先生末田君碑」によれば、重邨は五歳で父を亡くし、継父泰孝に育てられた。初めは賀茂郡寺家村の儒医野坂由節に就いて学んだ。一二歳から吉田春帆に師事し、二寒暑を経て詩書句読にほぼ通じることができたという。春帆のもとを退いたのち家事の補助をして過ごしていたところ、春帆門人から広瀬淡窓の評判を聞きつけ、躍然として弘化三年（一八四六）一〇月に咸宜園に入門した。(4)

入門当時、重郁は二五歳であった。咸宜園の入門者の年齢は一八歳を主とし、一六～二一歳に集中する傾向があったから、重郁は塾生のなかで年長のほうだった。それもあってか、同年末に早くも権三級上に達した。同四年には四級から六級へと急速に昇級した。嘉永二年（一八四九）一〇月末には伍長に任ぜられ、同年末に三権八級下に昇った。同三年二月権舎長に、同年末には真舎長に任ぜられた。同四年二月末に権都講に任ぜられ、七月末に三権九級下に達し、一一月末に真都講に就いた。同六年二月には都講の任を解かれ、翌三月に大帰となった。入門後わずか三年余りで八級に昇ったものの、それから九級に達するまで一年八か月を要した。足掛け八年間在籍し、そのうち帰郷や旅などで塾を空けた時期を除いて六年間余り在塾した。権都講時代を含めて二年間ほどの都講経験を持っている。大帰の際、淡窓は「在塾八年。至㆓九級下㆒任㆓都講㆒。塾政无㆑秕。亦良都講」(5)と日記に記していることから、都講としての重郁を高く評価していたことがうかがえる。

都講は、天保四年（一八三三）五月にそれまでの塾長にかわって置かれた職である。(6)塾務を掌り、教授の補助をした。(7)塾政の全般を把握し、師家と塾生の間に立って諸問題に対応した。淡窓は都講について「其人により。塾の盛衰も出来候に付。其の重任たる事。無申迄候」(8)と述べている。特に重郁が都講を勤めた嘉永四年から同六年初めは、在籍生数が二〇〇名前後に達し、咸宜園史上最多数を記録した時期であった。在塾生も一二〇～一三〇名に及んだ。これほど多くの塾生を統轄する経験は、咸宜園だからこそできたもので、重郁がのちに開塾した際に活かされたであろうことは言うまでもない。

重郁の人となりを知る手掛かりとなるエピソードが広瀬林外の嘉永三年（一八五〇）の日記に残されている。

林外は、淡窓の末弟で天保元年に養子となった旭荘の長男である。広瀬家の跡継ぎとして八歳のときから淡窓膝下で教育を受け、嘉永三年当時一五歳ながら八級上にあって、八級下の重邨より上位に位置していた。重邨は林外を次のように誡めた。祖父淡窓の教育と叔父青邨の指導を受け、塾生と切磋琢磨することのできる環境のなかで、学業を達成することを期待されているにもかかわらず、実際の林外は惰眠をむさぼり他の塾生以上の努力をしていない。学業に専念できるいまだからこそ懶惰に流れず勤勉であるべきだ。そうでなければ林外は、「四広之名」すなわち、淡窓・旭荘・青邨に次ぐ名声を得ることはできないだろう(9)。二九歳の重邨にとって一五歳の林外はかなり年少とはいえ、席次では上位、しかも師の孫に当たる。それでも率直に、厳しく誡めたのである。

（2）事疇園・三亦舎の教育(10)

咸宜園を退いて帰郷すると、重邨はまず安政元年（一八五四）大毛寺村に隣浄園を開いた。まもなく、重邨の評判は近隣地域に広がった。左は、高宮郡の北に位置した山県郡川西村の庄屋が、長崎に遊学していた子弟に送った書状(11)である。

かべ《可部》のうしろ大毛寺の社人大じゆ《儒》者ニ而諸方より入門弟子多人数此節あつまり居候様子、此人ハ九州之内広瀬と申ス所ニ九州一番のじゆ《儒》者有之、其人の弟子ニ而九キウ《級》と申ス位イヲ取り近年帰国致候人ニ有之候、

重邨が、九州一番の儒者である広瀬のもとで九級に達した大儒者として知られるようになっていたことがわかる。隣浄園に関しては史料が残らないので、どのような教育がおこなわれていたのか不明である。わずかに、「鄰浄園雑吟」と題する重邨の詩に「数間茅屋擬郷黌。負笈西東幾友生。窓外桑麻窓裡机。読書声雑叱牛声」(12)

とあって、茅屋で塾生が読書の声をあげていたようすをうかがうことができる。

その後安政三年に、重邨は豊田郡入野村（現在の東広島市）に事疇園を開いた。事疇園は、天保二年（一八三一）清田元吉によって開かれた清田塾を継承した塾である。清田が嘉永二年（一八四九）に死去した後は、門人であった池田徳太郎が継いだが、池田は四年間の教育活動ののちに入野村を去ってしまう。このために清田塾は同六年に閉鎖された。そこで、入野村庄屋の堀内鉄之助の懇請に応じて重邨が事疇園を興した。清田も池田も咸宜園に遊学した経験があったという。[13]ふたりによって清田塾に咸宜園の方式が取り入れられていたと推測されるが、それを引き継ぐ者として、重邨が適していたのであろう。

事疇園に関する史料は、安政四年（一八五七）の重邨の日記しか残らない。日記には、重邨に追随して入野村にやってきた隣浄園門人も含めて六三名の塾生が確認できる。安政四年の入門者は四八名に及んだ。事疇園を開いて間もない同年一月から四月の入門者のほとんどは豊田郡出身者であったが、その後、月を追うごとに数が増えると同時に出身地も賀茂・佐伯・山県・高宮郡へと拡大した。

塾生の日々の生活は、六五則の塾規約と六則の告諭により規制されていた。これらは現存しないが、その内容は、重邨自身が日記に「概随二宜園旧一」[14]と記していることから、咸宜園に倣ったものであったことがうかがえる。

重邨が咸宜園に在籍していた弘化・嘉永期に塾内を規制していたのは、天保一四年（一八四三）に布かれた「癸卯改正規約」（八二則）、「告諭」（五則）、「職任告諭」（二則）、「新諭」（二則）であった。「癸卯改正規約」は、職任・飲食・出入・内外・用財・雑の六項目からなっていた。重邨はこれらを筆写した「宜園規約」（末田家文書）を持ち帰っていたことから、それを参照して事疇園の規約を作ったと考えられる。

安政四年二月に継父が没したのちもしばらく入野村にとどまったようだが、大毛寺村民の要請を受けて帰郷して神職を継ぎ、そのかたわら三亦舎で教授した。重郁が三亦舎を開設したのは、安政六年あるいは万延元年（一八六〇）と考えられるが、正確な時期は不明である。

重郁は三亦舎にも咸宜園教育を導入した。教育課程は課業・試業・消権の三つからなっていた。課業には、漢籍の講義・素読・輪読・会講・独見、詩文の推敲などがあった。試業は、作詩・作文・書会・句読の四形式でおこなわれた。無級から九級までの月旦九級制を採用しており、全員が無級からスタートして、一か月の課業あるいは試業で積み上げた点数の合計が、各級の定点に達し、さらに消権課程を終えた場合に真の昇級と認める、という方式で月旦評システムが運用された。この点も咸宜園と同様である。ただし、咸宜園で無級を下等、一〜四級を中等、五級以上を上等としていたのに対して、三亦舎では一〜三級を下等、四〜六級を中等、七級以上を上等と区分していた（図1）。

重郁は咸宜園の月旦評システムについて、「而有二月旦評一、以加二黜陟一、是以無レ少長一、勤勉相競、廉雖二惰慢一、不レ得レ不二勉強一也」[15]とか、「十八級階攀不レ易。〈宜園月旦評有二十八級一〉」[16]と記しており、他の塾生と競いながら、自らを勉学に追い込まざるを得ないものと認識してい

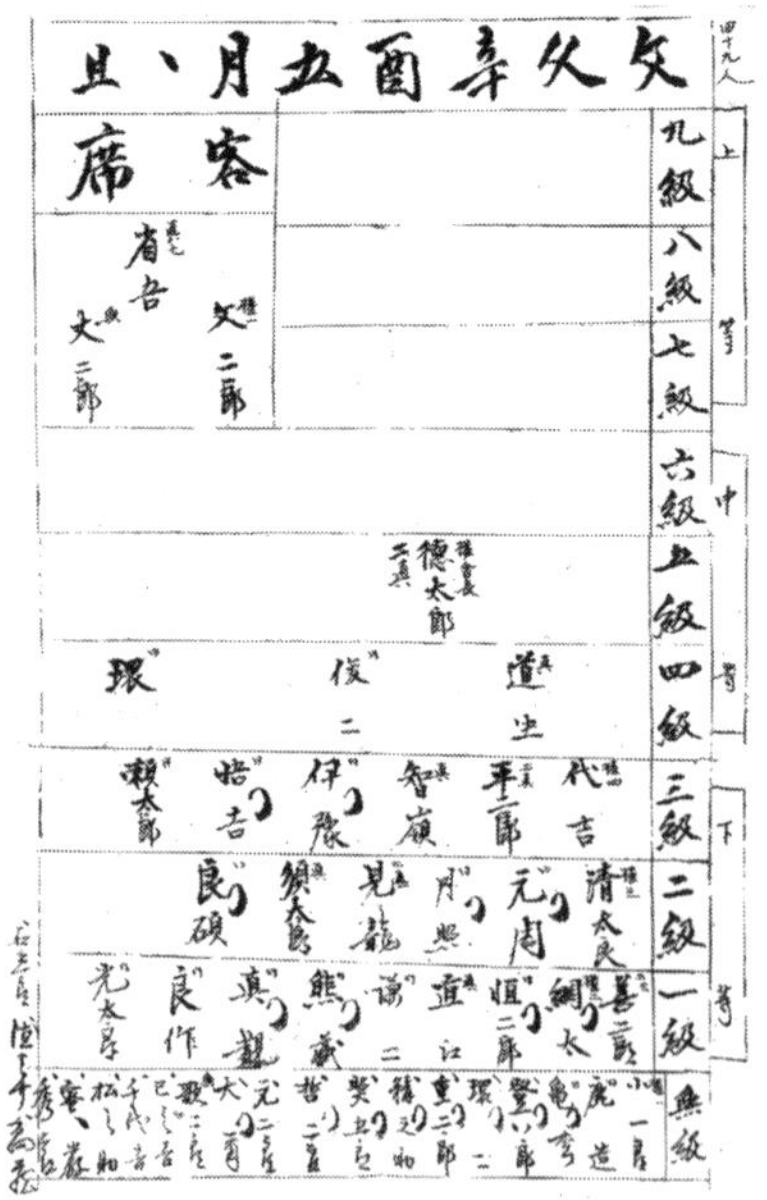

図1　三亦舎の文久元年（1861）の月旦評
（井上家文書）

る。自身が苦汁をなめたその厳しい月旦評を事疇園や三亦舎に導入したのは、重郁がレベルの高い教育をめざしていたことを示唆している。そして、実際に塾生のなかで確認できる最高位が七級にとどまることは、重郁が咸宜園のレベルを落とさずに教育に臨んだことの証左となる。

三亦舎では六六則からなる厳格な塾規約によって塾内を統制した。漢詩教育を重視したことも咸宜園と同様であった。重郁は詩を通じて塾生の勤惰を確かめるために、毎年一回、塾生の漢詩集を編集した。ときには遠出をして、重郁や塾生が共に山を歩きながら詩を作るということがおこなわれた。それも咸宜園に倣ったものである。

『日本教育史資料九』によれば、三亦舎は、嘉永六年（一八五三）の開設以降明治二年（一八六九）の廃絶に至るまで、漢学と筆道を学科内容として、男一五九名の塾生を受け容れたと記載されている。これは、隣浄園・事疇園・三亦舎の三塾を併せた記載であろう。

実際に確認できる塾生数は一七七名に達した。出身地が判明する一六二名のほぼ八割が安芸国出身者で、残りの二割が石見や備後など近国の出身者である。三亦舎所在地である高宮郡出身者が全体の二割近くを占めている。三亦舎の在籍者数は、最も多い時で文久二年（一八六二）三月の五八名にのぼった。しかし、病気などの理由によって帰省する塾生も少なくなかったので、実際の在塾生数は少ないときで三〜一〇名、多いときでも三〇〜四〇名程度であった。

塾生の出身身分についての詳細は不明だが、僧侶や医師を目指す者が比較的多かったようで、三亦舎を出た後さらに広島の医家や大坂・九州などに遊学した者もあった。

重郁の門人が開いた塾として成美園があげられる。[17]成美園を開いた佐々木省吾は、高宮郡可部町の出身者で、早くから重邨に師事して七級まで昇った。佐々木は遅くとも明治元年（一八六八）に可部に開塾し、その後沼田郡久地村に塾舎を移した。当時は山県郡や高宮郡、賀茂郡など他郡からの入門者が多かった。同五年に可部に帰って成美園を開いた。成美園にも咸宜園の規約や月旦評が導入された。「成美園規約」（井上家文書）は全五三則からなる。咸宜園の「癸卯改正規約」が、重邨によって取捨選択されて事疇園や三亦舎に導入され、さらに佐々木省吾によって改編されて成美園に継承されたのである。明治五年六・七・九月の月旦評に掲載された四九名のうち出身地不明者を除く四七名はすべて安芸国出身者である。高宮郡出身者が二九名を占め、なかでも可部町の出身者が一二名に及ぶ。成美園の教育圏は、事疇園や三亦舎に比べて狭まっていたといえる。

第二節　塾生実家による書籍調達

（1）蔵書からの送付

三亦舎では咸宜園教育を導入したが、蔵書銭の徴収はおこなわれなかった。現在の末田家には重邨の蔵書も蔵書目録も残されていない。重邨が書籍を所蔵していなかったとは考えられないから、散逸したのであろう。それにしても、塾生に貸し出すほどの蔵書を有していた形跡はない。そのため、塾生は勉学に必要な書籍を各自で用意するしかなかった。三亦舎の塾生はどのように書籍を入手したのであろうか。井上清太郎という塾生に注目して、彼が書籍を入手する方法を具体的にみていこう。

井上清太郎は、安芸国山県郡壬生村（現在の広島県山県郡北広島町）に、井上頼寿の長男として弘化三年（一八四六）に生まれた。井上家は、壬生八幡神社の神職を世襲し、山県・高田郡にまたがる八か村の神社祭祀を管掌し、山県郡の筆頭注連頭役を勤めた。[18] そのいっぽうで、手習塾清高堂を経営して明和年間から明治初期までの約七〇年間に五〇〇名近くの学書童（手習い子）に指南した。[19]

清太郎は、頼寿の元でひととおりの手習い・素読を修了すると、万延元年（一八六〇）一〇月末に父とともに末田重邨を訪ね、一一月一日に三亦舎に入門した。当時の三亦舎の在籍者数は二二名だった。

清太郎は一五歳で入門した。親元を離れて三亦舎の塾舎に入ったため、井上家と清太郎の間には書状がしばしばやりとりされ、井上家から清太郎に生活や勉学に必要な物資が使者を介して届けられた。井上家からの書状はほぼすべてが頼寿によって書かれた。頼寿は、入門当初は「只起居行義正敷塾中之法則堅相守、学業精々能相励可被申事肝要ニ而只管冀所ニ候」、「例之惰弱横着不行義努々不可有之、万端相謹偏ニ勤学肝要呉々も無懈怠相励可被申」[20] などと、塾則遵守や学業精励を求めて叱咤激励した。清太郎が順調に昇進するようになると安心したのか、次第にそうした誡めのことばは少なくなっていった。清太郎からの書状は井上家近隣の知人を介するなどして二、三日間で井上家に届けられ、月俸銀・書籍・衣類・文具などの無心がなされ、塾のようす（学業の進み具合、塾生の動向など）が知らされた。また、使いの者を通じて垢付き物や月旦評の写しなどが送られた。

清太郎は文久元年（一八六一）六月に三級、同二年末に四級、慶応元年（一八六五）四月に六級、同年末ごろには七級に達し、塾頭や権舎長を経て舎長にのぼった。字を子蕩といい、有李と号した。万延元年一一月入門以来慶応二年七月まで五年八か月三亦舎に籍を置いたのち、病気のため井上家に帰り、同年九月に二一歳で夭折した。

井上家が三亦舎の清太郎に書籍を調達する際には、蔵書中から送る場合と、新たに購入する場合と、他家から借用して送る場合とがあった。井上家蔵書は約七五〇冊からなり、神道・歴史・註釈・和歌など神職に関わりの深い書籍が多かった。九割以上は国書で、漢籍は少ない。[21]清太郎の祖父頼定や父頼寿は国学を学んでいた。井上家で漢学塾に遊学するのは清太郎が初めてであった。そうしたことから、井上家蔵書中に漢籍が少なかったのである。

入門後まもない一一月三日に井上家から清太郎の元に使いが送られ、夜具（蒲団や枕）、羽織袴・襦袢帯・布子、机・紙筆墨類・小道具、風呂敷、札五匁などとともに井上家蔵書から四書白文・五経が届けられた。一一月九日付の頼寿の書状に「詩経素読ニ取懸り候趣一段之儀ニ御座候へ共、尚四書改読之儀出精専要ニ存中候」と書かれているから、清太郎は入門早々に、三日に送付された五経中の『詩経』を使って素読に取りかかったことがわかる。また、井上家に現存する『詩経』に、清太郎によって「万延元十一月廿五日ヨリ下巻読始」と記されているので、一か月足らずで上巻を終えて下巻に入ったことがうかがえる。

『詩経』のほか、現存する井上家蔵書のなかで清太郎が使ったことが明らかなのは、『諸儒註解古文真宝前集』『鼇頭四書集記論語』『鼇頭孟子』『唐宋元明続詩学聯錦』などである。『鼇頭孟子』には「孟子小学消権四月廿五日」と書かれていることから、清太郎が消権課程で使用したことがわかる。

右のように四書・五経といった基本的な漢籍であれば井上家蔵書で事足りたが、課程が進むに連れて清太郎の必要とする書籍が入手しにくくなった。書籍の不足は清太郎にとって切実な問題であった。清太郎を叱咤激励して学業出精を促す頼寿としても、なんとかして入手してやりたいところだっただろう。

（2）購入による送付

蔵書で間に合わなくなると、井上家では清太郎のために書籍を他家から借用するか新たに購入するかしなければならなかった。上京する神職仲間や僧侶に購入を依頼した例がある。文久元年（一八六一）五月一七日付清太郎宛頼寿書状によれば、大福寺僧侶が上京する際に『詩語砕金』三編と『幼学詩韻』続編を求め帰るように依頼していたところ、入手できたので近いうちに送ると書いている。大福寺は壬生村に隣接した有田村にあり、同寺の新発意である月照も清太郎と同時期に三亦舎に入門していたから、その縁で書籍購入を頼んだのであろう。

文久二年の三月以降、井上家と清太郎との間にやりとりされた『書経』や『小学句読』をめぐる書状をみてみよう。まず、左は三月二〇日付頼寿宛清太郎書状である。

古文独見会読御座候間月俸送り被下候節ニ御送り可被下候、外ニ左伝之講釈始り候間、前一、二冊ニ而茂宜候間宜事御座候ハ、御送り可被下候、全躰古本抔者下直之趣極上講本之分ニ而茂一両位出し候へ者有之由承申候、此二品奉頼上候、

『古文真宝』の独見・会読や『左氏伝』の講釈が始まるので書籍を送ってほしいと頼んでいる。『左氏伝』は一両を出せば買えることや、古本ならば安く手に入るはずであることなど具体的に申し出て無心している。しかし、四月二二日付頼寿宛清太郎書状では『左氏伝』の講釈が変更になったので代わりに『書経注入』を送ってほしいと頼んだ。さらに、五月一一日に清太郎は次のような書状を父親の頼寿に送った。

尚又去月申送り申候左伝之儀、徳太郎（舎長の望月徳太郎、医者修行のために大坂に遊学していた――引用者註）公も帰塾彼是ニ付講釈振替書経ニ相成候ニ付左伝御心配ニ及不申候、序ニ申上置候、若宜敷事有之候ハ、左之書物急キハ不申候得共御求置可被下候、是も序ニ付申上候斗ニ御座候、

一十八史略七冊一小学句読四冊或ハ二冊
一書経註入色々有之一文章軌範
右之内何れニ而茂宜敷事有之候ハ、御求置可被下候、

『左氏伝』が不要になったことを再度伝え、文具類を送付するように依頼し、急ぎはしないが『十八史略』『小学句読』『書経註入』『文章軌範』などを購入してほしいと求めた。それに対し、頼寿は五月二七日に清太郎の希望に沿った文具類（真書筆・諸口紙・半紙・塵紙・扇子など）を調達して送った。書籍については当地では入手し難いが、機会を得れば購入することを伝えた。

井上家があった山県郡は、安芸国北部の山間地域に位置し、書肆はなかった。書籍を購入するためには都市部に赴く知人に頼むしかなかった。一一月一〇日付清太郎宛書状で、頼寿は、官位昇進のため上京する後有田村神職浮乗亀麿に『小学句読』を買い求めてくるように頼んだことを伝えている。先述したように井上家は山県郡の筆頭注連頭役であった。同郡の神職たちが京都吉田家へ神道裁許状など諸免物を願い出るためには、注連頭役である井上家の添状が必要であった。井上家は、注連頭役にあることを利用して、上京する神職に書籍購入を頼むことができたのである。頼寿は一一月一〇日付書状において、『小学句読』以外にも欲しい書籍があれば上京する神職に購入を依頼するので、早めに知らせるように清太郎に伝えておいたところ、清太郎は一一月一五日付返書で購入希望書籍を頼寿に知らせてきた。ところが、返書が届く前に神職数人が同時に発ってしまったので間に合わなかった。頼寿は、そのことを一一月二八日付書状で清太郎に伝え、もう少し前にわかっていればと、行き違いになったことを残念がっている。

翌文久三年に浮乗へ代金として金六朱と百文が支払われているので、『小学句読』四冊は無事に清太郎の手

に渡ったようである。それにしても、五月に頼寿に無心してから半年以上経てようやく清太郎は書籍を入手できたわけである。神職の上京は、旅程や京都での官位勅許や行法相伝などの手続きを含めると数か月間に及ぶ場合があったから、書籍入手まで長期間を要することを覚悟しなければならなかった。

次の史料は、慶応元年（一八六五）二月一六日付で清太郎が頼寿に宛てた書状である。有田村の小田周鼎が出府する際に広島の書肆で書籍を購入してくるよう、井上家から依頼してほしいと頼んでいる。

周鼎老近日出府ニ相成候ハヽ、星池先生著和漢対照書札広陵書肆ニ而御尋被下度様御頼置被下度、就而者乍御無心右広島ニ御座候ハヽ、御買求被下度奉伏冀候、尤二編御座候趣ニ候得共両編共ニ御座なく候而も不苦候間、両編之内二編一冊ニ而も宜候間宜御頼申上候、此書物ハ小田ニハ所持ニ候間御噂被下候ハヽ、委細周鼎老承知之事ニ御座候、

小田家は、壬生村隣村の有田村の医家であり厖大な蔵書を抱えていた（後述）。清太郎は、周鼎ならば『和漢対照書札』を所蔵しているからこの本のことをよく知っているはずだと考えたようである。小田家蔵書に『和漢対照書札』があることを清太郎が知っていたのは興味深い。周鼎の子である済之介も三亦舎に入門したから、済之介から聞いたのかもしれないが、もともと井上家と小田家は親交があったから、書籍の貸借をしている間に互いの蔵書を知り得たのかもしれない。

（3）他家からの借用

以上のように、上京・出府する知人に書籍購入を依頼することは不定期的で不確実性を伴ったから、常時その手段を使うわけにはいかなかった。そこで、日常的には井上家の親戚や近在の蔵書家から書籍を借用した。

年代は不明だが、清太郎自身が知人森沢信平に年賀の挨拶状を送った際に『史記列伝』を貸してほしいと頼んだ書状が残っている。(22)すでに前年の秋に頼んでいたものの貸してもらえなかったようである。そのせいか、「実ニ其後空しく留塾仕、何之業も手ニ付不申困入候」と少々大げさな表現で窮状を訴えた。書状を届けた使者に『史記列伝』を渡してほしいと頼み、「極用心ニ披見仕早速返済可仕候間宜奉頼上候」と、注意を払って閲覧することと早期に返却するつもりであることを書き加えている。実際に借りられたかどうかは不明である。

清太郎は塾から自由に出ることはできなかったから、自ら書籍を求めて動くには限界があった。必然的に井上家に書籍の探索を依頼することが多かった。元治元年（一八六四）から二年（慶応元年）にかけての『史記』『左氏伝』『世説新語』などをめぐる書状のやりとりをみてみよう。（元治元年か）八月二三日付清太郎宛書状で、頼寿は次のように記している。

史記之儀、波多野ニ所蔵無之、佐々木へ相尋候処彼方ニも無之、就夫一昨日大朝へ丈助を遣ひ枝之宮通り大塚金崎氏へ頼試候へ共彼方ニも所持無之趣、彼是心配候へ共無詮次第ニ候、三上氏へ左伝申遣候処三冊被差越候故相贈候、寛々披見候様被申越候事ニ御座候、

頼寿は八月初めに『史記』を求めて高田郡吉田清神社の波多野家を訪ねたが、所蔵されていなかった。『史記』を入手するように清太郎から頼まれていたのだろう。波多野家は高田郡の注連頭役を勤める有力な神職である。同家に残る蔵書目録によれば神書を中心におよそ四八〇冊の書籍が記録されているが、確かにそのなかに『史記』は含まれていない。頼寿は波多野家を去ったあと、頼寿の妻の実家である医家佐々木家を備後国三次に訪ねたが『史記』はやはりなかった。そこで大塚村医家金崎家(23)へ使者を送ったが同家でも所蔵していなかった。こうして神職仲間や医家などの蔵書家を訪ねても『史記』は入手できなかった。結局、三上家から借用で

きた『左氏伝』三冊が清太郎に送られている。三上家は大朝村の新庄駿河八幡宮神主で、およそ三九〇冊（江戸時代に刊行・書写されたとみなされる書籍）の蔵書を有した。三上家の当主重朝と頼寿とはしばしば国学関連書籍の貸借をする間柄だった。ただ、現在の三上家には清太郎に貸し出されたはずの『左氏伝』は残されていない。(24)

三亦舎門人の雷渓（杉原頼太郎か）は、（元治元年か）一一月一三日付三亦舎長清太郎宛書状で『史記』入手を次のように知らせた。

然者史記種々相尋候処未得其承、今日漸ク入手仕候処又未得其全残憾之至ニ奉存候、先日茂咄し候通白石環（高宮郡可部出身の三亦舎門人で医家――引用者註）城下へ罷留守中ニて事六ケ敷候（中略）則四十七冊アリ、素巻数百卅二巻アリシ処ナレハ、今巻之一二三四及七之五巻程不相見、如何様ニ尋候へ共更不分明、因一応四十七冊之破本斗を借受候へ共不足を如何シテナリトモ思ヒ木坂氏（高宮郡可部出身の三亦舎門人――引用者註）へ罷出種々其訳を説き、初巻より八巻迄を如何ニも借用仕度様是非ニ願出仕候へ共、彼之若男子エセクセイヒナシ先達城下之家中へ皆々借用致し候と申し、更ニ不本意之至ニ奉存候間、ソレハサテオキ一応此破本四十七冊而已ヲ追々相送り候間御受取可被下候、

清太郎が『史記』を探していたのを知って、白石環の留守中に無断で借用したらしい。白石家本は巻一～四と巻七の五巻分が不足していたので、雷渓は、三亦舎門人の木坂から借りて揃えようとしたが叶わなかった。全冊は揃わなかったものの、清太郎は雷渓を介して『史記』を入手できたわけである。雷渓からの連絡を受けた直後に井上家に『史記』を入手した旨の書状を送っている。念願の『史記』を手に入れた清太郎は、その年の暮れには「史記も手ニ入候事故少々遅ク可相成乎と愚存仕候、左様候得者いつれ廿日過共三、四日頃と奉存候

間、後便ニ治定仕候上委細可申上候間迎人御越可被下候」と帰省の時期を遅らせたいと、さらには「史記持帰り申度」と言い出している。[25] 井上家蔵書中の『史記抜萃』（写本）見返に「元治二年歳在乙丑春三月下旬著焉、六級消権、井上清太郎再拝」との記載があるから、六級の消権に備えて『史記』を必要としていたのだろう。

慶応元年（一八六五）二月一六日付頼寿宛書状で、清太郎は清高堂の学書堂を通じて藤井家へ『世説新語』借用依頼状を送ってほしいと頼寿に頼んだ。また、もし藤井家から返書や書物が託されたならば清太郎の元へ送るようにと伝えている。藤井家の子弟が三亦舎に入門していたから、その縁から借用を願い出たものと思われる。しかし、藤井家には『世説新語』は所蔵されていなかったようである。『世説新語』の独見・会講が始まるので、あらためて心当たりを探してほしいと、次の慶応元年三月四日付書状で頼寿に依頼している。

> 然者近日世説新語独見会講始り候ニ付、先達而藤井へ頼遣し候所無所持趣、右ニ付御考合も御座候ハヽ、御心配可被下度奉頼上候、尤御考付も無之候ハヽ、一応可部省吾子へ当り心配仕度候間、別而之御心配ニハ不及申奉存候、〇左伝三上氏之分借用仕居候得者次冊借用仕度、十七・十八・十九・廿・廿一・廿二、右合冊三巻御序之節御借用可被下候、就右今日高田郡竹原喜一と申仁帰塾ニ相成承候得者、吉田田中蔵本左伝善本ニ而頃日売払ニ可相成歟之様、別而直段も低下之趣壱両内外之由同人求度様咄され候、（中略）万一実ニ御座候得者乍御無心御求置被下度奉伏冀候、当時古本ニ而も左伝一部いづれ一両内と察候間、彼是御聞合外方ニ先ヲ取られ不申様御計被下度、尚売払ハ否ニ候共一応当借御頼被下候事ハ相成申間敷候哉、万事御心配奉頼上候、

『世説新語』については、清太郎の方でも佐々木省吾に打診してみるから特別の心配はいらないと書いている。大朝村三上家から借りていた『左氏伝』について、続いて一七〜二二の合冊三冊を借用してほしいと頼んでい

る。また、高田郡出身の塾生竹原喜一から同郡吉田の田中氏が蔵書中の『左氏伝』を安く売り払うと聞いて、事実ならば買い求めて欲しいと頼寿に懇願している。売らない場合でも貸してもらうように頼んでもらえないだろうかと遠慮がちに求めている。「外方ニ先ヲ取られ不申様御計被下度」というあたりに、清太郎がいかに同書を欲していたかがうかがえる。やはり他家から数冊ずつ借用するようなやり方では思うように勉学も進まなかったのであろう。このあと頼寿は田中氏に連絡をとったようだが返事がなかったとみえて、四月になってしびれを切らした清太郎から「田中之左伝ハ如何ニ御座候間、再便之節御促し御様子奉待入候」[26]と催促された。これを受けて頼寿は田中氏に返事を促したところ、結局『左氏伝』は購入できなかった。五月一八日に大朝村の三上家へ使者を送って全一二冊を借用して清太郎に届けた[27]。

元治元年（一八六四）末に雷渓を通じていったん手に入れた『史記』は白石環に返却せざるを得なかったのだろうか、翌慶応元年にはいると小田家から新たに『史記』を借用したようである。小田家は有田村の医師であった。小田家蔵書は広島市立中央図書館に小田文庫としておよそ二五〇〇冊が保管されている。その多くは医学書であるが、歴史関連や俳諧・随筆・語学・書道・読本・浄瑠璃・和算など多分野にわたる書籍が集められており、漢学関連（漢学・漢詩・漢詩文）の国書や漢籍も多い[28]。小田文庫には『史記評林』（元文元年刊、一三〇巻三〇冊）が残されているから、これが清太郎に貸し出されたのだろう。ところが、高宮郡福田村西善寺の学僧弘教も『史記』の借覧を望んでおり、小田家に頼み込んで清太郎のもとから同書の一部を持っていってしまった[29]。六月末には弘教から『史記』（首巻～一一巻）六冊が返却され、一一月末には弘教の門人という若狭屋新三郎から、清太郎に借用していた一二冊をすべて返却した旨の書状が送られている。

慶応元年閏五月一〇日付頼寿宛書状には、清太郎が『史記本記』『孔子家語』を受け取ったことが記されている。

一史記本記九冊先達而相届申候、

一孔氏家語、小田氏ニ蔵書有之候ハヽ、拝借御越可被下候、全部ニ御座なく而も宜、一二三四位程急々入用

ニ御座候間、毎度乍御面倒宜御計ひ可被下候、

頼寿は『史記本記』をどこからか借用して清太郎に届けたようで、清太郎は右の書状でその受け取りを知らせている。また、『孔子家語』を小田氏が所蔵していれば借用して送るように頼んでいるが、同書は確かに小田家蔵書に入っている（寛保二年刊、一〇巻五冊）から清太郎に貸し出されたかもしれない。

四書や五経の類ならば井上家蔵書に入っていたが、『史記』や『左氏伝』ともなると稀少で所蔵している家は少なかった。また、それらの書籍は大部で冊数も多くなるから、三亦舎から遠く離れた所蔵者から借用する場合には書籍を運ぶのに手間がかかった。一般的に書籍貸出は汚損や散逸のリスクを伴ったから、貸し出すことを嫌がる蔵書家が少なくなかった。書籍の貸借には信頼関係が必要だったのである。井上家は手習塾経営や神職勤行を通じて地域の信望を得ていたから、蔵書家から貴重な書籍を借用することができたのだろう。

第三節　三亦舎を介した書籍貸借

(1) 塾主からの借用および塾生間の貸借

清太郎は塾内において書籍を入手する場合もあった。『義府』『孟子考』『病間童話』『重郁先生遺稿集』は、末田重郁を通して清太郎のものになった書籍である。『義府』には「広瀬淡窓先生著義府一巻、以我師重郁先

生所蔵之原本、元治元歳在甲子四月上旬写　井上清太郎」との識語があるから、清太郎が広瀬淡窓の著作を重郇から借用して筆写したものであることがわかる。清太郎から三亦舎門人の有田村小田済之介に貸し出されたまま返却されずに現在は小田文庫に入っている。『義府』以外の三冊は井上家に残っている。『孟子考』には「天保十五年甲辰季冬廿有六日七ツ時写終、加茂郡於造賀邑末田直写」との識語があるので、重郇が筆写したものを清太郎が譲り受けたか、あるいは借用したままになったのだろう。『病間童話』は末田重郇の著作である。『病間童話』には「文久三年歳在癸亥十二月十日写畢、筆者前清太郎、後文哉、画者出衛」と書かれていることから、重郇の著作を清太郎と酒井文哉の二人が筆写し、小林出衛が挿画を描いたものである。文哉も出衛も三亦舎塾生である。『重郇先生遺稿集』は、元治元年に清太郎が筆写したものを明治二〇年（一八八七）に頼寿がつづりなおしたものである。

塾生同士が書籍の貸借をすることもあった。井上家蔵書中の『唐宋八大家文鈔抜書』には文久三年冬に『唐宋八大家文鈔』一六冊のうち四巻を一見したうえで抜き書きした旨の識語がある。「元本佐々木子璋蔵」とあるが、「井上清満蔵」との記名や「井上坦印」という蔵書印があるから清太郎の所蔵物であったことは間違いない。これは佐々木省吾が清太郎に読むことを勧めた書籍のようで、次のような関連書状が残っている。(30)

諸礼御免、八大家四名家集、貴公之為ヲモシロキ処ヌキ々々御覧入申候、其外匆々御覧ニ可入申候間、先一応此分御読可被成下候、四家ト八家ト不可并読、吾子恐警転悶絶シ玉ハんか、又書物ヌキ々々なれハ紛失なき様ニ大切ニ可被成下候、八家ハ八家様ニ御読被下、四家ハ四家位ニ御読なされて宜敷必ず一度ニ御覧不可成候、瓦石混玉蒹葭依玉樹なれハ僕不甚喜君何得楽、頼太郎公へも左様御伝へ折々ハ御見せ可被下候、佐々木省吾は末田重邨の早期の門人である。文久元年には山県郡教得寺で近在の諸生に素読を指南したことがあり、そのときに頼寿とも面識があった。清太郎は頼寿に対して「此人（佐々木省吾——引用者註）者当塾屋移之節より塾ニ滞留相成候而、誠ニ深切ニ御指南ニあつかり候間次手之節宜取斗奉頼上候、此人当塾ニ而者真七級之人ニ御座候而、随分学事茂相出来候人ニ御座候而此又承知可被下候」[31]と説明しており、省吾に全幅の信頼を置いていたことがわかる。先述したように慶応元年三月四日付頼寿宛書状で清太郎は『世説新語』を省吾に当たってみると書いていたが、右にみるように省吾は清太郎にとってよき先輩であったから書籍についても頼ろうとしたのだろう。

省吾がのちに高宮郡可部に成美園を開いたことは先述した。「成美園規約」では「同門者皆兄弟同様なれば、書籍其外用具等互ニ有無を相通し疎略紛失なき様可致、尤も乱足・乱衣・乱傘妄りニ他人之物を用ひ間敷事」とか、「聖経ハ勿論、子史等ニ至る迄尊敬を加へ会席ニ持出候ニも必ず敷物用意之事」[32]と規定されている。書籍を大切に扱うように誡めつつ塾生間で融通しあうように求めている。省吾はこの規約を作成する際に三亦舎規約を参考にしたはずだから、おそらく三亦舎にも同様の条項があったと考えられる。というのも、末田重邨が三亦舎規約を作成する際に参考にしたと考えられる咸宜園規約（癸卯改正規約）でも「書籍衣服等。互に仮借いたし候は丶。必す返済可致事。但し紛失に及候は丶。急度可償事」[33]とされていて、咸宜園においても塾生間で書籍を貸借することが日常的におこなわれていたことがうかがえるからである。

実際に三亦舎でも塾生間の書籍貸借はおこなわれていた。井上家蔵書『白香山詩鈔』（元治元年写本）の見返には、『蘇東坡詩集』写本一巻が清太郎から戸河内村道教寺常照（三亦舎塾生）に貸し出されたままになっている旨が記されている。年欠七月八日付清太郎宛小田十兵衛書状では帰省中の塾生十兵衛が清太郎に対して、園部謙斎（塾生）に貸していた『左氏伝』一冊が謙斎の本箱にあるはずなので調べて使いの者に渡してほしいと頼んでいる。三亦舎では月旦九級制を採っており、塾生はそれぞれ異なった段階に属したから使用する書籍も区々であったはずで、自分が使用していない書籍を必要とする他の塾生に融通することはおこなわれていただろう。ただし、上級になればなるほどその段階まで至る塾生は少なくなったから、書籍も入手しにくくなっていったであろう。[34]

旧門人が三亦舎塾生の書籍を頼る場合もあった。慶応元年（一八六五）閏五月に荒瀬塾に滞留中の上垣文節より、当時三亦舎の舎長であった清太郎のもとへ人が遣わされ、書籍借用依頼の書状が届けられた。書状によれば、塾生中で『小学』を持っている者があれば暫時借用したいので使者に託すようにと申し出ている。あるいは碓井俊二のように九州へ遊学する前に三亦舎に二〇日間ほど滞留して本の筆写をする者もあった。[35]学問塾には塾主や塾生の書籍が集まっていたから、旧門人にとって書籍を探すのには絶好の場所であったことだろう。

（2）清太郎を介した井上家の書籍入手

これまで主に清太郎のための書籍入手方法についてみてきたが、井上家でも多くの蔵書をかかえており集書や読書の活動を通じて国学を学んでいたから、頼寿が清太郎を通して重郁に教えを請うこともあった。たとえば、年欠五月二三日付書状には「当家蔵之出定後語拙者難読解候故相送り候間寸暇々々ニ披見いたし読解可被申、難解所へハ不審紙附置先生ニ尋問得解可被致候、帰省之節承度事ニ候」とある。頼寿にとって難解な『出定後語』を清太郎に読ませて解説させようとしたわけだが、清太郎にも難解な部分は師に尋ねて帰省した際に教えてほしいと依頼している。

清太郎が頼寿の要請を受けて書籍を筆写することもあった。慶応元年の『出定笑語』筆写一件を追ってみたい。清太郎は閏五月一〇日付頼寿宛書状で、沼田郡緑井村の神職玉木家から借りた本を息子の好太郎に託して返却し、あらたに玉木家から四点（平田篤胤著作の『玉たすき』『古道大意』『出定笑語』と近藤芳樹著作の『寄居歌談』）を借用した旨を連絡した。玉木好太郎は四月に三亦舎に入門した塾生であったが、これ以前から井上家は玉木家との間で書籍の貸借をおこなっていた。玉木家から借りた四点のうち、清太郎は兼ねてから一読したいと望んでいた『玉たすき』と『古道大意』を手元に置いて残りの二点を頼寿に届けている。

玉木家から借りた右の四点中『寄居歌談』を除く書籍は井上家蔵書に入っている。『玉たすき』四冊の入手経緯は明らかでない。『古道大意』上下（万延元年写本）は頼寿と清太郎によって筆写されているが、筆写の元になった本は数人の神職の手を経たものだった。頼寿は重謬が多いことを心配し、校合のために玉木家本を借用したのであろう。『出定笑語』二冊は写本であり、書写した者については明記されていないが、清太郎の書状に「出定笑語写しかけ候得共ケイノ宜事無之、新調十行位ニ試候得共シカと上出来ニ相成不申、西籍慨論写之ケイども有之候ハ、御送り可被下候」とあることから、三亦舎滞在中に清太郎によって筆写されたと考えられる[36]。右で清太郎が「十行位ニ試候」と書いているように、井上家に現存する『出定笑語』は一丁あたり二〇行となっている。頼寿は清太郎に不出来でもよいから早く筆写するようにと促すが、清太郎は体調をくずしたこともあって八月になっても筆写を終えることができないでいた。清太郎の身体を心配した頼寿は筆写を急がないでよいと書状で伝えている[37]。

（3）塾主から井上家への依頼

末田重邨が清太郎を通じて井上家に書籍を依頼することもあった。頼寿は、（慶応元年か）二月一八日付清太郎書状で、どの家の蔵書でもよいから『陰徳太平記』を借用できたら急便で送ってほしいという末田重邨からの依頼を受けた。頼寿は一〇日後に清太郎に書状を送り、有田村の小田家から『陰徳太平記』を借用して可部まで送ったので人を遣わして受け取るようにと伝えた。小田文庫に残されている同書は八一巻四一冊から成る。四一冊もあれば散逸する恐れもあり、頼寿が書状で「先生熟覧相済候ハ、早々返冊之事」と早めの返却を促しているのも無理はない。

また、頼寿から清太郎に対して「玉多須幾所々より一覧し度相望候間、師家一見相済候ハ、当度必御戻」という催促状が送られ、清太郎が「玉襷之事留守中（末田重邨は九州へ渡海中――引用者註）ニ一向在処不相分後の便御贈可申候」と答えているから、井上家が『玉たすき』を塾主のために用意したのだろう。(38)

おわりに

三亦舎塾生井上清太郎に視点をおいて、彼がどのように書籍を入手したかをみてきた。三亦舎を介した書籍貸借をまとめると表1のようになる。清太郎は三亦舎のなかで七級に達した数少ない塾生のひとりであったから、清太郎の例を一般化するわけにはいかないだろうが、漢学塾の塾生やその親元にとって書籍入手がいかにたいへんなことだったか、その一端を示すことができたと思う。塾生にとって、必要な書籍を入手するために時間と労力を要するだけでなく、入手できないと勉学が滞らざるを得なかったのである。このことは、咸宜園における蔵書閲覧供与の取り組みが、塾生におおいに便宜を与えるものであったことを示唆している。しかし、

表1　三亦舎を介した書籍流通（井上清太郎に着目した場合）

書状等の日付	差出	宛名	清太郎が井上家に無心した書籍、井上家が送った書籍	清太郎を介して井上家に送られた書籍	清太郎が筆写した書籍、筆写を申し出た書籍	塾生間貸借	井上家が塾主のために用意した書籍
万延元年11月3日	頼寿	清太郎	四書白文				
			五経				
文久元年2月2日	頼寿	清太郎	孝経				
文久元年5月17日	頼寿	清太郎	詩語砕金				
			幼学詩韻				
(文久2年か)3月20日	清太郎	頼寿	古文真宝				
			左氏伝				
(文久2年か)4月22日	清太郎	頼寿	書経註入				
(文久2年か)5月11日	清太郎	頼寿	十八史略7冊		義府		
			小学句読				
			書経註入				
			文章軌範				
文久2年11月10日	頼寿	清太郎	小学句読				
文久3年12月10日	—				病間童話		
(元治元年か)8月23日	頼寿	清太郎	左氏伝				
(元治元年か)12月10日	雷渓	清太郎				史記	
元治元年	—				(重郵先生遺稿集)		
慶応元年2月16日	清太郎	頼寿	和漢対照書札				
			世説新語				
(慶応元年か)2月28日	頼寿	清太郎					陰徳太平記
(慶応元年か)5月3日	頼寿	清太郎					玉たすき
慶応元年5月7日	頼寿	清太郎	史記(評林)				
慶応元年5月23日	頼寿	清太郎	歴史鋼鑑提要				
慶応元年閏5月10日	清太郎	頼寿	史記本記9冊	玉たすき	橘家神軍伝		
			孔氏家語	古道大意			
				寄居歌談			
				出定笑語			
慶応元年閏5月21日	上垣文節	清太郎				小学	
慶応元年6月6日	頼寿	清太郎	詩韻含英2冊				
(慶応元年か)6月20日	清太郎	頼寿			出定笑語		
					西籍概論		
(慶応元年か)11月13日	雷渓	清太郎				史記47冊	
慶応2年6月7日	清太郎	頼寿	荀子				
年不明7月8日	小田十兵衛	清太郎				左氏伝	

それは咸宜園のような規模の大きい塾でなければ導入することは難しかったようで、三亦舎以外の系譜塾でも導入例を確認できない。

漢学塾の塾生が書籍を入手する方法には、実家の蔵書からの送付、実家を通じた新書・古書の購入、実家を通じた他家からの借用、塾主の蔵書中書籍の筆写、他の塾生や旧門人からの借用などがあった。学問塾に子弟を通わせるには相当の経済的余裕のある家でなければならなかったが、そうした家であればこそ蔵書を形成していたから、在塾中の子弟に蔵書から書籍を送ってやることができた。経済力をバックに新たに書籍を購入することもできた。地域において信望を得ている家であれば、近在の蔵書家とのつながりを利用して子弟のために書籍を借用することもできた。すなわち、漢学塾には塾主や塾生の書籍が集まっていただけでなく、塾生ひとりひとりが実家の蔵書を抱え、それぞれの実家は蔵書家のネットワークを抱えていた。塾生たちが所持する書籍を融通しあうだけでなく、互いの実家の蔵書を利用し、蔵書家についての情報を交換した。また、実家の親が子弟（塾生）を通じて塾主から書籍の解読指南を受けたり、旧門人が塾の書籍の筆写や借用を依頼したり、塾主が塾生の実家の蔵書を借用したりと、塾を介しての書籍をめぐる動きは実にさまざまで活発だった。漢学塾は塾生たちの書籍流通センターとしての機能を果たしていたといえる。

註

（1）菅茶山は、天明年間初めに黄葉夕陽舎を開いたが、寛政八年（一七九六）に福山藩から郷塾として公認され、廉塾と称した。蔵書は、広島県立歴史博物館が作成した目録によれば四五五四冊にのぼる（広島県立歴史博物館編集・発行『黄葉夕陽文庫　目録　書籍篇』、二〇〇九年、六頁）。「閭塾蔵書記」は　福山市史編さん委員会編『福山市史　近世資料編Ⅱ』福山市、二〇一二年に収録されている。「書物代」を徴収していたことは、「塾生預り銀差引算用帳」（広島県編・発行『広島県史近世資料編Ⅵ』、一九七六年、九七二～一〇八〇頁）から知ることができる。「廉塾規約」に「塾の書物内分ニてとり出し候事無用ニ候、借覧いたし度候得者主人へ可被申出候」（『広島県史近世資料編Ⅵ』九五八頁）とあることから塾主が書籍を管理していたことがわかる。
（2）阿部隆一『池田草庵青谿書院蔵書誌』汲古書院、一九七七年。なお、二〇一四年に青谿書院跡を調査した。
（3）鈴木俊幸による『近世書籍研究文献目録』（ぺりかん社、二〇〇七年（増補改訂））や『近世・近代初期書籍研究文献目録』（勉誠出版、二〇一四年）を参照
（4）「呈春帆先生書」末田廉著・片山利之編『重村遺稿』片山利之、一九一八年、文集八～九丁。『重村遺稿』には、五〇編の文集、広島藩主からの問いに答えてまとめた論語三言解、二五〇首の詩集が収められている。
（5）「淡窓日記」嘉永六年三月一五日条（一二二六頁）。
（6）咸宜園では天保元年末から広瀬旭荘が塾主となったが、同四年五月には旭荘が著述に専念するために淡窓がかわって塾政を執った。淡窓は、旧弊を改めるために塾長にかえて都講を置いた（「淡窓日記」天保四年五月一一日条、五二六頁）。
（7）井上忠校訂「武谷祐之著『南柯一夢』」『九州文化史研究所紀要』一〇、一九六三年、七七頁。
（8）天保一四年「職任告諭」（日田郡教育会編『増補淡窓全集中巻』思文閣、一九七一年、一一頁）。
（9）「林外日記」（家宝5-1-1）嘉永三年二月一五日条。
（10）詳細は、鈴木理恵「漢学塾への遊学―安芸国における咸宜園系譜塾の展開―」『近世近代移行期の地域文化人』塙書房、二〇一二年、第八章を参照。

(11) 年欠三月四日付卓尓宛河内屋部屋書状（北広島町岡本家文書）。
(12) 前掲註(4)『重村遺稿』、詩集二二丁。
(13) 玉井源作『広島県人名事典　芸備先哲伝』歴史図書社、一九七六年。清田元吉の名は咸宜園の入門簿に見出せない。池田徳太郎は弘化四年一〇月に入門している（「淡窓日記」一〇一七頁）。
(14) 「重郁日記」安政四年正月二六日条。
(15) 前掲註(4)に同じ。
(16) 「懐旧」、前掲註(4)『重村遺稿』、詩集一五丁ウ。
(17) 成美園の詳細は、鈴木理恵前掲註(10)を参照。
(18) 神職井上家の活動については、引野亨輔「近世中後期における地域神職編成―「真宗地帯」安芸を事例として―」『史学雑誌』一一一(一一)、二〇〇二年を参照。
(19) 井上家については、鈴木理恵前掲註(10)『近世近代移行期の地域文化人』を参照。
(20) 万延元年一一月三日付清太郎宛頼寿書状、万延元年一一月九日付清太郎宛頼寿書状。
(21) 井上家蔵書については、鈴木理恵「神職専業化志向と蔵書形成」（前掲註(10)、第一章）を参照。
(22) 年欠正月付森沢信平宛清太郎書状。
(23) 金崎氏は、周説（一七八二～一八五四、浪速に遊学して橋本泰蔵や中島雄甫について医道を学んだのち長崎に遊学や周補（一八一五～?、吉益東河の門下で医学を修めた）を出した家である（大朝町史編纂委員編『大朝町史下巻』（広島県山県郡）大朝町、一九八二年、二四二～二四三頁）。
(24) 三上家蔵書については、鈴木理恵「神職ネットワークを通じた国学受容」（前掲註(10)、第六章）参照。
(25) （元治元年か）一二月二日付頼寿宛清太郎書状、（元治元年か）一二月一九日付清太郎宛頼寿書状。
(26) 慶応元年四月一六日付頼寿宛清太郎書状。
(27) 慶応元年五月二三日付清太郎宛頼寿書状。
(28) 小田家蔵書については、鈴木理恵「庶民教育の普及」（広島県山県郡）千代田町役場編・発行『千代田町史通史編（上）』、二〇〇二年、八七二～八七三頁を参照。

(29) 慶応元年五月七日付清太郎宛頼寿書状、慶応元年五月九日付清太郎宛小田周鼎書状。
(30) 年月日欠清太郎宛佐々木省吾書状。
(31) 文久元年五月二二日付頼寿宛清太郎書状。
(32) 「成美園規約」（鈴木理恵前掲註(10)、三七八頁)。
(33) 天保一四年「癸卯改正規約」（前掲註(8)『増補淡窓全集中巻』、五頁)。
(34) たとえば、文久二年三月の月旦評（井上家文書）によれば、無級二四名、一級七名、二級六名、三級一二名、四級一名、五級〇名、六級一名、七～九級〇名であった。
(35) （文久二年か）三月二八日付望月徳太郎宛井上清太郎書状。
(36) 慶応元年六月二〇日付頼寿宛清太郎書状。
(37) 慶応元年八月七日付頼寿宛清太郎書状、慶応元年八月二九日付清太郎宛頼寿書状。
(38) （慶応元年か）五月三日付清太郎宛頼寿書状、（慶応元年か）五月三日付頼寿宛清太郎書状。

第六章　培養舎の点数評価

はじめに

培養舎[1]は、咸宜園門人の横井古城（一八四五〜一九一六）によって豊前国下毛郡永添村に創設され、のちに同郡萱津町に移された漢学塾である（永添村・萱津町のいずれも現在の大分県中津市）。慶応元年（一八六五）から明治三年（一八七〇）までの間に確認できる塾生総数は一四六名である。開設期間が短かったこともあり、塾生数は多いとはいえない。顕著な活躍をした門人を輩出したわけでもない。それでも培養舎を取り上げるのは、同塾の点数評価方式に注目するためである。点数評価は、咸宜園の特徴である実力主義教育を象徴する方式としてよく知られる。咸宜園塾生は、入門後無級からスタートして、毎月の課業あるいは試業で獲得した点数によって昇級を果たし、月旦評上の地位を高めていった。古城はこのしくみを自らの塾に導入した。

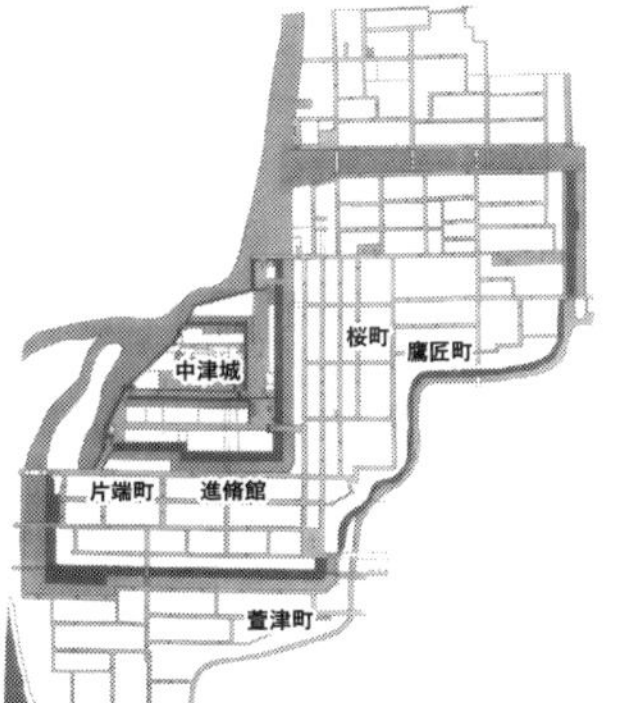

図１　中津城下

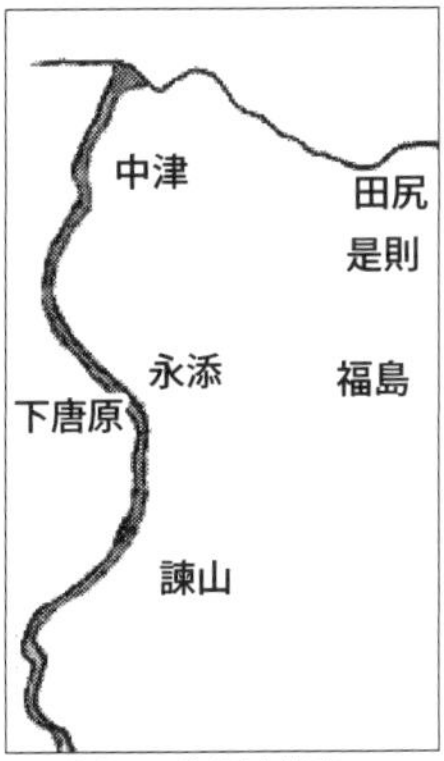

図２　永添村周辺
（図３の四角部分拡大）

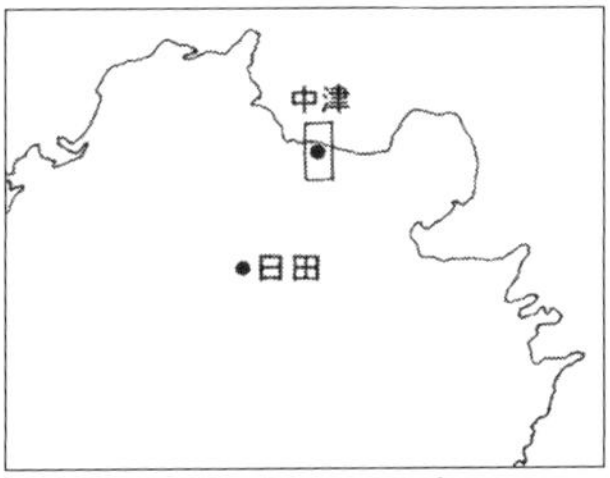

図３　日田と中津

咸宜園の点数評価方式に関しては、井上源吾や海原徹によって考察がなされているが[2]、その具体的な運用は明らかでない。培養舎については、小久保明浩により、中津藩の塾のひとつとして取り上げられるに留まっている[3]。本章では、培養舎が咸宜園教育を導入した様相を、特に点数評価方式に注目してみていく。

使用する史料は、主として横井家文書である[4]。横井家文書は、古城と次弟達次郎の日記や培養舎関連史料から構成される。塾関連史料として、「入門簿」（慶応二年正月改、明治三年正月の二冊）、明治二年の「課程録」巻一～三の三冊、明治三年二月の「内外諸生勤怠録」などがある[5]。課程録が残されていることは注目される。咸宜園の課程録は残存しないので、培養舎の課程録を分析することで、咸宜園の点数評価方式についてもうかがうことができるからである。

第一節　咸宜園における横井古城

横井古城は、弘化二年（一八四五）、豊前国下毛郡永添村古城に忠敏の長男として生まれた[6]。通称は寿一郎、諱は忠直で、永天または古城と号した。祖父湧泉は儒医であった[7]。古城には四人の姉妹と三人の弟がいた[8]。弟の達次郎は七歳から宗家の助右衛門の養子となってその跡を嗣ぎ、徳三郎は医師を勤めながら古城に代わって横井家を継いだ。

古城は安政三年（一八五六）九月に一二歳で咸宜園に入門した[9]。下毛郡は豊後国日田郡の北に位置し、咸宜園に比較的近いこともあって、入門者が多かった[10]。表1に示したように、永添村からは、咸宜園開設以前の文化五年（一八〇八）に淡窓に師事した者を初めとして明治二年に至るまでに一五名の入門者を出した。そのうち一二名が僧侶で、残る三名はすべて横井姓である。古城以外の横井姓の二人も古城と近い関係にあると考えられるが、史料的裏付けを得られない。永添村では、漢学を学ぶ必要のある者は咸宜園に入門するということが連綿と続いていたのである。

咸宜園塾主の広瀬家では、古城が入門した前年に淡窓から義子青邨へ家が伝えられていた。淡窓は退隠しても教授を継続していたが、安政三年になると床に臥すことが多く、一一月に死去した。そのため、古城は淡窓から教育を受けることはできなかった。

淡窓死去後の咸宜園は、青邨と林外（淡窓嗣子）の二人によって続けられた。古城が在籍していた期間中のものと考えられる日課を示せば、次のようである。

卯牌　輪読　先生講
辰牌　朝飯　洒掃　若先生講　素読
巳牌　都講講　会読　書会
午牌　午飯　輪講
未牌　史記会読

右は、「家塾職掌及年中行事」(11)の一部である。咸宜園の課程は、課業・試業・消権の三つからなっていた。下

表１　永添村から淡窓・咸宜園への入門者

入門年月日	西暦	入門者	年齢
文化5年7月29日	1808	円林寺普現	
文化10年2月19日	1813	釈海蔵	
文化13年2月13日	1816	正行寺大有	
文政5年閏正月3日	1822	横井貞司	
文政5年8月23日	1822	横井虎之丞	
文政6年2月11日	1823	正行寺天恵	
天保11年8月29日	1840	正行寺大弘	12
安政3年9月9日	1856	横井笑峰悴寿一郎	12
安政3年10月6日	1856	正行寺弟子弘宣	18
安政3年10月晦日	1856	正行寺弟子円純	17
安政5年8月22日	1858	正行寺弟子円教	28
文久3年2月14日	1863	円林寺二男天心	16
慶応元年5月22日	1865	正信坊次男法爾	21
明治2年5月2日	1869	正行寺大芳	13
明治2年5月15日	1869	正信坊鳳兮	16

出典：咸宜園入門簿（日田郡教育会編『増補淡窓全集下巻』思文閣、1971年）より作成。

等（無級）と中等（四級以下）に課業が、上等（五級以上）に試業が課された。課業は素読・輪読・輪講・会読などからなった。右の史料は課業について示したものである。早朝に青邨による講義（「先生講」）がおこなわれ、朝食のあとに林外の講義（「若先生講」）や都講の講義が続いた。

「家塾職掌及年中行事」には、右の日課のほかに、都講以下、塾長・試業監・新来監・司計・外来監など二九に及ぶ職掌や、句読師・盛飯・夜番・給事・侍史などの雑職が挙げられている。また、一か月の学業や年間の行事についてもまとめられている。すでに天保年間末期に咸宜園教育が確立し、それ以来、大規模塾にふさわしい効率的で完備した塾内管理や教育方法が続けられていたのである。

試業は一か月に九回実施され、一・四日に書、七・一一・一四日に句読、一七・二一日に文、二四・二六日に詩が課された。(12) 塾生が一か月に修めた課業や試業の成績を点数評価して、それが定点（各ランクに昇級するために必要な点数）に達すれば昇級できた。その場合でも、各級に設けられた素読・講義・暗記などの消権の課程を終えなければ「権」の字を付され、真の昇級とはみなされなかった。

古城の日記が残る万延元年（一八六〇）以降については、咸宜園での昇級過程を追うことができる。同年九月に二権七級上、一一月に二権八級下に昇っている。文久元年（一八六一）六月には試業監、大舎長兼瓊林館西塾長に就き、八月に二権八級上に昇級して洒掃監を兼任した。一一月には三権九級下に昇って権都講に就き、一一月には八級下の消権を終え都講に就いた。(13) 文久二年二月二二日、古城は林外に大帰を請うた。父の病気が理由であった。同月二四日には咸宜園を去っている。

いったん帰郷したものの、同年九月に大坂に赴き春日載陽に就いて医学を学んだ。(14) 翌三年四月、父親の病気を機に帰郷した。(15) その後大坂に戻ったか否かは不明である。遅くとも元治元年二月以降は永添村で診療に携わっていたことが確かである。[16]培養舎を開塾したのは翌二年二月三日であった。[17]『下毛郡誌』によれば、明治二年四月に中津藩校進脩館の学則が改定された際、古城は教授として採用され、翌三年一月には藩命によって京都に国学を学びに赴いたという。[18]同年七月に京都府に出仕し、一二年にかけて、聴訴掛・鞫獄掛調律受付・博覧会掛・簿書掛・京都府天台宗教導職管事・庶務課簿書掛・学務課などを歴任した。一三年に陸軍省御用掛に任ぜられ、のちに参謀本部に仕え、陸軍大学校教授を兼ねた。広開土王碑の考証で知られる。[19]

第二節　培養舎の教育

(1) 永添村における培養舎（梅陽舎）

古城は元治元年（一八六四）から門人を受け入れていたが、[20]本格的に開講したのは翌二年であった。弟の達次郎が正信坊法爾と相談して二月三日の夜に開講した。先述したように達次郎は宗家の養子となっていたが、毎日のように実家に通って兄から教授を受けた。万延二年（一八六一）に一五歳で中津の山川塾に入門し、五級まで昇った実力を持つ。[21]そのため、達次郎自身も古城の塾で教授した。[22]元治二（慶応元）年二月三日に古城の父の求めに応じて『論語』の講釈をおこなったときの聴講者は、法爾・忍成・伝記といった従来からの門人や、古城の弟の正夫・達次郎など、わずか五名に過ぎなかった。それ以降も、少人数ながら、毎日集まって『論語』『孝経』『孟子』などの講義や会読、輪読、詩会、書会がおこなわれたことが達次郎の「花陽日暦」からうかがえる。

同年四月には最初の月旦評が作成された。古城は日記に「作二我家月旦評一、貞之丞・竜勝・説次郎・伝紀・忍成・到等皆居二之无級一、達次郎曾在二山川氏一為二五級一乃貶二其半一為二三級上一加二権三一、以二法爾一為二客席一」[23]と記した。達次郎はかつて山川塾で五級に昇級したが、古城の見立てでは三権三級上に落とされている。客席に位置づけられた法爾を除いて残りの塾生は未だ無級に留まっていた。翌五月に古城は「塾中ノ規則」[24]を書いていることから、塾規則が早くから定められていたことがうかがえる。

『下毛郡誌』には、文久三年（一八六三）一二月に萱津町大江社の傍らに開塾したとあるが[25]、これは明らかな誤りである。日記によれば、開講当初は永添村古城の横井家の納戸を三樹楼と名付け、そこで諸生らに教授していた。慶応二年（一八六六）一月二〇日に、古城の父から塾舎普請の話が持ち上がった。同月二七日に棟上げがおこなわれ、二月一七日に新塾が完成して諸生が移席を済ませた。新塾舎は梅陽舎と名付けられた[26]。梅陽舎も横井家の敷地内にあったと考えられる。

当時の塾生数は少なかった。「慶応二年正月改　入門簿」には明治二年一月までの入門者が記録されているが、合計三四名に留まった。その入門年別の内訳は、文久三年が一名、元治元年が四名、慶応元年が四名、同二年が三名、同三年が一五名、明治元年が五名、同二年が二名である。また、慶応二年二月に新塾舎が完成したときに集まった塾生は一〇名[27]、慶応三年二月二五日の菅神祭に集まった塾生は一三名に[28]過ぎなかった[29]。『日本教育史資料九』[30]によれば、永添村培養舎の生徒数は一〇〇名とある。これは、明治元年調査による数字である。しかし、開講以来の入門者数を累計しても一〇〇名には及ばなかっただろう。

「慶応二年正月改　入門簿」に記録された入門者の出身地内訳は以下の通りである。下毛郡内では永添村七名、諫山村三名、是則村二名、金手村二名、相原・落合・金吉・牛神・田尻・福島・大幡村各一名である。他国郡が四名で、残りの九名は不明である。入門年齢別にみると、七歳二名、九歳三名、一〇歳二名、一一歳六名、一二歳三名、一三歳四名、一四歳四名、一五歳四名、一六歳・一七歳が各一名、二一歳一名、不明三名で、平均一二歳である。身分・職業がわかるのは、僧侶六名、神職四名、藩士三名である。僧侶のなかには正行寺と正信坊の四名が含まれる。これらは従来であれば咸宜園に入門していたはずだが、培養舎が創設されたことでその必要がなくなったということだろう。なお、培養舎が永添村に開設されていた期間中の同村からの咸宜園入門者は一名（正信坊法爾）に留まり、法爾は培養舎にも入門した。

「明治三年正月　入門簿」には明治三年一月から六月までの入門者二一名が記載されている。出身地の記載はない。年齢は、七歳二名、八歳二名、九歳一名、一一歳三名、一二歳二名、一四歳三名、一五歳一名、二三・二四歳各一名、不明五名である。平均年齢は一三歳に近いが、二〇代の二名を除けば一一歳となる。この中に藩士であると思われる塾生一〇名が含まれている。いっぽう、「課程録」には塾生七一名について、それぞれの明治二年八月から一一月までの各月の獲得点数が記録されているが、下級藩士と思われる塾生七名が含まれている。七一名中六四名はいずれの「入門簿」にも現れないので、これらは明治二年二月から七月までの入門者であろう。以上のことから、塾舎を萱津町大江八幡神社の近くに移したのは、明治二年二月から七月の間であって、移転の契機は古城が藩校儒者に登用されたことと推測される。[31] 明治二年の日記が残っていないことから史料的な裏付けは得られない。

（2）萱津町における培養舎

中津藩の藩学進脩館は、五代藩主奥平昌高によって寛政二年（一七九〇）片端町に創立されたが、「上士ノ輩擅ニ館中ニ跋扈シテ妄ニ下士其他ヲ軽蔑スルガ故ニ、下士以下ノ入館漸ク少ク、後殆上士ノ専有教育所」[32]となってしまったため、塾に行く下士が多かったという。萱津町は中津城下の南にあって、片端町に近かったことから、培養舎を設置するのに適していたのだろう。

幕末期の中津には、培養舎のほかに山川塾、誠求堂、道生館などがあった。[33]山川塾は、文化年間に山川東林が咸宜園に倣った教育方式を導入して新魚町に開いた漢学塾である。文久・慶応年間に入門者が多かったという。[34]『日本教育史資料九』によれば、日新斎（塾主は山川義助）という漢学塾が明治四年（一八七一）に廃業したとされており、東林が開設した塾が明治初期まで継続していたことが知れる。誠求堂は、手島物斎が文久年間に鷹匠町に開いた塾で、そこで学んだ青木周蔵によると、「四、五十人の塾生を寄宿せしめ、別に多数の通学生を教育せし」[35]という盛況ぶりだった。『日本教育史資料九』には安政初年に廃業したと記されているが、青木周蔵は文久元年（一八六一）まで誠求堂で学んだことが確かである。跡を継いだ橋本塩巌の代にも入門者が一〇〇〇名を超えたという。[36]道生館は、渡辺重石丸が安政四年（一八五七）に桜町に開いた塾である。渡辺家は神官で、国学を家学としていた。そのため、道生館でも「陽に漢学を講じ、陰に神典国書を講」[37]じた。道生館は明治二年に重石丸が上京したのに伴い閉鎖された。同一〇年に西郷隆盛に従った増田宋太郎を含めて、道生館の門人は一〇〇名余りに達した。[38]

右のような諸塾が定着していた中津に新規参入した培養舎であったが、「課程録」によれば明治二年以降に塾生が増えたようすがうかがえる。上述したように、明治二年八月から一一月までの在塾生は七一名に達し、同三年一月から六月にかけての入門者は二一名に及んだ。また、同年二月の「内外諸生勤怠録」には五五名が名を連ねている。永添村の時代から全期間を通じて、中津藩士であることが確認できる塾生は二〇名である。

「入門簿」に「藩中」と明記した者が二名、「中津の分限帳」と照合して氏名が一致する者が一八名である。このうち、一七名は明治二年に萱津町に移ってからの入門者で、その内訳は家中一名、御医師一名、生涯書記格一名、御供小姓五名、小役人九名であって[39]、ほとんどが下士である。萱津町に開塾してから下級武士を中心とする入門者が増えたといえる。

萱津町での培養舎には、教育内容にも大きな変化があった。「課程録」巻一によれば消権課程の書籍が表2のように設定されていた。「稽古要略」「新論」「書記」（日本書紀か）「古事記」「保建大記」「魂柱」（霊能真柱か）など、国学や神道に関係した書籍が混じっていることが注目される。咸宜園の消権課程にはなかった特徴である。中津藩では五代藩主奥平昌高が国学を重視したことから国学が隆盛したといわれているが、だからといって中津藩の他の塾で国学を扱うことが一般的におこなわれたわけではなく、培養舎や道生館に限られた現象であった。

これは、古城自身が国学に関心があったことによる。古城はときおり渡辺重石丸を訪れて書籍の貸借をしていた[40]。また、平田篤胤の著作物を中心に国学関連書籍を筆写したり読んだりしていたことが日記の随所に記されている。小久保によれば、重石丸は皇学校の講師として京都に赴く際、後事を古城に託した。しかし、重石丸の門人で古城に従遊した者は極めて少なかったという[41]。こうしたことから推測するに、培養舎で表2のような国学

表2　消権課程の書籍

級	書　籍
4級上	魂柱 保建大記 大日本史 外三部読書
4級下	古事記 資治通鑑 新論
3級上	日本外史 書記 歴史鋼鑑
3級下	稽古要略 春秋左氏伝 史記
2級上	国史略 蒙求
2級下	小学 十八史略
1級上	五経
1級下	孝経　四書

出典：「課程録巻一」

や神道に関する書籍を扱ったのは、渡辺重石丸の後事を託されたことによって、古城が培養舎の性格を変えたためとみられる。なお、後述するように、培養舎塾生中の最高位は三級下に留まるので、表2のような国学や神道の書籍が実際に用いられる場面はなかったかもしれない。

培養舎がいつまで続いたか確認できる史料はない。「入門簿」によれば最後の入門月日が明治三年六月一一日であること、古城が同年七月三日より京都府に出仕したことなどから、少なくとも明治三年六月までは存続したと考えられる。

『下毛郡誌』には、古城が明治三年一月に藩命によって京都の平田鉄胤に就いて国学を学んだと記されている。そうすると、古城が上京中も入門者を受け入れていたことになる。この点について、小久保は、一月に藩命を受けてから京都に出発するまでに時間的余裕があり、その間は塾で教育を続けたのではないかと推測している[42]。しかし、古城が遅くとも同年二月末には上京していたことが、「青邨公手沢日記」の記述によって明らかである[43]。広瀬青邨は明治二年一二月一三日から京都大学校に出仕していた。同日記によれば、青邨は明治三年二月二五日、中津藩邸に古城を訪ね、それからもときどき会っている。その間の経緯について、『下毛郡誌』には「適々制度の改正に由り京都府庁に召されて権大属となる、時に広瀬青村京都府典事たり、因て古城を推挽すること頗る厚し」[44]とある。古城は、上京当初は藩命を遂行すれば中津に帰るつもりでいたものの、青邨の推挙により京都府出仕が決定したので急遽培養舎を閉じたのではないかと考えられる。

以上のように培養舎は、永添村にあったときと萱津町に移転した後の二段階に分けられ、その性格も私塾から藩儒の塾へと、その教育内容も漢学から漢学・国学へと変化し、塾生数が下級藩士を中心に増加した。

第三節　課程録にみる点数評価

（1）咸宜園の課程録と点数評価

咸宜園には課程録が残されていないので、「淡窓日記」に散見される課程録に関する記述をみてみよう。天保二年（一八三一）五月二一日に外塾（咸宜園の外に設けられた、塾生のための宿舎）三舎の名を甲乙丙と定め、塾生一七名をそれらの舎監に任じた。その際に、「作㆓課程録㆒。使㆓監司㆒㆑之」と記している。外塾では諸生の「綱紀潰乱」(45)が危惧されたため、淡窓は規約を改修するなど監督を強化したが、課程録を作成して舎監に管理させたのもその対策の一環であろう。同四年五月一五日条に「分㆓付課程日記於諸塾㆒。〈其法。諸生自録㆓其所㆑為勤学㆒。上㆓之於師㆒。毎日一検〉」(46)とある。咸宜園内の諸塾に「課程日記」を置いて、塾生各自が勉学状況を記録し、師に提出することになった。これは、毎日点検されたようである。同一一年（一八四〇）に真権の法を立てたときに「其審ナルコト課程録ノ凡例ニ載セタ」(47)という。課程録に消権課程の詳細が凡例として記載され、各塾生の消権の状況が記録されていたことがうかがえる。

嘉永四年（一八五一）になると、「始制㆓消権簿㆒。与㆓課程録㆒並行」(48)とあるので、従来課程録に含まれていた消権に関する記録を「消権簿」として分離させ、課程録と並行して記録を残し始めたものと思われる。

課程録は本来塾主が点検したようだが、古城は咸宜園在籍中の文久元年（一八六一）一〇月二日に大舎長として林外に代わって課程録を監検している。(49)

咸宜園門人武谷祐之の回想録「南柯一夢」(50)に、課業で得られる点数や各試業の満点数が次のように記されている。武谷は天保七～一四年（一八三六～四三）に在籍したときの経験にもとづいてこれを書いている。古城が咸宜園で学んだのはそれから二〇年後のことであったが、当時も大きな変更なく運用されていたとみられる。

> 又輪読何ノ書ニテモ預定ノ書ヲ朗読五行ヲ賞点一トス。誤読アレハ孰ニテモ早ク糺読スルモノ代リ朗読ス。音義精詳ノ者、三葉以上朗読スレハ賞点二十ヲ与、（中略）輪講廿字説明スレハ賞点一ヲ与フ、（中略）試業、文・書・唐本句読ヲ点スル、（中略）二百字謄写シ句読ヲ点ス、月ニ三回誤読ナキハ賞点五十ヲ得。（中略）書ハ全美ノ者四十点ヲ得、最優美ハ増点若干ヲ得、是亦唐本小説二百字ヲ書ス。（中略）詩文ノ賞点五十ヲ上トス、優長ノモノハ賞点ヲ与フ六十七十ニモ至ルアリ。（中略）
>
> 中等ハ一級ヨリ四級ニ至、五級ヨリ九級ニ至上等トス。中・上等、級毎ニ上下ニ頒ツ。中等四級ヲ八区トシ上等五級ヲ十区トス。総テ十八区、区毎ニ賞点定額アリ、上等ハ試業、中・下等ハ会講・輪講・輪読・書跡ノ賞点月末会計合額ノモノ席序昇級ス。些少残余ノ点ハ効《（ママ）》ヲ奏セス、更ニ賞点ヲ要ス。学力優長ノモノ初メ無級ニ入リ月末賞点会計シ昇級二区、三区ニ及フモアリ、是ヲ超遷ト云フ。又中・下等、会講・輪講相当タルモ試業ニ入ルヲ許可ス、月末試業ノ点モ昇級ノ合額タレバ両様ノ賞点ニテ超遷スルナリ。学力優長ニテ月初ニ新入スルハ其月ノ学科ノ賞点ニテ、未無級ニ署名スルニ及ハスシテ直ニ中等ニ昇級スルアリ。上等試業賞点ノ数、区毎ニ定額アリテ額ニ上中下ヲ分何十点ヲ上トシ、何十点ヲ中・下トシ、級区ノ定額ノ上一ヲ三月連署スルハ昇進ス。又一月ニ三上ヲ得ル亦昇進スル、二月四上ヲ得、亦昇進ス。一月一上ヲ得、次月中ヲ得、第三月一上ヲ得、第四月一上ヲ得レハ、合計三上トナリ昇進ス。若シ第三月又ハ四月下ヲ得レハ一月三月ノ上皆無功《（ママ）》トナル、更ニ賞点ヲ得サレハ昇進スル事不能。

右の記述から、次の二点を指摘できる。第一に、上等（五〜九級）は試業、中・下等（四級以下）は課業（会講・輪講・輪読・書跡）の賞点を月末に計算して、定点を満たせば昇級できた。中・下等は試業による超遷も可能であった。第二に、上等生の試業は、ランクごとの定点に上・中・下の差が設定されており、一定数の「上」を獲得することによって昇級できた。

課業や試業で得られる点数は表3の通りである。試業の定点(各ランクへの昇級に必要な点数)については、中島市三郎によって紹介されている[51]史料をもとに表4に示した。これは淡窓死去後のものであるが、正確な時期はわからない。課業の定点は不明である。

超遷によって、早い場合には入門後数か月で三級か四級に到達する塾生もあった。それに対して上等生は毎級を着実に昇っていかねばならず、しかも、ランクごとに設定された試業点の「上」を一定数取らなければならなかった。「上」の取り方のパターンについて海原徹が一覧表にしているが[52]、実際の運用は不明である。次にあげた古城の日記の記述から断片的にうかがえる。古城が文久元年(一八六一)一〇月末に九級昇級に必要な条件を満たすまでの三か月間の点数は、次のようであった[53]。

予試業点八月四百四十(欠字)〈書八十二、句百五十、文百、詩百〉考為ㇾ上、九月四百四十八点〈書

表4　咸宜園の試業定点

	等級		定点
上等生	9級	上	460
		下	420
	8級	上	380
		下	350
	7級	上	320
		下	290
	6級	上	260
		下	230
	5級	上	200
		下	170
中等生	4級	上	140
		下	120
	3級	上	100
		下	80
	2級	上	60
		下	50
	1級	上	40
		下	30
下	無級		20

出典：中島市三郎1943年、pp. 255～256をもとに作成。

表3　咸宜園の課業と試業の点数

課程			点数
課業	輪読	5行朗読	1点
		3葉以上朗読	20点
	輪講	20字説明	1点
	会読		
試業	詩	月2回、優長であれば加点	50点満点
	文	月2回、優長であれば加点	50点満点
	書	月2回、最優美は加点	40点満点
	句読	月3回、誤読ない場合	50点満点

出典：武谷祐之「南柯一夢」(井上忠校訂1963年、pp. 75～76)より作成。

八十四、句百五十、文（欠字）、詩（欠字）〉考為レ上、本月四百四十三点〈書八十四、句百五十、文（欠字）、詩（欠字）〉考為レ上、例積二三月一得二三上一則躋二一級一也、予乃得レ為二九級下一、然毎級有レ権八級下以上我未レ消レ之、乃積為二三権一矣、不レ可レ不レ恥、

古城は、文久元年八月の試業で四四〇点余り（書八二点・句一五〇点・文一〇〇点・詩一〇〇点）、九月には四四八点、一〇月には四四三点を獲得し、三か月で三つの「上」を取ることができたため九級下に昇進した。(54)

（2）系譜塾における点数評価

咸宜園の点数評価による月旦評システムは、淡窓の門人が教授となった佐伯藩校四教堂や、淡窓の門人が開いた蔵春園や三亦舎などの漢学塾にも導入された。四教堂の課程と定点は、表5のようである。

四教堂は九級制をとっており、一級から四級がそれぞれ上下に分かれ、五級から九級までとあわせて全一三ランクに及んだ。一級が下等、二～四級が中等、五・六級が上等、七級以上が最上位とされた。一級から四級までの課程は漢籍の句読、五・六級は独看と輪講であった。四教堂の試験法については、次のように記されている。(55)

表5　佐伯藩四教堂の課程と定点

等	級		各級の課程	定点
最上位	9級		常課なし	使用せずに学力査定
	8級			
	7級			
上等	6級		詩経書経史類独看、経史子集輪講	2500
	5級		四書小学十八史略蒙求等独看、経史輪講	2000
中等	4級	上	史記句読	1500
		下	左伝国語句読	800
	3級	上	蒙求十八史略世説句読	600
		下	四書朱註句読	250
	2級	上	礼記小学句読	150
		下	書経周易春秋句読	70
下等	1級	上	孟子詩経句読	50
		下	孝経大学中庸論語句読	30

出典：『日本教育史資料三』p. 112をもとに作成。

毎月末既ニ授ケタル書籍ヲ読講セシメ其熟否ヲ試ミ点数ヲ加減シ定点ニ満ツルモノハ進級セシム、是ヲ小試ト号ス、小試ノ点数ハ翌月二日迄之ヲ会計点検シ諸生ノ進退黜陟ヲ行ヒ七ノ日勧講迄席序ヲ浄書シテ掲示ス、

月末におこなわれる「小試」で、既習の書籍の読と講が課され、点数評価された。それが定点に達すれば進級できた。表5にあるように、上級になるほど定点が大きいのは、前級までの点数が積算されたためである。

淡窓門人が開いた塾の例として、蔵春園と三亦舎についてみておこう。蔵春園は、恒遠醒窓が文政七年（一八二四）に豊前国上毛郡薬師寺村に開設した漢学塾である。[56] 安政年間に在籍した塾生に関する「新旧点簿」が残されている。各塾生について、氏名が記されたあとに、月名が朱で記され、各月に当該塾生が獲得した点数が書き込まれている。冒頭の戸早貞吉の事例をあげると次のようである。

戸早貞吉（春村）

以上詳二于前旧点簿一

六月二百九十三点、七月百七点、閏七月三百九十二、、八月三百八点、九月四百二十七、、十月三百二十五、、十一月四百七十六、十二月八十八点

卯正月百十七点、右合二千五百三十三点

加三級上

二月三百三十六、、三月五百点、四月三百三十、、五月三百三十三、、六月四百六十四、、七月三百点、八月三百五十九、、九月五百三十六、右三千百五十八点

加四級下

戸早貞吉は、安政元年（一八五四）六月から翌年一月にかけて合計二五三三点を得て三級上に昇級した。三級上への昇級に必要な定点が不明なので、残余点がどれほどあったのかわからないが、残余点は次の昇級のために使用されることはなく、翌二月にはゼロから再スタートしている。

三亦舎は、安政六年あるいは万延元年（一八六〇）に末田重邨によって安芸国高宮郡大毛寺村に開かれた漢学塾である。三亦舎の課業や試業の定点は不明だが、わずかに知れるところによると、塾生井上清太郎が万延二年に実家に宛てて「当正月ニハ二級昇級仕べし与はげみ申候所、点辻百七十斗リニ而少し不足ニ相成申候」[57]という書状を送っている。この書状から、三亦舎において二級に昇級するために一七〇点では足りなかったことがわかる。三亦舎では咸宜園の塾則や教育方法を踏襲していたことから[58]、咸宜園においても大差ない点数だった可能性がある。

（3）培養舎の課程録と点数評価

培養舎に関しては、「課程録」巻一〜三の三冊が残されている。明治二年（一八六九）八月から一一月までの各月の獲得点数を記録したものである。巻一の一丁オには昇階点数（表7）、一丁ウには試業上科点数（表6）、二丁には消権課程の書籍（表2）が、それぞれランクごとに記されている。四級以下に課業が、五級以上に試業が課されるという点で、咸宜園と共通する。表6によれば、培養舎の試業の定点は咸宜園（表4）より一〇〇点近く低く設定されている。しかし、培養舎での試験の回数や内容が不明なので、咸宜園と比較することはできない。

巻一には、一二名の塾生名と、それぞれの八月から一一月までの点数が記録されている。巻二には四七名、巻三には一二名について同様に記されている。形式的には蔵春園の「新旧点簿」に酷似している。巻一の最初に記載された二人は次のようである。

二級上 岩田鯉吉　八月、千百六十、加三権三級下余五百十、九月、六百二十六、加三権三級上余三百三十六、十月、十一月百八十、

二級下 中山又次郎　八月三百六十六、九月三百十、加三権二級上、余百七十六、十月、十一月五十三、

岩田鯉吉は八月までに一一六〇点を得て、三級下に昇るための六五〇点（表7参照）を満たし、差引五一〇点を残すことになった。この残余点と九月に新たに獲得した六二六点を合計して一一三六点に達したため、三級上に昇るための八〇〇点を満たすことができた。この点を差し引くと三三六点が余った。一〇月には点数表記がないので、鯉吉は課業を受けなかったのかもしれない。一一月に一八〇点を獲得したものの、三三六点と合計しても四級に昇級するのに必要な点数には遠く及ばなかった。

中山又次郎は、八月までの三六六点に加えて九月に三一〇点を獲得して、合計六七六点に達したため、二級上に昇るための五〇〇点（表7参照）を満たし、差引一七六点を残すことになった。

このように毎月の課業で得た点を累計していき、定点に達した時点で昇級することができた。その際に余った点数は無効になるわけではなく、蓄積して次の昇級のために活かすことができた。

なお、成績を確認できる塾生のなかでは、右の岩田鯉吉が最上級生にあたる。開設期間が短く、そのうえ移転したこともあってか、培養舎の塾生の成績は全般的に振るわなかった。

表6　試業上科点数

級	定点
9級下	350
8級上	320
8級下	280
7級上	230
7級下	180
6級上	150
6級下	130
5級上	110
5級下	85

出典：「課程録巻一」

表7　昇階点数

級	定点
5級下	2000
4級上	1500
4級下	1000
3級上	800
3級下	650
2級上	500
2級下	350
1級上	250
1級下	150

出典：「課程録巻一」

おわりに

横井古城は元治二年に永添村の横井家に梅陽舎を開き、従来であれば咸宜園に入門していたような近隣寺院の僧侶や地域指導者層の子弟を受け入れて漢学教授をおこなった。明治二年に藩校教授に登用されたのを契機に、萱津町に培養舎を移し、下士を受け入れる塾へと性格を変えた。永添村でも萱津町でも、咸宜園に倣った点数評価方式を採用していた点では一貫する。

少なくとも萱津町の培養舎においては、昇級に必要な定点を満たして余った点数を次の昇級に活かす方式を採用していた。これは咸宜園や他の系譜塾にはみられない特徴といえる。中津藩の下士は「文学は四書五経歟、尚進て蒙求左伝の一、二巻に終る者多し」(59)、「子弟ノ教育モ甚低ク」(60)とされており、そうした実情に合わせた窮策であった可能性がある。さらに消権課程に国学関連書籍を取り入れていたことも注目される。古城自身が国学に関心を持ち、また、渡辺重石丸上京後の後事を託されて、培養舎の性格を変化させたものと考えられる。

培養舎の事例から、系譜塾は、単に咸宜園教育を踏襲するのではなく、塾生の実態や塾主の事情に合わせて教育の方法や内容を変えていたことがうかがえた。

註

(1)「培養舎」という名称は開設当初から使われたわけではないが、本章では便宜上、横井古城が門人を取って教授した全期間にわたる名称として採用する。

（2）井上源吾「廣瀬淡窓の教育管見―とくに教授の方法について―」『人文・社会科学研究報告』四、一九五四年。海原徹『広瀬淡窓と咸宜園―ことごとく皆宜し―』ミネルヴァ書房、二〇〇八年。
（3）小久保明浩「中津藩の家塾と私塾」『塾の水脈』武蔵野美術大学出版局、二〇〇四年。
（4）大分県中津市教育委員会所蔵。ほかに、咸宜園関連史料（公益財団法人廣瀬資料館所蔵の「林外日記」（家宝5-1-1）、「咸宜園日記」（家宝5-1-2）、「淡窓日記」）、国文学研究資料館広瀬青邨文庫の「家塾職掌及年中行事」（84-139）などを使用する。なお、「家塾職掌及年中行事」は翻刻紹介されている（溝田直己「史料紹介「広瀬青邨文庫」（国文学研究資料館所蔵）にみる咸宜園関係の新出史料について」『咸宜園教育研究センター研究紀要』七、二〇一八年）。
（5）古城の日記の表題は「乾乾録」「古城雑記」「慶応丁卯日暦」などで、万延元年から明治元年まで途中欠巻があるものの一九冊が残存する。達次郎の日記の表題は「花陽日暦」「寅日暦」などで、慶応元年から明治元年まで途中欠巻があるものの九冊が残存する。
（6）財団法人大分県下毛郡教育会編『下毛郡誌』（名著出版、一九七二年（初版は一九二七年）、六八七頁）には、古城は豊山の長子と記されている。大分合同新聞社編・発行『大分県歴史人物事典』（一九九六年、五二六頁）のみが「道規忠敏の長男で横井豊山の甥」とする。本章では同書に拠って忠敏の子とした。その根拠は、『下毛郡誌』などで豊山が安政二年に死去したとされているのに対して、古城や達次郎の日記によれば、彼らの父は明治初期まで生存していたことが確かで、豊山より六歳年長の兄にあたる。また、古城の弟徳三郎に関して、山本艸堂編『下毛郡史』（歴史図書社、一九七七年（初版は一九一二年）、四六一頁）では「父道機母ヤス子」と記す。
（7）松山均「横井豊山」（前掲註（6）『大分県歴史人物事典』、五二六頁）。
（8）「乾乾録」万延二年正月一日条。
（9）日田郡教育会編『増補淡窓全集下巻』思文閣、一九七一年、入門簿続編巻三十三。
（10）大正六年（一九一七）の「咸宜園門人出身地別人員調」によると、大分県域の門人のうち下毛郡からの入門者は二二三七名で、日田郡に次いで多かった（前掲註（9）『増補淡窓全集下巻』）。
（11）前掲註（4）「家塾職掌及年中行事」。
（12）前掲註（4）「家塾職掌及年中行事」、「乾乾録」万延元年条。

(13)「林外日記」同日条にも、古城が父の病気を理由に大帰を請うたことが記されている。
(14)春日載陽は漢方医で、嘉永年間以降「浪花きっての名医」となった（徳田武「広瀬旭荘と春日載陽」『江戸風雅』九、二〇一四年、八一頁）。
(15)「乾乾録」「暮春乾乾録」による。
(16)「古城雑記」。
(17)「花陽日暦」同日条。
(18)前掲註（6）『下毛郡誌』。
(19)古城の経歴については、佐伯有清『広開土王碑と参謀本部』吉川弘文館、一九七六年、四九頁を参照。
(20)「入門簿」の筆頭は文久三年三月に入門した岩男伝記で、元治元年一月入門の龍勝、同年三月入門の忍成と続く。これらを含めて、元治二年二月の開講以前に五名の入門者が記録されている。先述したように古城は文久三年三月当時大坂に滞在していたので、岩男伝記は古城の父に入門したものと考えられる。入門簿には紙一枚が挟まれており、そこには嘉永元年の入門者福原杏山と安政六年の入門者釈天心が記されている。杏山は古城の父親の門人であることが確かである（「林外日記」文久二年二月二二日条に「寿一郎携其父門人杏山者請以父病大帰」とある）。入門簿は当初は父親への入門者を記録するためのものだったのが、古城への入門者を記録するものに転用されたのではないだろうか。ただ、古城や達次郎の日記によれば伝記は古城に学んでいるので、結果的には古城の門人となったものと思われる。忍成以降の入門者については、古城の日記にも記されているので、古城の門人とみられる。
(21)「乾乾録」万延二年三月朔日条。山川塾は咸宜園の教育方式を導入していた。山川塾の詳細は小久保明浩前掲註（3）を参照。
(22)達次郎は慶応二年初めから宗家で独自に近隣子弟に句読や手習いを授け始めた。毎日数人の子どもが達次郎のもとに通っていたようすが、達次郎の日記や「手習簿」（横井家文書）に記録されている。横井家文書には、達次郎が作成したとみられる明治五年の句読の月旦評が残されている。
(23)「乾乾録」慶応元年四月一三日条。
(24)「花陽日暦」慶応元年五月晦日条。

(25)前掲註(6)『下毛郡誌』、六八八頁。
(26)塾舎普請に関する記述は、古城と達次郎の日記をもとにした。
(27)達次郎・貞之丞・法爾・忍成・説二郎・龍勝・法玉・久十郎・限量・伝記。
(28)池永鋭次郎・弟忠正・逸見敬太郎・山崎安太郎・法水・井上到・岩男道碩・末広久十郎・朝比奈峯吉・久保善之助・高橋福丸・広光正男・江渕順之助。
(29)「寅日暦」二月一七日条、「慶応丁卯日暦」二月二五日条。
(30)文部省編『日本教育史資料九』臨川書店、一九七二年(再刷)。『日本教育史資料三』についても同様。
(31)小久保明浩は「進脩館の儒者となった横井は萱津町大江神社のそばに家塾培養舎を設けた」(前掲註(3)、四八頁)として、儒者になったことが移転の契機であったことを示唆しているが、その根拠については示していない。
(32)広池千九郎編・発行『中津歴史』、一八九一年、第四編近世紀一〇八頁。
(33)小久保明浩前掲註(3)。
(34)黒屋直房『中津藩史』碧雲荘、一九四〇年、五八五頁。
(35)坂根義久校注『青木周蔵自伝』(東洋文庫)平凡社、一九七〇年、六頁。
(36)前掲註(35)に同じ。
(37)小久保明浩前掲註(3)、三九頁。もとは渡辺重石丸『鶯栖園遺稿』による。
(38)鹿毛基生『大分県の教育史』思文閣出版、一九八四年。平凡社地方資料センター編『日本歴史地名大系四五　大分県の地名』平凡社、一九九五年、一〇五頁。
(39)「中津の分限帳」(赤松文二郎編『郡誌後材扇城遺聞』中津小幡記念図書館、一九三二年)に記載されているのは以下の通りである。塾生本人でない場合には塾生との続柄を( )内に示した。
「家中」…桑原虎治(明治三年一月入門)
「御医師」…沢田直卿(明治三年三月入門の沢田博司の兄)
「生涯書記格」…水島六兵衛(明治三年一月入門の水島鉄之助の父)
「御供小姓」…三木権之助(明治二年在籍)、柳忠太夫(明治三年一月入門の柳秀太郎の父)、松井栄吉(明治三年

一月入門）、佐藤作之助（明治三年三月入門の佐藤銀太郎の父）、入江久次郎（明治三年四月入門の入江金太郎の父）

「小役人」…石松勝市・大橋壮太郎・中山又二郎・有家正之助・村越恒次郎・三宅勇之助（いずれも明治二年在籍）、城所幾江（明治三年一月入門の乙松・杉松の兄）、磯谷又郎（明治三年一月入門）

慶応年間の「豊前中津城下大絵図」（ふるさと豊前中津の会発行）によれば、大橋壮太郎は中之町に、中山又二郎は西之町に居住していたことが確かである。いずれも萱津町に近い。

(40)「乾乾録」慶応元年八月一九日条、同三年五月二一日条、同年八月二九日条など。

(41) 小久保明浩前掲註(3)、四八頁。もとは渡辺重石丸『鶯栖園遺稿』による。

(42) 小久保明浩前掲註(3)、五二頁。

(43)「青邨公手沢日記」については、福井純子「史料紹介「青邨公手沢日記」—明治初年京都の文筵と広瀬青邨—」『立命館百年史紀要』一、一九九三年を参照。

(44) 前掲註(6)『下毛郡誌』、六八八頁。

(45)「淡窓日記」文政一四（天保二）年五月二〇日条（四六八頁）。

(46)「淡窓日記」天保四年五月一五日条（五二六頁）。

(47)「懐旧楼筆記」天保一一年九月二一日条（五五三頁）。

(48)「淡窓日記」嘉永四年一二月四日条（一一六五頁）。

(49)「乾乾録」同日条。

(50) 井上忠校訂「武谷祐之著『南柯一夢』」『九州文化史研究所紀要』一〇、一九六三年、七五～七六頁。

(51) 中島市三郎『教聖廣瀬淡窓の研究』（増補訂正版）第一出版協会、一九四三年（初版は一九三五年）、二五五～二五六頁。

(52) 海原徹前掲註(2)、一七六頁。

(53)「乾々録」文久元年一〇月二八日条。

(54) 古城の記録から、九級に昇るためには三か月にわたって「上」を取らねばならなかったことがわかる。小栗憲一（弘化四年～嘉永六年在籍）の『豊絵詩史 上』（西村七兵衛、一八八四年）（国立国会図書館所蔵）三〇丁にも、三か月連続して甲科（詩文の点数がそれぞれ五〇点）を取らなければ九級に及第とならなかったことから、卒業前の数か月間は寝食を廃して刻苦黽勉せざるを得なかったことが記されている。

(55) 前掲註(30)『日本教育史資料三』、一一一頁。

(56) 恒遠俊輔『幕末の私塾・蔵春園—教育の源流をたずねて—』葦書房、一九九二年。本書第四章参照。

(57) 正月二九日付井上家宛井上清太郎書状（井上家文書）。

(58) 鈴木理恵「漢学塾への遊学—安芸国における咸宜園系譜塾の展開—」『近世近代移行期の地域文化人』塙書房、二〇一二年、第八章。

(59) 福沢諭吉「旧藩情」『明治文學全集八　福澤諭吉集』筑摩書房、一九六六年、二六七頁。

(60) 前掲註(32)、第四編近世紀二一三頁。

第Ⅲ部　咸宜園教育の近代への接続

―時間的展開―

第七章　明治期再興後の咸宜園

はじめに

咸宜園は、文化一四年（一八一七）に広瀬淡窓によって開設され、明治七～一二年の中断をはさんで、同三〇年（一八九七）まで命脈を保った。淡窓は、旭荘（淡窓の末弟）に塾政を譲った天保元年（一八三〇）末～同七年三月を除き、安政二年（一八五五）三月まで塾主を勤め、月旦評による実力主義、厳格な規約による塾内統治、漢詩重視、塾生への蔵書の閲覧供与といった独特の教育方式を確立した。淡窓には子がなかったが、青邨（淡窓の門人）や林外（旭荘の子）が養子となって塾主を継承し、明治五年（一八七二）に林外が上京するまで隆盛を誇った。この間、全国から約四二〇〇名の入門者を集めた。このようなことから、咸宜園は「近世最大規模の私塾」[1]といわれ、その研究は江戸時代、とりわけ淡窓塾主期間に集中している。[2]

いっぽうで、明治一三年再興後の状況はほとんどわかっていない。[3]塾主や塾生数といった基本的情報については、中島市三郎や咸宜園教育研究センターによって示されている。[4]ほかには、高倉芳男が閉鎖時の教師であった勝屋明浜の動向を明らかにし、森眞理子が明治二〇年代前半に校主を勤めた諌山菽村の書状を整理している。溝田直己は学則や開校式記録などの新出史料を紹介している。[5]これら断片的な研究にとどまっているのが現状である。

明治期の私塾に関する研究には一定の蓄積がある。入江宏は、近代的学校システム、とりわけ中等教育制度が整備されるまで、私塾が基礎教養形成の場や予備校的存在として固有の機能や意義を有したと指摘した。近年では、池田雅則が新潟県の長善館を事例に、ノンフォーマルな教育機関が独自の役割を果たしたことを実証的に明らかにし、明治期の私塾が重要な研究対象となることを示した[(6)]。

本章では、入江や池田の研究成果に負いながら、明治期咸宜園の学則や塾生の動向をみることで、その役割について明らかにすることを目的とする。先述したような特徴的な教育方式は近代教育の先駆と評価される[(7)]が、再興後の咸宜園は果たして近代教育にどのように対処したのか、なぜ閉鎖に至ったのか、このような問題関心から明治期の姿を追ってみたい。

本章で使用する史料は、主として、大分県の学事年報や統計書、咸宜園の入門簿や学則などである。入門簿は、『増補淡窓全集』[(8)]に収録されたもののほかに、再興直後の「瓊林義塾入門簿」を使用する。学則は、国文学研究資料館広瀬青邨文庫、日田市の廣瀬資料館先賢文庫や咸宜園教育研究センターに所蔵されている[(9)]。

第一節　淡窓の遺規にもとづく再興

（1）瓊林義塾[(10)]の開校

明治初期に閉鎖された後、咸宜園の家屋は人手に渡り郡役所や米会所として使用され、庭園は荒廃して昔日の面影を失っていた。淡窓の門人である諫山東作（一八二五〜九三、号は萩村）や椋野元卓らは地元でそのありさまを憂えているうち歳月は流れた[(11)]。村上慎次（一八一八〜九〇、号は姑南）は、明治一二年（一八七九）冬に偶々日田を訪れた際、萩村からその話を聞いた。姑南は、豊後国下毛郡中摩村の出身で、天保五年（一八三四）三月に咸宜園に入門し、同一一年九月末の月旦評改めで権九級下に昇り、同一二年四月から同一三年初めにかけて都講を勤めた経歴を持つ。大帰（卒業）後は医学を修め、帰郷して医業のかたわら漢学塾を開いていた。[12] 菽村の咸宜園再興への思いに共感した姑南は、中摩村の家を義子に託して日田に移り住むことを彼に約束する。明治一三年三月一一日に「義校」が落成し、広瀬淡窓の木像を据えて開校式が執りおこなわれた。校名には咸宜園旧号「瓊林」を採用した。[13]

『大分県統計書』には瓊林義塾の開校時期が明治一三年七月と記されているので、開校式からしばらく経って届けが提出されたようだ。校主として「椋野元琢《ママ》」の名が記載されている（後掲表1参照）が、教師は姑南のみであった。明治五年「学制」頒布後、私塾は開業届けを提出することが求められた。なかには中学校として認可されたものもあった。明治一二年「教育令」で「中学校ハ高等ナル普通学科ヲ授クル所」とあいまいな規定がなされたが、明治一三年に文部省は、中学校が備えるべき諸学科を完備しない場合には「各種学校ノ部類」とするように指令した。[14] これによって、私塾の多くは各種学校として位置づけられることになり、瓊林義塾もそのひとつであった。

「瓊林義塾入門簿」[15] によると、最初の入門は明治一三年三月二九日付である。同年の入門者数は一五名にとどまり、[16] そのうちの九名を豆田（南・北豆田村や豆田町）出身者が占めた。地元住民に支えられての再出発であった。開校初年の入門者が少ないのは、塾の場所が定まらなかったことが影響したのかもしれない。同時期に公立教英中学校が咸宜園跡に開校したため、[17] 瓊林義塾は日田郡内の上手村や旧官府近くを転々とせざるを得なかったようである。翌一四年四月に教英中学校が北豆田村に移転した後、諫山菽村が広瀬本家に対して旧咸宜園東側を姑南に使わせるよう依頼して、姑南らはようやく南豆田村の咸宜園跡に落ち着くことができた。[18] またその翌月には、広瀬本家に保管されていた咸宜園蔵書の一部を瓊林義塾に借用することができ、塾としての態勢が整えられた。[19]

開校時に作成された「庚辰改正瓊林義塾規則」（以下「瓊林規則」と略記）は、咸宜園で天保一二年（一八四一）三月に布かれた「辛丑改正規則」[20]（以下「辛丑規則」と略記）をもとにしたとみて間違いない。両規則が、項目編成や各則の順番・内容・文体（候文）などの点で共通しているためである。姑南は、「辛丑規則」が布かれて間もなく都講に就いたことから、自らが経験した規則を瓊林義塾に導入したものと考えられる。

「瓊林規則」は五項目四三則から構成されており、その内訳は職任三・飲食一〇・出入一〇・用財七・雑一三である。「辛丑規則」は五項目五三則から構成されており、その内訳は職任四・飲食一五・出入一一・用財八・雑一五である。「瓊林規則」全四三則のうち三七則は、「辛丑規則」とほぼ完全に文言が一致する。残る六則については、それぞれの一部が「辛丑規則」から削除あるいは加筆・修正されているが、ほとんどが軽微な変更にとどまる。たとえば、「辛丑規則」で「酺日（塾生が揃って塾主に拝謁する儀式がおこなわれ、終わると酒食を許された―引用者註）ハ毎月廿七日ニ定メ其外ハ五節句幷ニ休日之分ニ可致事」となっていたのが、「瓊林規則」で「酺日者毎月一日十五日廿七日其外邦祭日ニ極メ休仮（暇）ニ可致事」とされている。「五節句」から「邦祭日」への変更は、時代の変化に伴って改正されたものであった。「辛丑規則」にありながら「瓊林規則」で採用されなかった一〇則[21]についても同様の理由で取捨選択されたのである。

教育の実態を示す史料としては、明治一六年一一月から翌年一月までの村上姑南の日記「災後記事」が残るのみである。日記には、朝に『易経』『詩経』『論語』などが、夜に『遠思楼詩鈔』（広瀬淡窓の詩集）が講じられたことが記されている。淡窓は詩集とそれ以外の書を恒常的に併行して講義したが[22]、瓊林義塾においても漢詩に重きを置いていたようすがうかがえる。一二月二九日条には翌年一月の月旦評を作成したことが、翌

表１　瓊林義塾・咸宜園の生徒数の推移

年(明治)	校名	教授者数	学校長(首座教員)	入門者数	生徒数	卒業生徒数	中途退学者数	所在地	学科	学習年限	収入(円)	支出(円)	典拠
13	瓊林義塾	1	－	15	30	－	－			－	99	119	16統311・315頁
14		1	椋野元琢	40	39	－	2			3	196	203	一覧1300頁、18統320・323頁
15		1	－	80	112	4	51			－	408	377	16統311・315頁
16		1	－	71	71	5	62			－	447	427	16統311・315頁
17		1	－	25	65	－	21			－	180	180	17統328・332頁、18統323頁
18	咸宜園	2	－	113	68	－	－	南豆田村	漢学	－	180	180	18統317・320・323頁
19		3	－	53	83	－	－			－	210	210	19統326・329・333頁
20		2	－	36	50	－	－			－	210	210	20統333頁、22統306頁
21		1	諫山東作	17	40	－	?			5	120	120	21学34頁、21統319頁
22		1		21	30	－	?	豆田町		5	90	90	22学33頁、22統304・310頁
23		1		23	26	2	?			5	78	78	23学36頁、23統286頁、25統303頁
24		1		19	20	3	?			5	60	60	24学31頁、24統302・308頁
25		1		7	18	－	?			5	65	65	25学45頁、25統296・303頁

出典：入門者数は「瓊林義塾入門簿」および咸宜園入門簿（『増補淡窓全集下巻』所収）から採り、その他の部分は典拠欄に示した資料をもとに作成した。資料名は、以下のように略記している。
一覧：『明治十四年学校幼稚園書籍館博物館一覧表』文部省、1882 年
16 統～ 25 統：『明治十六年大分県統計書』～『明治二十五年大分県統計書』
21 学～ 25 学：『明治二十一年大分県学事年報』～『明治二十五年大分県学事年報』

日条にはその月旦評を講堂に示したことが記されている。塾則といい月旦評といい、瓊林義塾が淡窓時代を踏襲した教育をおこなっていたことは明らかである。

（2）宜園保存会の発足

瓊林義塾は明治一三年から一七年まで五年間続き、「瓊林義塾入門簿」に記載された入門者総数は表1に示したように二三一名に及んだ。そのうち年齢がわかる一九二名の出身地を表2にまとめた。最低年齢が九歳、最高が二七歳で、平均一六・八歳であった。低年齢層には日田郡出身者が多く、一〇代後半以降には他郡や大分県外の出身者が多くなる傾向があり、一九～二〇歳では九州以外の遠隔地の出身者が比較的多くなる。大分県出身者が全体の六割を占めた。県外では福岡県出身者が最も多く全体の二割以上を占め、九州では長崎、熊本、佐賀と続く。九州以外では秋田、新潟、岐阜、三重、大阪、兵庫、広島、愛媛など広範囲から来ていた。

のちの時期に比べて低年齢層が多い傾向にある。たとえば、日田郡豆田町の広瀬貞治は、小学校中等科に通いながら瓊林義塾で

学び、明治一八年に教英中学校に入学した(23)。この貞治のように、低年齢層には小学校通学の傍ら瓊林義塾で漢学を学ぶという修学スタイルをとっていた塾生が少なくなかったのではないだろうか(24)。明治前期は漢文教育に対する社会的なニーズが高まったといわれる(25)。一八八〇年代から九〇年代初頭は漢学塾の設立が活発だったことが池田雅則によって指摘されている(26)。そうした背景のもとに瓊林義塾でも入門者を集めることができた時代であったといえよう。

しかし、開校当初の瓊林義塾の運営は不安定であった。というのも、塾生が納める入学金や月謝を収入とし、そこから家賃を支払った残額を姑南の給料に充てていたため、塾生数に左右される経営にならざるを得なかったのである。そこで、明治一五年二月に平野五岳や諫山菽村ら地元の咸宜園旧門人八名が発起人となって、宜園保存会を発足させるべく、関係者に相談書が廻された。左に掲げた史料は、五岳から東京の広瀬青邨に送られ、国文学研究資料館に現存するものである(27)。もとの史料は、宜園保存会設立の趣旨を説明した前文と、諸手続方法について定めた一〇か条からなるが、ここにあげたのは前文の後半にあたる。

就テハ今般銘々共協議ヲ遂テ宜園ヲ義塾ノ体ニ革メ旧規ヲ永遠ニ保存スルノ方法ヲ設ケ広ク醵金ヲ同志諸君ニ募リ、其集額ハ〈何程ニテモ〉之ヲ永世据置金トナシ、利子ヲ何歩トシ内何分ヲ即今費途ノ補助ニ

表2　瓊林義塾の入門者の年齢と出身地

年齢	大分県			他府県		合計
	日田郡		他郡	九州	九州以外	
	豆田	他町村				
9～11	4	6	—	—	—	10
12	3	6	2	1	—	12
13	6	5	2	2	—	15
14	3	9	—	2	—	14
15	4	7	4	3	1	19
16	5	6	1	7	—	19
17	1	3	4	11	1	20
18	6	5	4	11	2	28
19	—	2	2	10	3	17
20	—	—	2	8	5	15
21～24	3	2	5	8	—	18
25～27	1	2	2	—	—	5
合計	36	53	28	63	12	192

出典：「瓊林義塾入門簿」から、全入門者231名中で出身地と年齢がわかる192名について作成。「豆田」は、豆田町・北豆田村・南豆田村を含む。

供シ、何分ヲ積立金トナシ之ヲ元金ニ合并シ、漸次増殖スルトキハ後年ニ至リ右利子ノミヲ以テ宜園ノ旧規ニ合スル教師ヲ天下ニ求メ、必ス其人ヲ得ラルヘキノ資本トナルニ至リ可申、如此永世保存ノ基礎相立候テコソ銘々共所謂本ニ報ヒ始ニ反ルノ道ニ相叶ヒ可申歟、右ハ諸君ニ於テモ御同様ノ訳ト相考ヘ御相談ニ及ヒ申候、尚御賢考モ可有之、御伏臓ナク御申聞可被下候、素ヨリ応募ノ諸君ヘハ一々御協議ヲ遂ケ取斗方可仕積ニ御座候得共、先ツ此節ハ創始ノ儀ニ付銘々共丈ニテ申極メタルノ手続方法左ニ記載仕候、

義塾に改革したうえ、醵金を募り永世据置金にしてその利子を運用することで「永世保存ノ基礎」を確立しようとしたのである。保存会の目的が咸宜園の旧規に適合した教師を招くことにあったことがわかる。醵金の取り扱いについては第四条に具体的に記されている。醵金は隈町か豆田町の信用できる者に預け、その預け金から生じた利子に、醵金で買い入れた田地（保存田）からの作得米をあわせたもののうち、四割を積立金として元金に合併し、三割を教員給料に充て、残る三割を家屋修繕費や書籍購入費に充てるという計画であった。第三条には日田郡の会員を「内会員」、郡外の会員を「外会員」とすることが定められており、義塾の運営方針については内会員を中心に評議によって決められることになっていた。

宜園保存会は計画にとどまらず、実際に機能した。問題が起きた際に会合が開かれていたことは諸史料から確認できる。(28) 外会員として東京在住の旧門人や咸宜園関係者からも醵金が集められた。「咸宜園東京保存会醵金趣意書」(29)によれば、「東西ノ社友心ヲ協セ維持保存ノ方法ヲ謀リ淡窓先生ノ遺範ヲ永遠ニ伝ヘ国家教育ノ一助ニ供セン」との呼び掛けに、元日田県令の松方正義や在京旧門生の島惟精・長炗・清浦奎吾ら一四名が応じて、合計一一二〇円を集めている。

以上のように瓊林義塾は、淡窓の門人である村上姑南を教師とし、淡窓時代の塾則を踏襲し、旧来通りの漢

学教育を実践していたことから、淡窓時代の咸宜園教育の再現を目指していたとみられる。しかし、明治一五年から「町村立私立学校等設置廃止規則」の施行に際して行政による私立学校教則の審査が始められた。「大分県年報」によれば、同年に一八校について「其教則ノ如キ目下弊害等生スヘキモノアルヲ見スト雖、教員ノ学力自ラ偏スル所アリ教科書等不適当ノモノアルヲ免レス、一々審査改正ニ着手セリ」とある。翌一六年も一五校について「前年来毎校ノ教則ヲ調査シ教科書等迂闊無用ノ分ヲ除キ力ヲ実益ニ用ヰシメ稍観ヲ改ムルニ至レリ」と、教則の審査が進められていた[30]。瓊林義塾も例外ではなかっただろう。明治一六年八月三〇日に「宜園再興塾則改正」のことで集会が開かれている[31]から、淡窓時代の塾則を継続することが難しくなり、対応を迫られたのではないだろうか。

宜園保存会を発足させたことが奏功したのか、明治一五年の入門者数は八〇名、全塾生数も一一二名に達した。翌年の入門者数も七一名を維持した（表1参照）。しかし、塾生が宜園保存会と対立することもあったようで、姑南の日記「災後記事」によれば、明治一六年一二月一五日に二二名の塾生が退塾する事件が起きた。その前日に塾生を講堂に集めて、保存会員の「衆議」として、ひとりの塾生の退塾処分を伝えた。その際に「塾吏一切建言則許レ之、然而其処分也、在二師之権一也、子等宜三甘二受之一乎」と説明したところ、塾生二人が「師命果正」と言い放ち、ほかの二〇名も不服を申し立てたため悉皆退塾を命じられたのである。家塾であった江戸時代の塾主と違って、義塾の教師は地位が低下せざるを得なかったのだろう。姑南が説諭することによってまもなく二二名の帰塾が許されたが、表1で明治一五・一六年の退学者数が多いのは、こうした内紛が影響しているのかもしれない。

「瓊林義塾入門簿」の最後の入門日付は明治一七年九月三〇日となっている。同年一〇月に広瀬貞文が東京から一時帰郷し、咸宜園再興についての会合が持たれたので、その頃には貞文が咸宜園を引き継ぐことが決まったのだろう。[32]姑南は、瓊林義塾を去った後、遅くとも同一九年に隈町に学思義塾を開校し、月旦評を採用した漢学教育を継続した。[33]

第二節　普通学科の模索

（1）咸宜園の再興

次の史料は、年代ははっきりしないが、おそらく明治一五年末か一六年の早いうちに、[34]東京在住の旧門人長茨・秋月新太郎から福岡県在住の旧門人吉富亀次郎（一八三六～一九一四、号は復軒）に対して咸宜園教師への就任を依頼したときの書状である。[35]

同氏（姑南―引用者註）の育英に携るや、多年の経験なきに非ずと雖も、亦十分なりとも不可謂事有之に付、今般同地五岳師始め有志の輩奮起し、総代として諫山東作外一名、青村氏を迎え同塾に皐比を占めしめんとして態々出京有之候処、同氏は家政向等無拠処種々様々情実有之当時山梨県の聘に応じ校長相勤居候得ば、今一両年の処は到底日田に帰り親ら教導の職に任ずる能わず、為之総代の志願も水漚に属し、如何にも残念の事に有之候、就而旧門生之中可然人物を選択し一時の缺を補はんと評議を尽し候得共、老者は已《ママ》に不中用、壮者は或は官途に有る等に而適当の人物無之苦心仕居候、

諫山菽村らが、広瀬青邨を日田に呼び戻して咸宜園を再興しようと画策していたことがわかる。青邨は、安政二年（一八五五）三月に淡窓の義子として咸宜園塾主を継承したものの、文久元年（一八六一）に咸宜園を去っ

たあと、府内藩の藩校で教えた。明治期に入ると京都府や岩手県に勤め、一〇年に東京に移って東宜園を開いた。一五年二月に山梨県徽典館の校長に就いたばかりだったことから、一～二年は日田に帰れないと萩村らの依頼を断った。そのため、復軒を招聘しようと右の書状が認められたのだろう。復軒は、嘉永六年（一八五三）一月に咸宜園に入門し、わずか二年半後の安政二年七月末に三権九級下に到達して一〇月末に準都講に、同三年三月に都講となった。明治初期に藩学教官や小学校教員を勤めた後、一五年九月に田主丸中学校の校長に就いていた。[37]復軒が咸宜園の教師に就いたことは確認できないので、おそらく彼にも断られたのだろう。そのうえ、明治一七年二月に青邨が死去した。[36]

明治一八年（一八八五）二月に咸宜園を再興したのは、青邨長男の広瀬貞文（一八五三～一九一四、号は濠田）であった。濠田は、咸宜園で林外から学び、明治四年四月に七級上に達した。青邨に付いて京都で過ごした際には京都府立中学校で学んだとされる。同八年一〇月から同一一年一二月まで慶應義塾で学んだ後、千葉県属、司法省属、大審院書記などを勤めた。一七年末に退職して、翌一八年一月に家族とともに日田に移った。二月九日に瓊林義塾校主の椋野元卓から濠田への変更が、三月一六日には咸宜園への改称が、ともに大分県令に届けられた。[38]

こうして、広瀬家の校主によって咸宜園が再興されることになった。明治一八年二月一〇日付で萩村や姑南のほか豆田町・隈町の商家など有志二六名の連名による咸宜園開校式案内状が配られ、二月二二日に咸宜園講堂で開校式がおこなわれた。[39]その三日後には二五名が入門した。三月に入ると濠田は塾生数名を連れて広瀬本家を訪れ、同家に残っていた塾蔵書をすべて咸宜園東家に運んだ。[40]

同年中の入門者総数は一一三名に達した。出身地別にみると、大分県が六六名、九州地方（大分県以外）が三七名、九州外が一〇名である。大分県内の内訳は、日田郡四五名（豆田一二・他町村三三）、他郡二一名となる。九州以外では、東京、長野、岐阜、愛知、広島、山口、愛媛などに及ぶ。九州外出身者のなかには、濠田関係者や遊学以外の目的で日田に寄留しながら入門した事例が含まれるが、五月に愛媛県から入門した竹内直（一九歳）のように「幼少の頃より漢学を好」[41]んで遊学した者もいた。九州を越えた地域から遊学目的でやってくる事例は濠田校主時代が最後とみられる。また、年間入門者数一一三名は、咸宜園開設全期間中第五位に入る多さである。そういった意味では、この時期が再興後咸宜園のピークといえよう。ただし、瓊林義塾から引き継いだ塾生が二七名を占めていた[42]。

咸宜園の教師は、表1に示したように、明治一八年に二名、一九年に三名と記録されている。複数の教師が咸宜園での教授をどのように分担したのかは不明である。校主兼教師である濠田のほかに、萩村を教師として届け出ていたのかもしれない[43]。また、一八年九月には福岡県から井上栄（一八二七〜八八、号は昆江）が招かれ、翌年まで教師を勤めた。昆江は天保一四年（一八四三）に咸宜園に入門し、その年のうちに二権五級下へと急速な昇級を遂げた。弘化三年（一八四六）一一月には舎長・準都講に任ぜられ、二権九級下に達した後、同四年初めに大帰した。その父直次郎も咸宜園門人で、文政一〇年（一八二七）頃から筑後国御井郡に開塾し、昆江が継承していた[44]。昆江が咸宜園にやってきた直後の九月から一一月にかけて入門者数が三〇名に及び、そのうちの一九名を御井郡を中心とする福岡県の出身者が占めているのは、井上塾の塾生が昆江に追随してきたためであろう[45]。

廣瀬資料館には、濠田が咸宜園を再興したときに作成したと伝えられる「塾則・咸宜園規約」が残されている[46]。同規約の項目は、職掌・出入・賞罰・財用・飲食・舎則・雑則・外来生心得から構成されており、一見したところ「瓊林規則」に似ている。しかし、文体が漢文訓読体になり、起床や就寝などの時刻が定時法に基づいて厳密に規定されるなど、形式的には一新されている。と同時に、内容についても「瓊林規則」を部分的に踏襲しながら全体的にはかなり改められている。職掌・出入・飲食・舎則には、「瓊林規則」の各項目の規約を簡略化あるいは部分修正して採用されたものが少なくないが、賞罰・財用・雑則・外来生心得は新しく作成されている。

内容がかなり改変されているとはいえ、「塾則・咸宜園規約」では、職掌の項目に「通計監ハ毎月廿九日通計人ト共ニ師家ニ会シ課業試業ノ点数ヲ通計シ翌月ノ月旦評ヲ製スヘシ」と、舎則に「席替ハ毎月月旦評ニ従フヘシ」と規定されており、月旦評による昇級制が継承されている。職掌で規定された都講以下の職務の記述からは、輪読や輪講、会読といった従来通りの方法が採られていたこともわかる。

（2）英語・数学の導入

これまでみたように、明治一三年の瓊林義塾開校以来一八年の咸宜園開校当初に至るまで旧来通りの漢学教育が継続されていたが、一九年に濠田は英語と数学を導入した[47]。その背景には当時の英語流行や漢学消長といった社会的風潮があったと考えられるが、直接の契機は教英中学校の廃校であった。明治一九年「中学校令」によって地方税による尋常中学校が府県一校に限られ、町村立中学校も認められなかったことから、教英中学校は四月に廃校となった。

そこで、濠田は「当塾学科中予科トシテ英数之二科ヲ加ヘ教授仕度候」として「元教英中学校蔵書中英書幷数学書借用仕度」と日田郡長に願い出た[48]。同校蔵書のうち英書と数学書を咸宜園に借用しようとしたわけである。濠田は一八年九月から同校の校長を兼務していたので、蔵書の内容を熟知していた。英語と数学を「予科」としているのは、廃校になって行き場を失った同校の生徒を受け入れるための方策だったと考えられる。五月の入門者数は一か月としては多い一九名に及んだが、そのなかには、教英中学校からの転入生が少なくなかったのではないだろうか。[49]たとえば、同校生徒だった石田貞彦は廃校直後に咸宜園に入門している。ただし、元生徒だけでなく咸宜園塾生のなかにも英語や数学を学ぶ者は存在した。明治一八年五月に入門した穴井繁太は、二一年五月に退塾するまで漢学のみならず数学や英語を学んでいたことが明らかである。[50]

明治一九年七月には教英中学校蔵書の借用が許可された。旧蔵書は、明治二〇年七月に同校跡に開校した日田郡高等小学校の所有となり、[51]現在は日田市立咸宜小学校に所蔵されている。旧蔵書を見れば、咸宜園でどのような英書や数学書が使用されたのか知ることができると考えて調査してみたが、関連する書籍はほとんど見出せなかった。[52]いっぽう、現存する咸宜園の旧蔵書や蔵書目録からは、当時、英語や数学に関する書籍が加えられた形跡はみられない。[53]咸宜園で英語や数学を教授する場合には、旧教英中学校蔵書に頼るしかなかったはずだが、英書や数学書が残っていないところをみると散逸したと考えざるを得ない。

濠田は、慶應義塾で学び、後に内務省警保局で外国新聞の翻訳を担当したことからも、[54]英語に精通していたことは確かである。咸宜園で英語教授を担当したのは濠田に違いない。しかし、濠田は明治二〇年五月一五日に上京し、六月から内務省警保局五等属に就いた。[55]旧門人らは、「咸宜園ノ看板御卸不申様ニ致し度」という思いで、諫山菽村に後事を託すことを決定した。[56]菽村は豆田町の医者諫山安民の長男として生まれた。天保八年（一八三七）から咸宜園で本格的に学び始め、同一五年一一月に四権八級下に達した。筑前の亀井塾に遊学後、肥後や京都で医学を学び、三四歳で日田に帰って父親とともに医業に従事した。父親も淡窓の門人であった。[57]萩村は早くから、いわば裏方として咸宜園の再興に熱心に取り組んできたが、濠田の突然の上京を受けて、明治二〇年六月に咸宜園東家へ移居し、遂に校主に就いたのである。当時、六三歳であった。

濠田がいなくなったため英語教授は中止されたが、継続させることが五月末に宜園保存会で評議された。九月に熊本県から矢野俊彦が招かれ、英語と数学の教授が一六日に再開された。矢野は二一歳の「洋学教師」であった。どういう経歴を持つのかは不明である。着任早々の一〇月から日田郡高等小学校を参観したり、咸宜園塾生を同校に引率して理科実験を見学させたり、両校生徒の交流を始めたという。[58]矢野の目的は、同校の所有となっていた旧教英中学校蔵書中の英書や数学書を見ることにあったのかもしれない。

明治二一年一月発行の『大分県共立教育会雑誌』に、「咸宜園ハ有名なる広瀬淡窓翁の跡なる私塾にして目今漢学英語算術等一《ママ》の諸科を教授し居れり、生徒四五十名内外なる由、教員漢学にハ淡窓翁の門人諫山某、英語算術には矢野俊彦氏等なりとぞ」[59]とあり、萩村が漢学を、矢野が英語と算術を担当していたことがわかる。

（3）中学校の代替

萩村が咸宜園を継承してまもない明治二〇年一〇月に「咸宜園学則」[60]が改正された。同学則は、「大分中学校規則」に即した形式を備えている。一四年（一八八一）七月に文部省から出された「中学校教則大綱」に準拠して各府県は中学校教則を制定したが、大分県は全国で最も遅く一八年五月に「大分中学校規則」（以下「大分規則」と略記）を制定公布した。[61]教英中学校ではこれに準拠した教則を作成したであろうが、同校の校長だった濠田が「大分規則」を咸宜園の学則に改編し、それを萩村が引き継いだのではないかと考えられる。

「大分規則」は、目的、学科、学科課程、教科用書、修業期限、授業要旨、試業法及卒業証書、生徒定員及

入学退学、学費、生徒心得、舎則、罰則の一二章五五条から構成されていた。それに対して「咸宜園学則」は、通則、学年幷ニ教則、試験規則、入校退校規則、寮内規則、生徒心得、勧懲例の七章七四条から成る。(62)

記載形式は共通しているものの、具体的な記述内容は異なる。目的について、「大分規則」第一章目的第一条は「本校ハ忠孝彝倫ノ道ニ基キ、中人以上ノ業務ニ就キ、或ハ高等ノ学校ニ入ル者ノ為メニ、必須ノ学科ヲ授クル所トス」としているのに対して、「咸宜園学則」第一章通則第一条では次のように規定している。(63)

本園ハ成学ノ志ヲ抱キ不得已官公立学校ニ就学スル能ハサル者ヲ教養シ、左ノ三項ヲ知ラシムルヲ以テ其目的トス

一忠臣（朱）信ヲ主トシ礼譲ヲ重ズ

一倫理ヲ正シ忠孝ヲ励ム

一知識ヲ拡メ事業ヲ立ツ

咸宜園は官公立学校に就学できない一四歳以上（第四章第三〇条）の生徒を教養し、忠信や礼譲を知らしめ、倫理を正し、知識を広めることを目的として設定している。

年間六〜一〇回実施される小試験の成績によって座次が決定し、二回実施される大試験によって等級が定められる（第三章第一七・一八条）点や、「競文会競算会」（第二章第一〇条）や演説討論を目的とした「会話」（第二章第一一条）がそれぞれ毎週一回おこなわれる点などは、かつての咸宜園教育を彷彿させる。しかし、全体的にみると、月旦評による昇級制は消えて咸宜園の独自性は後退し、学年制・学期制や祝祭日休業制などが取り入れられて、よりフォーマルな学校に近づけられたといえよう。

特に学科課程に大きな変化があった。表3でわかるように、漢学中心から普通学科を教える学校に性格を変

えようとしていた。従来の漢学教育が修身・歴史・文学といった学科のなかに吸収されてしまい、伝統的な輪読・輪講や会読といった学習方法が表面上消えてしまった。すでに導入されていた英語や数学に加え、中学校の学科編成にあわせて多様な学科が組み込まれている。

「大分規則」における修業年限は、初等科が四年（八級）、高等科が二年（四級）であるが、「咸宜園学則」は五年で各年が前後に分かれていた。表3の咸宜園学科課程と比較するために、「大分規則」初等中学科の各学科について左に示す。配当された等級の数（表3の「総計」に対応）を算用数字で示し、その下に毎週時間の四年間合計を漢数字で表した。

修身8—一六、歴史8—一六、和漢文8—四九、英語8—四八、地理5—一〇、物理2—四、生理2—四、化学2—四、経済2—四、算術3—一二、代数5—一〇、幾何5—一一、図画8—一六、習字4—八、体操8—二四、総計二四八時間

修業年限が異なるので単純に比較はできないが、「咸宜園学則」が歴史、英語、算術、代数、習字の時間数をより多く設定していることは明らかである。特に英語については、「大分規則」が四八時間の設定であるのに対して、「咸宜園学則」は二倍の九六時間に達する。歴史は、「大分規則」では諸学科中九番に位置づけられたが、「咸宜園学則」では修身に次いで二番になり、配当時間も二倍近くに及んでいる。それに対し、図画や体操などは少ない。それまでの咸宜園が公立学校に代わって漢学教育を担ってきたように、ここでは、英語や数学関連の時間を多くすることで独自性を打ち出そうというねらいがあったのではないだろうか。

「咸宜園学則」と「大分規則」は、各学科授業要旨では共通する部分が多い。咸宜園は、算術・代数・幾何・三角法についてはほ「大分規則」の文言をほぼそのまま採用している。英語・地理・歴史・習字・体操について

表3　咸宜園学科課程表

学年	学期	修身	歴史	文学	文学	文学	英語	地理	物理	生理	化学	経済	算術	代数	幾何	三角法	図画	習字	躰操	通計
第一年	毎週時間	2	3	6	2	2	6	2					5					3	2	33
	前	幼学綱要	国史纜要	素読 四書	暗誦暗書 日常書読	作文 書簡文 公用文	綴字書 第一読本 書取 習字	日本地誌要略					加除乗除 四則 雑題					楷字	兵式躰操	
	毎週時間	2	3	6	2	2	6	2					5					3	2	33
	後	仝上	仝上	素読 五経	仝上	仝上	仝上 第二読本 書取 習字 会話	仝上					分数 諸等 小数					仝上	仝上	
第二年	毎週時間	3	4		2	2	8	2					6				2	2	2	33
	前	小学	正続日本外史		暗誦暗書 文章軌範	作文併ニ 仮名交リ文	第三読本 会話 書取 英文典 中地理書	万国地誌略					諸比例				自在画法	行草	仝上	
	毎週時間	2	3		2	2	8	2					6		2		2	2	2	33
	後	仝上	仝上		仝上	仝上	仝上 并ニ 作文	仝上					百分算 開平法 開立法		幾何 初歩		仝上	仝上	仝上	
第三年	毎週時間	2	2		2	2	8			2			3	2	2		2	2	2	31
	前	論語	正続十八史略		仝上	仝上	第四読本 英文典 万国史 作文			弗氏生理書			級数 求積	整数 四術	平面幾何総論 直線角 角形		地図画法	仝上	仝上	
	毎週時間	2	3		2	2	10			2				5	2		2	2	2	34
	後	仝上	仝上		孟子	仝上	仝上 并ニ 植物書			仝上				分数 四術	仝上 比例円		用器画法	仝上	仝上	
第四年	毎週時間	2	3		1	2	12		2					5	2		2	2	2	35
	前	大学	本朝通鑑 万国史記		東莱博議	作文 漢文	第五読本 植物書 米国史 修辞書 作文		物理全誌					方程式 一次方程式 乗法 根数	仝上 円ノ積 応用		仝上	細字	仝上	
	毎週時間	2	3		1	2	12		2					5	2				2	31
	後	中庸	仝上		仝上	仝上	仝上		仝上					方程式 方根数 二次方程式	立体幾何 面ノ交接立体				仝上	
第五年	毎週時間	3	2		1	2	13				2			4	2	2			2	32
	前	書経 易経	仝上		謝選拾遺	仝上	マコレーヘスチング伝 英国史 動物書 作文				有機化学			順列 錯列 級数	仝上 立体積 幾何応用 常用曲線	八線変化 対角用法			仝上	
	毎週時間	3	3		1	2	13				2	2				2			2	30
	後	仝上	日本政記		仝上	仝上	マコレークライブ伝 文明史 憲法文 作文				無機化学	宝氏経済書				対角用法 三角 算			仝上	
		23	29		24	24	96	8	4	4	4	2	25	21	12	4	10	16	20	325
総計		10	10		10	10	10	4	2	2	2	1	5	5	6	2	5	7	10	

出典　首藤助四郎「改正咸宜園規則」『敬天』八、一九七九年、一六～一七頁から書式を一部変更した。

は部分的に「大分規則」を採用している。修身・文学・生理・化学・経済・図画などは咸宜園独自の記述がなされている。「咸宜園学則」第二章第一五条第一欵の修身の要旨をあげれば、次のようである。

修身ハ人生ノ大本ニシテ身ヲ立テ道ヲ行ヒ、皇国ノ臣子タル本分ヲ尽サシムルノ基礎ナレバ幼時ノ涵養尤緊要ナリトス、是レ本校学科ノ主項ニ置ク所以ニシテ、其教授ハ聖賢ノ格言ト徳行トニ依リ躬行実践ヲ主トシ、孝悌忠信礼義廉恥等ノ事ヲ知ラシメ倫理ヲ正シ大義ヲ明ニシ、己ヲ成シ物ヲ成スノ道ニ達センヿヲ要ス、抑彼ノ経典ノ如キハ所謂一字千金ノ味アルモノニシテ、其不尽ノ意ノ存スル所ニ至リテハ敢テ翻訳言語ノ及フ所ニ非ス、人々自ラ其蘊ヲ究ムルニ非レバ道腴ヲ味フヿヲ得ス、是各級ニ通課シテ温見講読殊ニ慇懃ヲ加ヘシムル所以ナリ、

修身では、経典の蘊奥を究めることを重要視している。表3の学科課程表においても、修身では第一年で『幼学綱要』、第二年で『小学』、第三年で『論語』、第四年で『大学』『中庸』、第五年で『書経』『易経』を扱うことになっていた。「大分規則」において初等中学科第一・二年で『小学』、第三・四年で『論語』が教科用図書として指定されて全学年を通して嘉言善行が教えられることになっていたのと比べると、咸宜園はより多くの経典を採用していたことがわかる。修身のこのような内容や先述した歴史重視の傾向にみられるように、当時においても咸宜園は漢学塾の性格を残していたといえる。

以上のような咸宜園の改革の背景には、明治一九年「中学校令」によって大分県下の尋常中学校が一校に限られたことがあった。その状態は明治二六年まで続いた。日田郡においても、先述したように教英中学校が廃校となったため、中等教育を希望する者は日田を出て遊学せざるを得なかった。咸宜園は、中学校に代わって普通学科を教える役割を担うことを目指していたと考えられる。

中学校一校体制が続いた明治二〇年代において、私立学校のなかには咸宜園のように英語や数学を取り入れるところが増えた。明治二五年に大分県内にあった私立学校一六校のうち五校が普通学科を取り入れていた[64]。そうやって普通学科を導入した私立学校が命脈を保ったなかで、咸宜園では早くも明治二一年八月頃には英語や数学を取り止めざるを得なかったようである[65]。「咸宜園学則」は机上の空論に終わった[66]。

蔟村は周旋人九名とともに、明治二一年九月に「咸宜園十年維持有志簿」を作って資金を集めようと計画した。そこには、「時勢ノ推移ル数十年前ノ漢学耳ニテハ行ワレス、若シ強テ之ヲ行ウモ国家ニ対シ利ナキ耳ナラス却テ害ヲ生ルモ計リ難シ、因テ旧朋友及当郡有志者ニ計リ英学及理化学教師ヲ聘セントス」とある。瓊林義塾では姑南らと共に淡窓時代の漢学教育に拘泥していた蔟村だったが、時代の趨勢に応じて、漢学教育のみでは国家に対してむしろ有害であるという認識に変化していたことがわかる。そこで、英学や理化学の教師を招聘しようとするも資金がないため、旧門人や有志に寄付金を募った。咸宜園を一〇年間維持することが目的であった。というのも、第四代塾主広瀬林外の次男甫（当時一四歳）が成長して咸宜園主となるまでに一〇年間が必要とみなされていたためである。もともと、明治二〇年五月に濠田が咸宜園を去ったとき、濠田と有志らの協議で咸宜園を甫に継がせることになったが、甫が若年だったことから蔟村が中継ぎとして校主に立ったようである。義塾となった明治期においても、咸宜園校主にはあくまでも広瀬家の人が就くべきだと考えられていたのである。

「咸宜園十年維持有志簿」には三四名の名前が列挙され、そのうちの二五名から合計二二一円が寄付されている。寄付金は広瀬七三郎が無利子一〇年割で預かることになっていた。周旋人や寄付人のなかには、豆田町・隈町の商人や僧侶などが名を連ねている。彼らのなかには、草野忠右衛門、森甚左衛門、大蔵伊平二といった高額納税者も含まれていた。しかし、広瀬家を初めとして江戸時代に豊富な財力を有した商家の多くが、明治期にはすっかり衰退してしまっていた。(67) 地元だけでなく東京の旧門人らからも送金があったようだが、(68) 萩村は明治二四年四月に東上してさらに一六九〇円を集めた。(69) それでも資金が不足したのか、あるいは適任者が見つからなかったのか、結局、英学や理化学の教師を招聘することはできなかった。

萩村校主時代の入門者総数は九九名であった。そのなかで出身地と年齢がわかる九三名について表4にまとめた。表2の瓊林義塾時代と比べると年齢層が高くなっている（平均一八歳）。日田郡豆田町からの入門者に一三歳以下がいないのは、明治二〇年七月に開校した日田郡高等小学校に入学者が流れたためと考えられる。九州では、福岡県が七割以上を占め、佐賀、熊本、長崎からもやってきた。九州以外では岐阜、広島、愛媛県の出身者が含まれる。明治二三年六月に村上姑南が死去したことで、姑南が日田郡内に開いていた学思義塾から一時的にまとまった入門者があった程度で、(70) 全体的にみれば塾生は減少の一途をたどった。萩村は体調不良のために二五年四月に咸宜園を閉鎖したとされ、(71) 五月以降の入門者は確認できない。

表4　萩村校主時代の入門者の年齢と出身地

年齢	大分県			他府県		合計
	日田郡		他郡	九州	九州以外	
	豆田町	他町村				
11	—	1	—	1	—	2
12	—	1	—	1	—	2
13	—	4	4	—	—	8
14	2	4	1	2	—	9
15	2	—	1	2	—	5
16	3	2	2	7	1	15
17	1	2	5	3	3	14
18	—	3	3	2	—	8
19	1	2	2	3	1	9
20	—	2	1	1	—	4
21〜24	—	2	2	4	—	8
25〜37	—	1	3	5	—	9
合計	9	24	24	31	5	93

出典：咸宜園入門簿（『増補淡窓全集下巻』所収）をもとに、明治20年6月〜25年4月に入門した99名のなかで出身地と年齢がわかる93名について作成。

第三節　地域密着型の漢学教育

（1）咸宜園の再開

咸宜園は、勝屋馬三男（一八七〇～一九三三、号は明浜）が教師として招かれたことによって再開されたが、その時期や経緯は不明である。開校について大分県に届けられなかったためか、『大分県学事年報』にも記録はない。明治二九年五月から入門者を受け付け始めたことは、入門簿が残っているから確実である。明浜は佐賀県藤津郡の出身で、中学校で学んだのち、明治一八年に咸宜園に入門した。一九年一一月に郷里に帰り、二〇年から谷口藍田（淡窓門人）の塾で漢学を学んだ。(72)

明浜時代にどのような教育がおこなわれていたのか、その手掛かりは明治三〇年一月に発行された「日田新報」六九に掲載された記事と広告しかない。

◎咸宜園の月旦　本月月旦表に昇級を得たる生徒は如左、日田の文学追々復活の運に向へり、諸子勉旃

加二級下佐藤直作　橋本香列、日野保日田、加一級上林観吾肥前、中尾猶之豊前、秦省三直入、加一級下平野能吉日田、

右の記事によれば、月旦評による昇級制が採用されていたことがわかる。次の広告によると、四書五経などの講義、『日本外史』や『十八史略』などの独見、漢詩文の試業など、旧来通りの漢学教育がおこなわれていたようすがうかがえる。

今般勝屋紫明先生ヲ聘シ授業ヲ拡張セリ

昼間左伝、四書五経ノ講義、外史、十八史ノ独見会、詩文章ノ試業

夜間続文章軌範ノ開講アリ数百箱ノ蔵書生徒ノ借覧ヲ諾ス

豊後日田　咸宜園

明治一三年瓊林義塾開校から同三〇年咸宜園閉鎖までの入門者の数と出身地を、校主あるいは教師の別に示すと表5のようになる。[73] 総数五六八名のなかで大分県域の三五六名の占める割合は六三%に及び、そのうちの七割近くを日田郡出身者が占めた。近世期の咸宜園は全国各地から入門者を集めたが、[74] 再興後の門人分布は九州、とりわけ大分県域に縮小した。

明浜の門人は四八名にとどまり、しかも大分県内からの入門が多く、日田郡出身者が六割近くを占めた。唯一九州外の岡山県の出身者であった小島寿吉も、印刷技術者として日田郡朝日村に寄留していた時に入門したことが高倉芳男によって指摘されている。地域密着型の漢学塾へと回帰したといえよう。[75] 明治二九年には四〇名を超える入門があったが、翌三〇年になると半年の間にわずか六名の入門者にとどまり、振るわないまま咸宜園は九月に閉鎖された。

荻村の代から衰退の一途をたどり、[76] 明治三〇年に完全閉鎖に追い込まれたことは、全国的な漢学塾衰退の趨勢と軌を一にしたもので決して不思議ではない。しかし、咸宜園が振るわなかった要因には、日田郡の地域性も関係していたと思われる。

表5　塾生の出身地の変化

		村上姑南	広瀬濠田	諫山萩村	勝屋明浜	計(%)
		1880(明治13)・3～1884・9	1885(明治18)・2～1887・4	1887(明治20)・6～1892・4	1896(明治29)・5～1897・6	
大分県	日田郡	108(46.8)	74(38.9)	34(34.3)	28(58.3)	244(43.0)
	他郡	35(15.2)	39(20.5)	26(26.3)	12(25.0)	112(19.7)
九州(大分県外)		74(32.0)	63(33.3)	34(34.3)	7(14.6)	178(31.3)
九州以外		13(5.6)	14(6.9)	5(7.7)	1(2.1)	33(5.8)
不明		1	0	0	0	1
計		231	190	99	48	568

出典：「瓊林義塾入門簿」および咸宜園入門簿（『増補淡窓全集下巻』所収）から作成。塾生数は延べ人数。
九州（大分県以外）：福岡 111、佐賀 27、熊本 22、長崎 16 など。
九州以外：愛媛 7、岐阜 5、広島 5、兵庫 4、山口 3 など。

（2）日田郡民の教育要求度

日田郡は、経済力が低く、貧富の差が大きい地域であった。まず、明治一四年において同郡の選挙権所有者（直接国税納入額五円以上）の人口千人比は大分県下最低であり、被選挙権所有者（直接国税納入額一〇円以上）の人口千人比は下から二番目という低さであった。総じて富裕者の比率は県下で最低であった。また、日田郡では早くから農業従事者の階層分化が進んでいた。一六年の自作農家は二六％、小作農は二三％、自小作は五一％であって、小作の割合は県下平均の二倍を超えていた。いっぽう、二四年の大富豪（市町村税賦課対象額一万円以上）は、大分県下五四名のうち日田郡が八名を占めていた。[77]

経済力の低さは劣悪な就学状況に結びついた。日田郡の学齢児童の就学率は大分県下一二郡で最低であった。明治二〇年に二九％で、最高の郡より二八％、県平均より一四％も低かった。二五年には四二％に上がったが、最高の郡より一八％、県平均より一〇％低かった。三五年に至っても、県下で日田郡のみ九〇％台に届かなかった。[78]大分県の就学率は明治三四年まで全国平均より低い状況が続いたから、日田郡は全国的にみても劣悪だったといえる。ましてや上級学校への進学希望も低かった。明治二九年の調査によると、日田郡では高等小学校二学年を終えた男子生徒一六四名のうち中学校へ入学を希望するのがわずか八名という結果であった。[79]つまり、日田郡民の教育要求度は、高等小学校までで十分というレベルにとどまっていたといえる。

もちろん中等教育以上を目指す人びとがいなかったわけではない。高等小学校が設置されてから明治二九年までに日田・玖珠両郡で輩出した卒業生一七四名のうち八〇名は上級学校に進学した。その進学先は、県内では大分尋常中学校（二三名）、県外では東京帝国大学（五名）のほか、熊本九州学院（七名）、長崎の第五高等学校医学部（三名）、愛知医学校（三名）などの医学系を中心に一二府県四〇校に及んだ。[80]明治三三年の大分県内の中学校生徒数を郡別にみると、日田郡のそれは最も少ないながら三三名であった。[81] 日田郡において中等教育に進むのは、他郡他県に出て行く財力を持った一部の富裕層に過ぎなかったのである。

おわりに

本章でたどってきた明治期の咸宜園について、役割と衰退・閉鎖の要因の観点からまとめておこう。

明治一三年の瓊林義塾開校から一八年の咸宜園開校直後の時代は、漢学教育への需要の高まりを社会的背景として、淡窓時代を踏襲した教育をおこなうことで独自性を発揮できた。公教育の普及しつつあった時代だからこそ、普通学科教育を担う小学校や中学校と棲み分けながら、漢学を教育するという役割を全うすることができたのである。

明治一九年以降は、英語教育への需要が高まっていたにも関わらず「中学校令」を機に府県一校体制が続いた。大分県下でも二六年まで大分尋常中学校（大分郡所在）に限られた。咸宜園では、同じ日田郡内にあった教英中学校が廃校となったことから、その蔵書を借用して生徒の一部を受け入れ、英語と数学の教授を開始した。さらには、中学校に代わって普通学科を教育する学校へと改革を目指した。咸宜園は漢学専門から脱却して塾生を増やそうとしたのだろうが、同時期の日田に学思義塾や日田郡高等小学校が存立したことから、生徒は分散した。それでも三校は役割を分担することによって均衡を保った。学思義塾は淡窓を踏襲した漢学教育に徹し、咸宜園は公立学校に就学できない一四歳以上を対象としたからである。この時期の塾生のなかには、退塾後に上京して英吉利法律学校などに進学した者を確認できる。[82] 一時的にせよ咸宜園は上級学校に接続する役割を果たしたといえよう。塾生の進路の全体的な傾向については本章では明らかにできなかったので、今後の課題としたい。

明治二一年八月頃には、普通学科は遠く及ばず、英語・数学の教育ですら頓挫してしまった。洋学教師を招聘できない状態では、従来の漢学専門に戻るしかなかった。明治期の咸宜園を支える主軸であった萩村が死去すると咸宜園も終わるはずだったが、明治二九年に再開された。もはや全国的に漢学塾は斜陽の時代に入っていたから、まもなく完全閉鎖されたのは自然な結末である。

咸宜園の衰退、閉鎖の要因としては、慢性的な資金不足やそれと関連して普通学科を担う教師を招聘できなかったこと、日田郡民の教育要求度が低かったことがあげられる。江戸時代の咸宜園は、淡窓が教授に専念し、独特の教育システムを構築したことで、全国から入門者を集めて拡大発展した。軌を一にして広瀬本家が掛屋として著しい成長を遂げたことから(83)、咸宜園は本家のバックアップのもとで安定した経営がおこなわれ、青邨や林外へと継承された(84)。しかし、明治七年に林外が死去し、広瀬本家も廃藩置県前後の変動によって経営規模が急激に縮小したため、咸宜園は閉鎖された。咸宜園は天領日田と運命を共にしたといえよう。

広瀬（淡窓）家の家塾であった江戸時代と異なり、明治期は旧門人らによる醵金と評議によって義塾として運営がおこなわれた。塾の性格が大きく変わったが、日田には再興後の咸宜園を維持するだけの経済力は残されていなかった。また、旧門人の間には広瀬家の校主を望む声が強かったが、長く日田を離れていた青邨は帰らず、濠田は数年で咸宜園を去ってしまった。明治時代の咸宜園は、旧門人らの熱意で再興されたものの、実態との歯車が噛み合うことはなかった。

註

（1）海原徹『広瀬淡窓と咸宜園―ことごとく皆宜し―』ミネルヴァ書房、二〇〇八年、i頁。咸宜園教育研究センター監修『図説咸宜園―近世最大の私塾―』日田市教育委員会、二〇一七年。

（2）咸宜園に関する一九八〇年代までの研究動向については、三澤勝己「広瀬淡窓研究史試論」（『國學院雑誌』八六（六）、一九八五年）や田中加代「広瀬淡窓研究とその課題」（『広瀬淡窓の研究』ぺりかん社、一九九三年、序章）に整理されている。その後の研究成果については、『咸宜園教育研究センター研究紀要』二（二〇一三年）以降毎号の巻末に掲載された「咸宜園関係参考文献」によって把握できる。

（3）本章では、明治一三年の瓊林義塾開校を以て咸宜園再興ととらえる。明治一二年に園田謙吾（一八三四～九〇、号は鷹城）によって再興されたとする中島市三郎の説（中島市三郎著・中島三夫編『咸宜園教育発達史』中島国夫、一九七三年、二〇二～二〇三頁）があるが、本章ではそれを採用しない。中島は、明治一三年に発刊された雑誌『咸宜園』第一集の「沿革略及雑事」に「明治十二年ニ至リ門人園田謙吾村上姑南相継テ再ヒ瓊林荘ヲ開キ遺規ニ因テ生徒ニ授ク」と記されていることや園田鷹城婢文（大分県玖珠郡玖珠町末広神社「園田鷹城先生之婢」）に日田で五年間にわたって開塾したと記されていることを根拠に、園田鷹城を第六代塾主に措定している。また、『月隈教育百年史』にも、「五岳上人は、それらの人々に頼まれ、園田鷹城に請うて正式に県にも届け、第六代宜園教授となってもらい再興を図った」（「月隈教育百年史」編集部編『月隈教育百年史』日田市立月隈小学校、一九七五年、六六頁）とある。

　中島があげた二つの根拠以外にも、明治二七年に発行された小野藤太『日田歴史』（小野藤太発行）に「咸宜園ハ廃藩ノ時、一旦廃塾セシガ、明治十二年ヨリ淡窓先生ノ門人、園田謙吾、村上姑南、相継デ書生ヲ教へ」（四五頁）と記されている。『咸宜園』は咸宜園関係者によって発刊された雑誌であり、小野藤太は豆田小学校教員の時に広瀬家に直接取材に赴いている（「明治二十七年日記」（家宝28-1-17）一月二九日条）ことから、それぞれの記述は信頼できるように思われる。しかし、鷹城が咸宜園の教師を勤めていたことを裏付ける史料は現在のところ確認できていない。

大分県の学事年報や統計書にも明治一二年に咸宜園が再興されたことを示す記録は見られない。「旧幕府領地内家塾」（青邨文庫 84-141・142）に「明治十二年ニ至リ、門人某再ヒ瓊林荘ヲ開キ」とあって、鷹城の名はないものの、明治一一年か一二年に瓊林荘が開設されたことが記されている。しかし、「学事年報諸表」（複製本、大分県公文書館所蔵、2001032086）に掲載された明治一一年の大分県管内私学校表のなかに瓊林荘はない。

以上を勘案して、本章では、咸宜園再興を明治一三年とする。

（4）中島市三郎は、文化一四年開設時から明治三〇年閉鎖時までの咸宜園教師を、初代淡窓→二代旭荘→三代青邨→四代林外→五代唐川即定→六代園田鷹城→七代村上姑南→八代広瀬濠田→九代諫山蕿村→一〇代勝屋明浜と一貫して塾主ととらえている（前掲註(3)、二〇二～二一四頁）。しかし、江戸期に広瀬（淡窓）家の家業として伝えていた塾主と、後述するように明治期に義塾に改革した後の校主とは全く性格が異なる。また、濠田と蕿村は咸宜園校主であったことが確かだが、姑南は校主ではなく、明浜の位置づけは不明である。そのため、本章では右のようなとらえ方を採用しない。

（5）高倉芳男「咸宜園最後の講師 勝屋明浜先生」『大分縣地方史』五六、一九七〇年。森眞理子『咸宜園塾頭諫山蕿村宛来簡の書誌的研究』（平成三・四年度科学研究費補助金一般研究(C) 研究成果報告書）、一九九五年。森によれば、かつて日田市で諫山蕿村関連書簡・文書が約三〇〇点発見されたというが、現在、日田市において史料は所在不明である。溝田直己「史料紹介「広瀬青邨文庫」（国文学研究資料館所蔵）にみる咸宜園関係の新出史料について」『咸宜園教育研究センター研究紀要』七、二〇一八年。溝田は、「咸宜園教育の変遷と近代」（江藤茂博・町泉寿郎編『漢学と漢学塾』（講座近代日本と漢学第二巻）戎光祥出版、二〇二〇年）で明治期咸宜園に触れている。

（6）入江宏「明治前期「漢学塾」の基本的性格」幕末維新期漢学塾研究会・生馬寛信編『幕末維新期漢学塾の研究』溪水社、二〇〇三年。池田雅則『私塾の近代─越後・長善館と民の近代教育の原風景─』東京大学出版会、二〇一四年。明治期の私塾に関する研究には以下のようなものがある。千原勝美「明治初期漢学塾の様態とその性格」漢魏文化研究会編・発行『東洋学論集　内野博士還暦記念』、一九六四年。星野三雪「私塾「大江義塾」の教育活動とその特質」『教育学研究』四四（一）、一九七七年。神辺靖光『日本における中学校形成史の研究　明治初期編』多賀出版、一九九三年。Margaret Mehl「明治時代の教育における漢学塾の役割」張寶三・楊儒賓編『日本漢学研究初探』勉誠出版、二〇〇二年。小久保明浩『塾の水脈』武蔵野美術大学出版局、二〇〇四年。関口直佑「明治初期における東京の私塾―同人社を中心として―」『社学研論集』一二、二〇〇八年。川原健太郎「近代の私塾における同窓生の研究―奚疑塾を対象として―」『早稲田大学大学院教育学研究科紀要 別冊』一八―二、二〇一一年。

（7）高野澄「咸宜園―広瀬淡窓―」奈良本辰也編『日本の私塾』淡交社、一九六九年、一三四頁。杉本勲「豊後日田の広瀬家史料の調査によせて」『日本歴史』二七二、一九七一年、一三四頁。関山邦宏「幕末私塾の学規の研究―咸宜園を中心として―」『青山学院大学教育学会紀要　教育研究』二三、一九七九年、四七頁。

（8）日田郡教育会編『増補淡窓全集上中下巻』思文閣、一九七一年。

（9）廣瀬資料館先賢文庫の史料は、広瀬家蔵書と咸宜園蔵書に分けて『広瀬先賢文庫目録』（広瀬貞雄監修、中村幸彦・井上敏幸編、広瀬先賢文庫、一九九五年）に掲載されている。広瀬家蔵書はさらに家宝書と一般書に分けられている。本章で使用するのは家宝書のうちの「広瀬本家日記」（28-1）、「源兵衛雑記広瀬家記筆写」（29-3）、「林外日記」（5-1-1）、「塾則・咸宜園規約」（11-44-1）、「元教英中学校書籍借用之儀ニ付御願」（11-44-3）、「咸宜園十年維持有志簿」（11-44-4）などである。「広瀬本家日記」については、「明治十三年日記」（28-1-3）から「明治二十七年日記」（28-1-17）（函架番号は、廣瀬貞雄監修、中村幸彦・井上敏幸編『廣瀬先賢文庫家宝書詳細目録』廣瀬先賢文庫、二〇一八年による）を使用した。「塾則・咸宜園規約」以下三史料については、鈴木理恵『咸宜園系譜塾の展開に関する実証的研究―西日本を中心として―』（二〇一三～二〇一七年度科学研究費補助金基盤研究（C）研究成果報告書）、二〇一八年、一一二～一一五頁、一一六頁、一二三頁に翻刻した。

国文学研究資料館広瀬青邨文庫の史料は、青邨子孫の吉川孔敏氏によって寄贈されたものである。広瀬青邨文庫について詳しくは大野雅之「（史料紹介）「淡窓先生手書克己篇」にみる廣瀬淡窓の苦悩―末弟旭荘のこと―」（『史料館研究紀要』（大分県先哲史料館）一五、二〇一〇年）を参照。本章で使用するのは、「旧幕府領地内家塾」（84-141・142）、「宜園再興保存ノ儀ニ付淡窓先生門下諸君江相談書」（84-143）、「咸宜園学則」（84-146）である。これらは、田中晃「宜園雑記」（『敬天』一二、一九八三年）四四～四六頁、溝田直己前掲註（5）（二〇一八年）の七四～七七頁、七九～八七頁、鈴木前掲報告書の一一〇頁、一一六～一二二頁に翻刻されている。

咸宜園教育研究センターに所蔵される史料は、村上姑南に関連したものである。そのうち、本章では「瓊林義塾入門簿」、「庚辰改正瓊林義塾規則」、「姑南詩稿甲壱」、「災後記事」などを使用する。

(10) 後述するように、諫山萩村らは明治一五年二月に宜園保存会を発足させて瓊林塾を義塾とした。厳密にいえば、これ以降を瓊林義塾、以前を瓊林塾として区別すべきであろう。しかし、開校当時からすでに旧門人らの協議に基づいて運営されていたことから、本章では全期間を通じて「瓊林義塾」の名称を採用する。

(11) 明治一五年二月「宜園再興保存ノ儀ニ付淡窓先生門下諸君江相談書」。

(12) 前掲註(8)『増補淡窓全集下巻』収載の「淡窓日記」による。

(13) 瓊林義塾開校の経緯は、「姑南詩稿甲壱」に記されている。

(14) 吉田昌弘「各種学校のはじまり」土方苑子編『各種学校の歴史的研究』東京大学出版会、二〇〇八年、四三頁。

(15) 「瓊林義塾入門簿」は、原簿でなく写しである。一〇行罫紙に、ひとりにつき二行にわたって、入門年月日・住所・氏名・年齢・紹介人名などが記されている。写しであることに注意を払いながら使用する。

(16) 『明治十六年大分県統計書』によれば、一三年の生徒数は三〇名と記されている(表1参照)ことから、「瓊林義塾入門簿」に記載されていない入門者がいたのかもしれない。なお、大分県の統計書や学事年報は国立国会図書館のデジタルコレクションで閲覧した。

(17) 明治一三年二月二八日に開校し(「明治十三年日記」同日条)、一四年六月二九日に校舎が落成するまで授業は咸宜園跡でおこなわれたとされる(高倉芳男「教英中学の研究」『日田文化』一六、一九七三年、四一頁。「月隈教育百年史」編集部編前掲註(3)、六七頁)。

(18) 「瓊林義塾入門簿」の表紙に「欲レ興ニ瓊林塾一也、初寓ニ上手農戸山某宅一、而移ニ旧山本院大蔵氏一而卜ニ居旧官府外一、遂来住」と記されている。「明治十四年日記」四月一日条に中学校が旧咸宜園から移転したことが、同二三日条に萩村が広瀬家に依頼したことが記されている。また、同日記の六月六日条には「村上塾」が「下中城旧宜園」の地にあったことが記されている。

(19) 「明治十三年日記」五月一五日条(七六一頁)。明治七年に作成された目録によれば、咸宜園蔵書は約五〇〇〇冊に達した(咸宜園蔵書については鈴木理恵前掲註(9)報告書を参照)。瓊林義塾に貸し出された書籍の冊数は不明だが、一六箱に及んだ。

(20)「淡窓日記」の天保一二年三月五日条（七六一頁）に新令（「職掌規約」「職掌告喩」「改正規約」）を頒布したと記されている。「辛丑改正規則」は、中島市三郎によって『教聖廣瀬淡窓の研究』（増補改訂版）（第一出版協会、一九四三年）の巻末増補部分に翻刻されている。

(21)「辛丑改正規則」にあって瓊林義塾で採用されなかったのは、職任で一則、飲食で五則、出入・用財で各一則、雑で二則である。出入の「導引之者ハ夜行願相済候上出ハ舎長ニ届ケ帰リ深更ニ及ビ候ハバ夜番ニ届ケ着帳可致事、但昼出テ夜帰ルモ為同様事」に代表されるように、時代の変化に対応して削除したと考えられる。

(22)山本佐貴「咸宜園における漢詩講釈の展開」『教育学研究紀要』四五（二）、一九九九年。

(23)広瀬恒太『日田御役所から日田県へ』（帆足コウ、一九六九年）第二部第三項口絵（五五）に掲載された写真③「教英中学入学願書と許可」による。貞治は明治一六年五月に瓊林義塾に入門し、一八年以降も咸宜園に継続して通い（「明治十八年日記」三月一日・九月一日条）、教英中学校入学時には三級上を卒業していた。

(24)学制期に各地でそうした修学スタイルがあったことは小久保明浩「学校教育制度の成立と塾」（前掲註（6））によって指摘されている。

(25)漢文訓読体が公式文書に採用されて広がりをみせたことや、それと関連して師範学校の入学試験をはじめとする諸試験に漢文が課されたことが背景にあると指摘されている（千原勝美「漢籍・読書・漢文考」『中国文化』四二、一九八四年）。また、猪口篤志は、明治の前半期に漢詩壇が活況を呈したとしてその理由を、当時の著名人がよく詩をつくったこと、私塾の成立と詩社の林立がみられたこと、漢詩を発表する出版物（雑誌・詩集・新聞など）が増えたこと、中国との交通が開けて人士の往来が盛んになったこと、としている（『日本漢文学史』角川書店、一九八四年）。

(26)池田雅則前掲註(6)、八一頁。

(27)前掲註（11）に同じ。史料の冒頭に「壬午三月十五日達五岳到来東添ヒノ規則書也、山梨県寓居中儀範治」と朱書きされている。

(28)「広瀬本家日記」（「明治十五年日記」～「明治二十二年日記」）、千原藤一郎「日記」（九州大学記録資料館所蔵、千原家文書 1146・1156・1159）、村上姑南日記「災後記事」などによれば、明治一五年四月、同一六年八・一二月、同

一七年一〇月、同一八年一・八月、同二〇年五・九月、同二二年二月に会合が開かれている。なお、千原家は、江戸時代には日田の掛屋で森・小倉・島原藩などの御用達を勤めた豪商であったが、明治時代以降は養蚕伝習所、炭田、釧路木挽所、書画売買などの諸事業で家の再興をはかった（九州大学九州文化史研究施設編『九州文化史研究所所蔵古文書目録十（千原家文書一）』九州大学文学部附属九州文化史研究施設、一九七九年、凡例）。
(29)「明治十七年日記」の遊紙のあとに、印刷された同史料が貼付されている。
(30)明治一四・一五・一六年の大分県年報（『文部省第九年報二冊』六三一頁、『文部省第十年報二冊』七三九頁、『文部省第十一年報二冊』七二八頁。いずれも文部省編、宣文堂、一九六六年（復刻版））。
(31)千原藤一郎「日記」（九州大学記録資料館所蔵、千原家文書1156）八月二三・三〇日条。
(32)「明治十七年日記」一〇月一一日条。村上姑南が教師を勤めた時期について、中島市三郎は明治一五年までの二年間とし、咸宜園教育研究センターもこれを採っている（中島市三郎前掲註(3)、二〇四頁。咸宜園教育研究センター監修前掲註(1)、四三頁）。広瀬恒太は、明治一七年までとするが、その根拠を示していない（前掲註(23)、二一七頁）。本章で見たように広瀬濠田が咸宜園を再興する前年の一七年まで姑南が教師を継続したことは明らかである。
(33)『大分県統計書』によれば、学思義塾の一九年の生徒数は四〇名、二〇年は三〇名、二一年は二六名、二二年は二三名と記録されている。なお、学思義塾の明治二一年六月の月旦評が咸宜園教育研究センター監修前掲註（1）、六一頁に掲載されている。
(34)書状中に諫山東作（萩村）が上京したと記されているが、萩村は、明治一五年一一月に上京している（「源兵衛雑記広瀬家記筆写」、千原藤一郎「日記」（九州大学記録資料館所蔵、千原家文書1152））ことから、書状はその後に記されたと考えられる。
(35)年欠筑後田主丸吉富亀次郎宛長茨・秋月新太郎書状（中島市三郎前掲註(3)、二〇七頁）。この書状について、中島は所蔵先や作成経緯などについて一切記していないことから史料的価値に疑問が残るが、当時の内実を知る重要な手掛かりとなるので本章ではあえて使用した。
(36)青邨の経歴については、吉川孔敏編・発行『廣瀬青邨詩鈔』、一九七〇年による。東宜園については、田中晃「東宜園規則及び入門簿」（『敬天』八、一九七九年）および宮崎修多「私塾本立書院（東宜園）」（『江戸文字』二一、一九九九年）を参照。
(37) 吉富復軒の経歴については、「淡窓日記」、安政三年「林外日記」、「吉富復軒先生小伝」（浮羽史談会編・発行『浮羽先哲遺芳』、一九一五年、五三・五四丁）による。
(38) 濠田の経歴については、大分県に提出された「学校主変更ニ付伺」に添付された履歴書や「改称御届」（「明治十八年諸届書 学務課」、大分県公文書館所蔵、2001032220）、広瀬恒太前掲註(23）二二四頁、「明治十八年日記」一月一二日条による。
(39)「明治十八年日記」二月一〇・二二日条。
(40)「明治十八年日記」三月一一日条。
(41)『愛媛県人物名鑑第一輯松山市・温泉郡之部』海南新聞社、一九二三年、一五一頁（竹内菊五郎）。
(42) 咸宜園教育研究センター監修前掲註(1)、八四頁「入門年別の内訳」による。瓊林義塾から咸宜園に移った塾生については、「瓊林義塾入門簿」と咸宜園の入門簿を対照して共通する塾生を導き出した。
(43) 萩村は、「明治十四年日記」四月四日条によれば、瓊林義塾において講釈を担当したことがあった。あるいは、「明治二十一年日記」四月二九日条に「諌山矢野両教師及ひ宜園諸生不残長谷東上ニ付及離盃」と記されていることから、「長谷」という教師が存在した可能性もある。
(44) 昆江が咸宜園に来たことは、「源兵衛雑記広瀬家記筆写」明治一八年九月三〇日条に記されている。また、「昆江先生墓碑銘」に「明治十八年、淡門之徒、再興宜園、衆議邀先生為師、於是寓豊後、所至皆称善誘。十九年辞職」（倉富了一編・発行『昆江井上先生』、一九三七年、一頁）と記されている。
(45)『福岡県統計書』によれば、井上塾（柳園学校）の明治一八年の生徒数は四二名だったのが、一九年には一〇名に減少している。
(46)「塾則・咸宜園規約」の表紙に貼付された紙片に「本塾則ハ貞文ノ筆書セルモノニテ明治十八年仝人ノ咸宜園再興時ニ其塾則トシテ調査セルモノ如シ（昭和二年三月査）」と記されている。
(47) 麻生千明「明治20年代における高等小学校英語科の実施状況と存廃をめぐる論説動向」『弘前学院大学・弘前学院短期大学紀要』三二、一九九六年。

(48)明治一九年「元教英中学校書籍借用之儀ニ付御願」。

(49)中島市三郎は、「明治十九年教英中学校が閉ざされると、その生徒の中、十二名の咸宜園塾転入を許可している」（前掲註(3)、二一〇頁）とするが、根拠を示していない。

(50)石田貞彦と穴井繁太の履歴書（「銓衡　明治三十年～三十八年」、大分県公文書館所蔵、1996010374）による。ただし、石田貞彦は咸宜園入門簿に記載されていない。穴井繁太履歴書については、池田雅則「コラム　近代における私塾の変容」（咸宜園教育研究センター監修前掲註(1)、一四二頁）が山口県文書館所蔵のものを紹介している。

(51)「月隈教育百年史」編集部編前掲註(3)、八〇・一三三頁。

(52)日田市立咸宜小学校が所蔵する教科書類を二〇一八年一二月に調査し、「教英中学」の印記がある一三二冊を旧教英中学校蔵書と特定した。そのなかでは、『日本外史』『史記評林』『皇朝史略』などの歴史関連書が五〇冊と最も多い。旧教英中学校蔵書には英語や数学に関連する書物が少なくなかったと思われるが、一三二冊のうち英語関連書は一冊、数学関連書は四冊にとどまる。

(53)明治期再興後に購入されたとみられる書籍（鈴木理恵「咸宜園蔵書目録対照表」、前掲註(9)、(35)・(37)頁の書籍で、広瀬青邨文庫所蔵の蔵書目録に掲載されておらず、『増補淡窓全集下巻』中の蔵書目録に記載があるもの）のなかに洋学（英語や数学）に関するものはない。唯一『増補算法闕疑抄』五巻五冊が数学に関連する。

(54)明治二〇年一一月に書かれたとみられる光吉文龍宛広瀬濠田書状（首藤助四郎「光吉文龍所蔵「豊後日田広瀬家関係書簡」」『敬天』九、一九八〇年、二七頁）に「小生ハ内務省警保局へ本年六月より奉職、外国新聞之飜ト内地新聞雑誌之検閲ニ従事致居候」とある。光吉文龍（旧名は森秀三、咸宜園門人）については、溝田直己「史料紹介　光吉文龍述『旭荘公逝去前後ノ日誌』について」『咸宜園教育研究センター研究紀要』一、二〇一三年を参照。

(55)「明治二十年日記」五月一五日条。濠田が内務省警保局五等属に就いたことは「源兵衛雑記広瀬家記筆写」明治二〇年五月二七日条によるが、『明治二十年職員録（甲）』（内閣官報局、一八八八年）の「内務省」欄に濠田の名はない。二一・二二年の同職員録には掲載されている。当時の警保局長は咸宜園門人の清浦奎吾であったから、清浦から誘いがあったのかもしれない。

(56)千原藤一郎「日記」（九州大学記録資料館所蔵、千原家文書1146）明治二〇年五月一三日条。濠田は、咸宜園を去っ

たことについて、光吉文龍に宛てた書状で「小生日田ヲ去ルノ理由（中略）難申上内情も有之」（首藤助四郎前掲註(54)、二七頁）とのみ記して、詳しい事情は語らない。二一年三月発行の『大分県共立教育会雑誌』三九に「咸宜園は広瀬貞文を校主とし、諫山東作之を幹理す」（四五頁）とあるので、濠田はこの頃まで形式的には校主であったのかもしれない。なお、『大分県共立教育会雑誌』は大分県立図書館所蔵の複製本による。

(57) 吉田博嗣「咸宜園門下生略伝（二）諫山菽郁」『咸宜園教育研究センター研究紀要』三、二〇一四年。「日田の先哲」編集委員会編『日田の先哲』日田市教育委員会、一九九六年（一九八四年初版）、九五～九六頁。

(58) 矢野俊彦については、「明治二十年日記」九月一三・一六日条や「月隈教育百年史」編集部編前掲註(3)、八一頁による。

(59) 『大分県共立教育会雑誌』三七、三六頁。

(60) 「咸宜園学則」は、首藤助四郎が紹介した「改正咸宜園規則」（光吉家文書）と内容はほぼ同じである。「咸宜園学則」は朱書きで修正が施されている部分があることから、未定稿であろう。それに対して、「改正咸宜園規則」は、首藤が「光吉俊治が在塾中、その父であり、かつて咸宜園に学んだ光吉文竜が、咸宜園規則を写しとっていたものと推定」している（「改正咸宜園規則」『敬天』八、一九七九年、一頁）。明治一九年末に咸宜園に入門した光吉俊治の家に残されていた「改正咸宜園規則」は塾内に頒布された完成版であったと考えられる。「改正咸宜園規則」は未見であるため、本章では「咸宜園学則」を採用した。ただし、首藤が紹介した光吉家文書には、国文学研究資料館所蔵史料に欠けている咸宜園学科課程表が掲載されていることから、これについては光吉家文書に拠った。

(61) 四方一㳒『『中学校教則大綱』の基礎的研究』梓出版社、二〇〇四年、五九頁。大分県教育百年史編集事務局編『大分県教育百年史　第三巻資料編二』大分県教育委員会、一九七六年、八二九～八四九頁。

(62) 「大分中学校規則」は全五五条とはいえ、一か条が細分化されている場合があるため、「咸宜園学則」より分量が少ないわけではない。

(63) この教育目的は咸宜園独自のものではない。というのも、次に挙げた熊本県の渋江家私塾の目的（上河一之「澁江家私塾について」上河一之著作集刊行会編『近代熊本における国家と教育』熊本出版文化会館、二〇一六年、五六二～五六三頁）と酷似しているからである。渋江家私塾は一八世紀半ばから明治三九年（一九〇六）まで渋江一族によって継続された漢学塾である。咸宜園と渋江塾の教育目的のもとになったものがあると思われるが、それが何かは現在のところ不明である。

一、忠信礼譲ヲ本トシ廉恥ヲ重ンスルコト

一、偏理《ママ》ヲ正シ忠孝ヲ励ムコト

一、知識ヲ拡メ事業ヲ主トスルコト

(64)『明治二十五年大分県学事年報』、二二頁。

(65)矢野俊彦は、明治二一年五〜七月頃に日田郡高等小学校の英語を週一六時間、日給三〇銭で嘱託担当した。しかし、八月には他の教員に代わっている（江藤弘「高等小学開校当初の課業」『日田文化』三〇、一九八七年、八〇頁）ので、日田を去ったのではないかと考えられる。

(66)註(60)で述べたように「咸宜園学則」は、門人光吉俊治の家に同じ内容の「改正咸宜園規則」が残されていることから、塾内に頒布されていたのは確かなようだ。しかし、どこまで実際に機能していたのかははなはだ疑問である。

(67)日田市編・発行『日田市史』、一九九〇年、五三九〜五四〇頁。

(68)「明治二十二年日記」八月六・二一日条によれば、長芡や横井忠直らから「元宜園保存会金利子」が送付されている。

(69)「源兵衛雑記広瀬家記筆写」明治二四年四月一日条。明治二四年四月二一日付千原夕田宛諫山萩村書状（広瀬恒太前掲註(23)、第二部第二項口絵（四〇）写真⑦、一三四頁）。

(70)入門簿によれば、明治二三年一〜六月の入門者数は四名にとどまるが、七〜一二月は一九名に及びその前後と比較して入門者数が多いので、学思義塾から塾生を引き継いだものと考えられる。時期的には後になるが、学思義塾の元塾生で咸宜園に入門した例として水谷晋策があげられる。水谷は、学思義塾閉鎖後は日田郡有田簡易学校雇教員となっていたが、二四年五月から同校勤務のかたわら咸宜園で漢学を修めた（水谷順行「咸宜園門人伝（五）水谷晋策の生涯」『敬天』一〇、一九八一年。ただし、咸宜園入門簿によれば、入門したのは二四年八月であった）。

(71)吉田博嗣前掲註(57)、八七頁。

(72)高倉芳男前掲註(5)。

(73)『増補淡窓全集下巻』の入門簿では明治二〇年六月以降の入門者一二名を濠田への入門者として扱っているが、本章では萩村への入門者とみなした。

(74) 咸宜園全期間の入門者総数に占める大分県域出身者の割合は約三六％である（咸宜園教育研究センター監修前掲註(1)、八七頁の別表2「都道府県ランキング」をもとに算出。別表2には姑南時代の入門者数は含まれていないため、加えて算出した）。

(75) 高倉芳男前掲註(5)、八三頁。日田市教育庁世界遺産推進室編『廣瀬淡窓と咸宜園―近世日本の教育遺産として―』日田市教育委員会、二〇一三年、六二頁。

(76) 池田雅則前掲註(6)、八一頁。

(77) 日田市編前掲註(67)、五六九頁。末広利人「日田県政の展開」大分県総務部総務課編『大分県史　近代篇Ⅰ』大分県、一九八四年、六五～六六頁。

(78) 日田市編前掲註(67)、五八三頁。大分県教育百年史編集事務局編『大分県教育百年史　第一巻通史編一』大分県教育委員会、一九七六年、四九〇頁。

(79) 大分県教育百年史編集事務局編前掲註(78)、五二二頁の第19表による。同様の調査については、米田俊彦「大分県東国東郡」（『近代日本中学校制度の確立―法制・教育機能・支持基盤の形成―』東京大学出版会、一九九二年）二〇一頁の第3―6表でも紹介されている。

(80) 明治二九年「県立尋常中学校設置ノ義ニ付願」（九州大学記録資料館所蔵、千原家文書9482）による。同史料は、明治二九年に大分県各地で県立中学校の誘致運動が展開されたときに、日田・玖珠両郡の町村長が連名で知事宛に出した請願書に添付されたものである。また、同年の『大分県通常会日記上』（大分県立図書館所蔵）には、「現今他府県ニ遊学セル者員数ハ（中略）日田郡三十九人」（七丁ウ）とある。中学校設立問題については、永添祥多「明治中期・大分県会における中学校論議―中学校設立問題を中心として―」『大分県地方史』一六四、一九九六年を参照。

(81) 本校二校、分校四校、計六校の郡別生徒数は以下の通りである。西国東郡七九、東国東郡一一九、速見郡二〇四、大分郡二五四、北海部郡一九九、南海部郡四四、大野郡八二、直入郡一九三、玖珠郡四三、日田郡三三、下毛郡二三一、宇佐郡二六三、他府県八九、合計一八三四名（広瀬恒太前掲註(23)、一六五～一六六頁（もとは「日田新報」三三年一月一四日号による））。

(82) 跡田直一（明治一八年五月入門）は明治二二年に上京して英吉利法律学校に入学した（本耶馬渓町史刊行会編『本耶

馬溪町史』本耶馬溪町、一九八七年、一〇四五頁)。また、明治二三年一月発行の『咸宜園』第一集に、当時在京修学していた宜園門下九名(多くは明治一八年から一九年の入門者)が掲載されている。明治二七年八月発行の「日田新報」二四号(一八頁)でも、麻生行三(一八年二月入門)が慈恵医院医学校、平野円(一八年二月入門)が明治学院に進学したことがわかる。

(83) 野口喜久雄「日田商人広瀬家の経営」杉本勲編『九州天領の研究―日田地方を中心として―』吉川弘文館、一九七六年(初出は一九七二年)。

(84) 末広利人前掲註(77)、六八頁。

第八章　明治期の系譜塾屛陽義塾

はじめに

屛陽義塾は、咸宜園の門人である柳川竹堂（一八四一～九九）によって、讃岐国三野郡上高瀬村（現在の香川県三豊市高瀬町）に、明治三年（一八七〇）に開設されて同二九年（一八九六）まで続いた漢学塾である。第七章でみたように、明治期の咸宜園は、近代教育に対応して教育内容についても教育方法についても江戸時代から様相を大きく変えて、咸宜園教育を後退させていた。系譜塾屛陽義塾も同様だったのだろうか。

本章では、屛陽義塾に咸宜園教育が導入された具体相と門人の出身地分布や退塾後の活動を検討することを通じて、同塾の役割や性格を明らかにする。同塾については自治体史で概説的に記述されるにとどまり、研究の対象にされてこなかった。

使用する主な史料は以下のものである。まず、「柳川竹堂関係文書　送柳川竹堂帰郷詩巻」は、竹堂宛ての書簡や、竹堂が咸宜園を退き帰郷するに際して塾生から寄せられた詩をまとめたものである。「柳川竹堂入門簿」(1)は、明治三年から同二九年までの入門簿である。「私立学校創置ニ付伺」（以下「創置伺」と略記）は、明治一六年七月に愛媛県令宛てに提出されたものである。これら三点はいずれも写ししか確認できておらず、原史料の所在は不明である。(2)ほかに、竹堂の詩集である『忠恕堂詩艸』(3)、頌徳碑、(4)竹堂の門人である白井要の関連史料（白井家文書）(5)や咸宜園関連史料なども使用する。

第一節　柳川竹堂と屏陽義塾

(1)　柳川竹堂の経歴

柳川竹堂は、天保一二年（一八四一）二月、讃岐国三野郡上高瀬村に生まれた。同村は、丸亀藩領であった。讃岐国は丸亀藩のほか、高松藩と多度津藩によって治められていたが、多度津藩は廃止され、他の二藩は明治四年四月に丸亀県、同年七月に高松県となった。同年一一月、二県を合併して香川県が発足した。明治六年二月に名東県（阿波・淡路国）に併合されたが、同八年九月には香川県（第二次）が分離された。同九年八月に愛媛県に併合されてから、同二一年一二月に香川県（第三次）として独立するまでの約一二年間は、愛媛県讃岐国と呼ばれた。

	明治4·7 / 同4·4	同4·11	同6·2	同8·9	同9·8	同21·12
高松藩	高松県	香川県	名東県	香川県	愛媛県	香川県
丸亀藩	丸亀県	（香川県）				
多度津藩	（廃止）					

上高瀬村は、高瀬川中流域に位置する農村地帯であった。明治八年の戸数は四九三、人口は二三〇七、反別一七七町余であった(6)。同二三年、新名村と合併して上高瀬村が成立するにあたり、大字となった。

柳川竹堂は通称を縫之助、諱を成興といった。竹堂または竹荘と号した。頌徳碑によれば、祖父の代に戸城から柳川に改姓している。祖父は丸亀藩に仕えたとされる。父は郷閭の人びとに筆札を教えたことを以て官から表彰されたという。

竹堂の経歴について、「創置伺」に収載された履歴書や頌徳碑の銘文などをもとにまとめれば以下の通りである（一部の年代に誤りがみられるが原史料のまま記述し、修正できる部分については後述する）。竹堂は、安政四年（一八五七）一月から万延元年（一八六〇）六月まで、讃岐国那珂郡櫛梨村の秋山惟恭のもとで漢学を修めた。文久元年（一八六一）一一月に豊後国日田の咸宜園に入門し、慶応元年（一八六五）九月までの四年間近くにわたって、主として広瀬林外に師事した。咸宜園を退いて帰郷したのち、慶応二年一月から明治元年一二月までの三年間にわたり、私宅において学事修業の傍ら、近隣の子どもたちに教授した。明治二年八月から同三年三月までの八か月は、京都清水寺から招聘されて僧侶に教授した。その後帰郷して同三年七月に私宅で私塾を開業して読書を教授し始めた。竹堂は、尊王攘夷をとなえて、各地の志士、西讃の日柳燕石や美馬君田らと親交があったが、王政維新の同志が栄達しても、育英を自任して郷里で門人教育に専念したという。同一九年に塾を丸亀に移したが、翌年に郷里に戻した。[8] 若干巻の著書があったとされる。明治三二年八月に五九歳で病歿した。[7]

（2）咸宜園における竹堂

咸宜園の入門簿には、文久元年一〇月六日付で「讃州丸亀藩中　柳川縫之助　柳川種治嫡子廿才」[9] が入門したことが記されている。「咸宜園日記」[10] の同日条にも現れるので、竹堂の入門日はこれで間違いない。したがって、先にみた「創置伺」の一一月入門という記述は誤りである。入門後の竹堂の動きを「咸宜園日記」で追ってみると、いつからかは不明だが文久二年閏八月まで常侍史を勤め、元治元年（一八六四）三月に権六級下に昇ったあと外来長に就いている。咸宜園では職任制が設けられ、塾生にさまざまな役割が与えられていた。竹堂が就いた常侍史とは塾主の身のまわりの世話をする係で、[11]外来長とは寄宿生以外の外来生を担当する役職であった。[12]竹堂は少なくとも権六級下に進んだことが明らかであるが、六級は月旦九級制のなかで上等生に相当した。

「林外日記」元治元年八月二五日条を最後に「縫之助」の名は咸宜園関連史料に現れなくなる。また、竹堂の大帰に際して塾生から寄せられた詩には、「甲子晩秋」や「元治甲子初冬」の年記がある（「送柳川竹堂帰郷詩巻」）。これらのことから、竹堂は元治甲子（元年）末に日田を去ったのではないかと考えられる。そうであれば、竹堂が咸宜園に在籍したのは約三年間となる。先述したように、「創置伺」には竹堂が慶応元年九月まで林外に就いていたと記されていたが、それを裏付ける史料は確認できない。

咸宜園は広瀬淡窓によって開設されたが、文久元年当時は青邨と林外の二人が教授していた。青邨は、淡窓の義子で、安政二年（一八五五）から塾主となった。しかし、竹堂の入門直前に青邨は日田を離れたため、[13]それ以降、林外が塾政を執り仕切った。また頌徳碑によれば、竹堂は広瀬旭荘にも師事したらしい。旭荘は淡窓の末弟で、林外の実父である。旭荘は天保七年（一八三六）に日田を離れた後、大坂や江戸に住んでいたが、文久元年二月に帰っていた。[14]翌二年一〇月に再び大坂へ赴き、同三年八月に死去した。旭荘の死を悼む竹堂の詩（「雪来山館奉㆓悼旭荘先生㆒用㆓遺作韻㆒」）が残されており、そこには、旭荘が日田に閑居として建てた雪来山館で詩作にふけっていたことや、竹堂が旭荘の談論を聴いたことが記されている。[15]

（3）中学校から各種学校へ

竹堂は明治三年七月一八日に上高瀬村の私宅で私塾を開業したと、「創置伺」に記されている。入門簿の記載も同日の入門者から始まっていることから、この日を以て竹堂が開塾したととらえてよいだろう。開塾当初の名称は不明だが、本章では便宜上竹堂の塾を一貫して屏陽義塾と呼ぶこととする。屏陽義塾は、順調に入門者数を増やしていたが、同六年六月に西讃地方で起きた「竹槍騒動」で竹堂の塾も打ち壊しの被害に遭って、しばらく休業を余儀なくされた(16)。

愛媛県は明治一〇年七月、私学を開業する者は学区取締の指示を受けたうえで願い出るように布達した。同時に「私学開業規則」(県達乙第九七号)を定めて、願書様式に、学校の位置や名称、学科、教則、校則、教員の履歴や給料、生徒の員数や授業料、学校費用を明記することを求めた(17)。竹堂もこの布達に応じて願書を提出したのであろう。同一一年一月に私学開業許可を受けている(18)。「私学開業規則」では、小学科私学に対しては「其教則上ニ関シテ公学一様ノ管理ヲ受クルモノトス」と統制がなされたが、「中学以下ノ諸学科ニ至テハ、現今県内ニ於テ未タ完備ノ規則アラザルヲ以テ暫ク各私学適宜ノ授業法ヲ行フヲ許ス」とされた(19)。そのため、同年および翌一二年の屏陽義塾は『文部省年報』で私立中学校として位置づけられている。しかし、明治一二年「教育令」および翌年の同令改正によって中学校を一定の基準で統制する方向性が示されると、屏陽義塾は中学校の範疇から外れることになる。そうした学校のために、文部省は明治一三年に「各種学校ノ部類」という種別を設ける方針を定めた。さらに、中学校が備えるべき諸学科を具体的に示して、それらを完備しない場合には「各種学校ノ部類」に入れるように指令した(20)。文部省の方針にもとづき、屏陽義塾は各種学校として位置づけられた。それは閉校に至るまで変わらなかった。

明治一六年七月に竹堂が「創置伺」を愛媛県令に提出したのは、前年一一月の県布達に応じたためであろう。

このとき愛媛県は私立学校に対して、設立願いを再提出することを要請し、提出されない場合には廃校とみなすことを示した。[21] 屏陽義塾は、明治一六年九月に私立学校創置の認可を受けている。[22]

名称からして義塾として運営されていたのは間違いないが、資金をどこからどのように集めたのかといった点については一切わからない。「創置伺」には、設置目的、位置、名称、教則、校則、生徒人員、授業料、教員職務心得、教員履歴、学舎敷地及建物、学舎経費、教科書表、学科課程表が掲載されている。屏陽義塾の設置目的は「読書学科」であった。九級から一級にかけて毎級の書籍が規定され、その内容によって修身・歴史・文学・詩学・物理学・地理学に分科されて教育課程が編成されていた。教員は竹堂一人で、生徒は寄宿生四一名と外来生二五名の合計六六名（全男子）に達した。添付された平面図によれば、敷地の南端に建てられた教場は六坪で、その北に寄宿舎二棟が東西に分かれて一〇坪と二〇坪で配置されていた（図1）。授業料は、入学束脩が一円で、月謝が三〇銭となっていた。授業料総額二三七円六〇銭を収入として、教員俸給・書籍器械費・営繕費および諸雑費に充てた。

竹堂は明治一九年二月に有志の求めに応じて屏陽義塾を那珂郡丸亀に移し、そこでは漢学・英語・数学の三科が教授されたといわれている。[23] 後述するように、移転したのは事実とみて間違いないが、英語や数学が教えられたことを

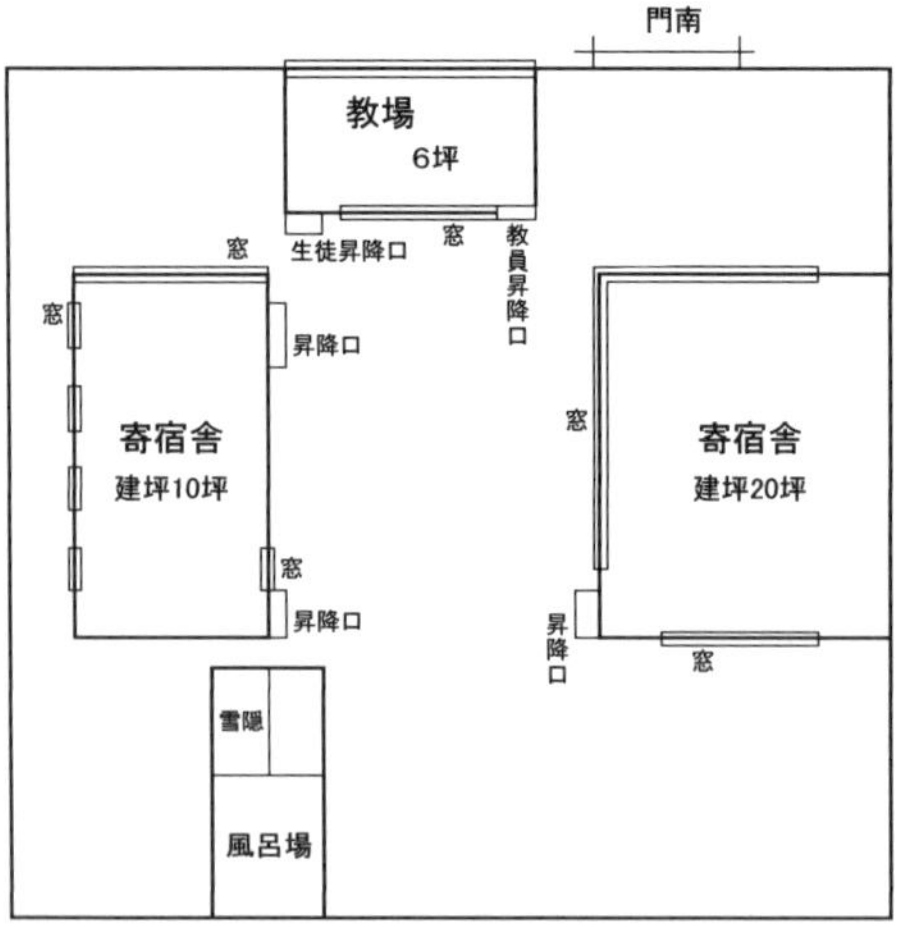

図1　屏陽義塾平面図
出典：「私立学校創置ニ付伺」

証明する史料は確認できていない。翌年に上高瀬村に戻って明治二九年まで存続したが、この間の教育内容は和漢学であった。明治二五〜二七年の『香川県学事年報』によれば学校設立者は柳川元興、明治二八・二九年の同年報によれば学校長は三谷幸作となっている。柳川元興は竹堂の弟で、三谷幸作は明治一七年二月に入門した三谷茂九郎（三野郡大見村）の父親である。三谷が学校長に就任した経緯については不明である。

第二節　屛陽義塾の性格

（1）入門者の分布

屛陽義塾の門人数は一〇〇〇名を超えたとされるが、[24]入門簿に記載されたのは四七八名にとどまる。入門簿には入門者の名前、年齢、出身村、父兄名、紹介人（明治一九年以降は「保証人」となるが、本章ではすべてを「紹介人」と表記する）の名が記載されている。入門者の年齢構成は九歳から三四歳まで幅があるが、一三〜一七歳の年齢層が多く、なかでも一五歳が約一八％を占めて最多である。平均は一六歳である。明治一六年に屛陽義塾が私立学校としての再認可を受けてからは、一〇歳以下の入門例はみられない。「創置伺」中の校則にも「小学適齢ノ者ハ入校ヲ許サス」と記されていた。

入門者数の推移を図2でみると、開設当初順調に増加していたにもかかわらず明治六年から落ち込んでいるのは、先述したように打ち壊し一揆が起きたためであった。その後、入門者数はもちなおして明治一四年から一五年ごろにピークを迎えたものの、同一九年に一時的に急増した以外は減少の一途をたどった。閉鎖直前の同二八年に、屛陽義塾門人で唯一の女子と思われる「吉田シユウ」が入門しているのは、同塾の性格が変化し

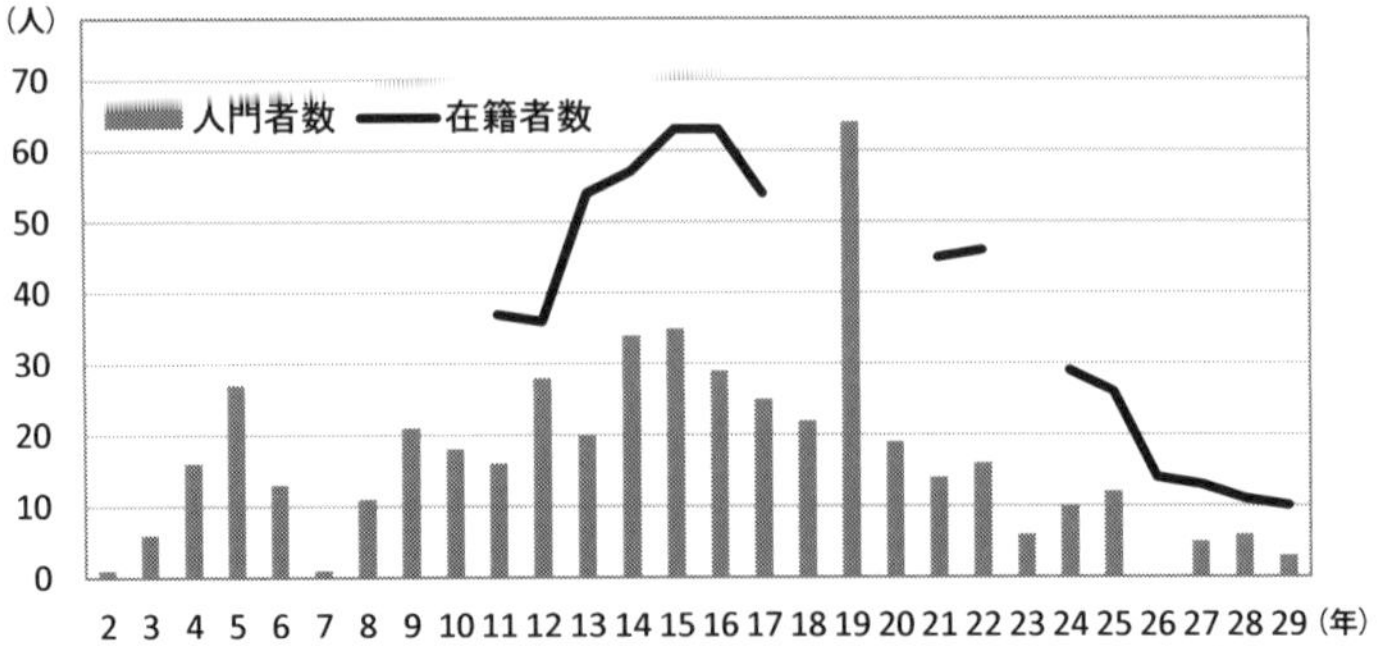

図２　入門者数の推移

出典:「柳川竹堂入門簿」『香川県学事年報』より作成。

図３　入門者の出身地の分布

出典：「柳川竹堂入門簿」より作成。

たことを示唆するが、具体的なことはわからない。

図3は、讃岐国内出身入門者の地域的分布である。三野郡を中心とする西讃に偏る傾向を看取できる。讃岐国外出身者は全期間を通じて三六名で、愛媛（伊予）一〇名、徳島（阿波）一〇名、高知（土佐）四名など四国地方が多いが、九州地方出身者も四名みられる。入門者の地域的分布をその塾の教育圏とみなすならば、屏陽義塾のそれは西讃地域を中心とする四国地方にほぼ限られていた。咸宜園は九州を中心として全国から入門者を集めたが、その系譜塾

表1　国郡別入門者数の推移と入門者の年別平均年齢

国郡 ＼ 年		2	3	4	5	6	7	8	9	10	11	12	13	14	15	16	17	18	19	20	21	22	23	24	25	26	27	28	29	合計
讃岐国	三野郡		3	12	15	11		9	7	6	3	14	7	11	16	12	7	7	5	9	3	15	4	8	10		4	6	3	207
	那珂郡		1	2	2	2		2	4	2	2	2	5	7	7	5	5	6	27	2	1									84
	多度郡		1		7				3	3	6	5	5	8	5	5	6	4	5	2	1		1	1			1			69
	鵜足郡	1	1									2	1		1		3	1	8	5	2									25
	豊田郡								7	5	4	4	1	4	5	7	2	2	4	1		1	1		2					50
	阿野郡									1							1	1												3
	香川郡													1																1
	不明											1						1			1									3
讃岐国以外	伊予			2	1					1	1			2					3											10
	阿波												1	1	1				3		4									10
	土佐																		2		2									4
	備中				2																									2
	備後																		2											2
	安芸																		1											1
	周防																		1											1
	摂津						1																							1
	熊本																		1											1
	豊後																		1											1
	豊前																		1											1
	薩摩																1													1
	美濃																							1						1
合計		1	6	16	27	13	1	11	21	18	16	28	20	34	35	29	25	22	64	19	14	16	6	10	12	0	5	6	3	478
平均年齢		19	17	17	16	15	18	19	15	16	14	16	16	14	16	15	16	16	17	15	16	18	17	16	16		14	21	17	16

出典：「柳川竹堂入門簿」より作成した。年齢はかぞえ年である。

である屏陽義塾は地域限定的な漢学塾であったといえよう。もっとも、咸宜園が全国から入門者を集めたのは幕末期までのことであって、第七章でみたように明治中期になると咸宜園の入門者も大分県を中心とする北部九州に偏らざるを得なかった。

入門者の数と地域的分布のいずれでも特異なのが明治一九年である。同年の入門者数は突出して多く（図2）、讃岐国以外の出身者も一五名に及んだ（表1）。これは、屏陽義塾が同年二月に丸亀に移転したことに拠るものと考えられる。入門簿をみると、同年一・二月の入門者が三名（豊田・三野・那珂郡出身者が各一名）に限られていたのに対して、三月には那珂郡からの入門者数が一〇名に急増したうえ、同郡出身者は通年で二七名に達し、他年に比べて際だって多かった。ほかにも同郡の東に隣接した鵜足郡から八名が入門した。逆にそれまで多かった三野郡からの入門者数が五名に減っている。また、同年六月から九月にかけて、広島・山口・熊本・福岡・大分県の出身者の入門が相継いだ。このように、入門者数が急増し、その出身地分布が那珂郡に集中するいっぽうで中国・九州地方など広範囲に及ぶ現象が併行してみられるのは、明治一九年二月に屏陽義塾が丸亀に移転したことの証左となる。

（2）紹介人の傾向

入門者を集める役割を果たした紹介人を検討することによって、屏陽義塾の性格を知ることができる。竹堂の近親者、あるいは近親者とみられる人物（柳川・戸城姓）が紹介人となった入門者は七五名で約一六％を占める。入門者五名以上の紹介人となった人物を表2に示した。特に開設当初は、竹堂の近親者が紹介人となって入門者を集める傾向が強かった。その後、門人が紹介人となって、次々に新しい入門者を集めたことがうかがえる。門人が紹介人となった入門者は二九二名で約六三％に及ぶ。

特定の紹介人が多くの入門者を集めたこともあった。小野麟吾は、明治一九年に八名の入門者の紹介人となっているが、そのうちの五名は、次にあげるように讃岐国以外の出身者であったことが注目される。

六月入門　熊本県熊本区　当兵営第三大隊在勤　立川吉太郎　二〇歳
八月入門　徳島県名東郡　当兵所第一大隊在勤　多田光蔵　二三歳
八月入門　徳島県三好郡　門家紋市　二四歳
九月入門　大分県二東郡　河野規通　二一歳
一一月入門　広島県安《ママ》郡　亀川元治郎　二〇歳

表２　紹介人別にみた入門者の数（入門年・出身郡別）

紹介人(保証人)				入門年(明治)																				出身郡(讃岐国内)							讃岐以外	備考
		入門年	出身郡	2	3	4	5	6	8	9	10	11	12	13	14	15	16	17	18	19	20	21	22	三野	豊田	那珂	多度	鵜足	香川	阿野		
竹堂近親	柳川仙三良	—		1	2	3																		5				1				
	柳川邦太郎	—					4	3	4	2														11	1	1						
	柳川邦興	—								1	2														2		1					竹堂の弟
	柳川正四郎	—					3		2															4			1					
	柳川元親	不明						3	4			1	3											10		2						
	柳川元興	不明											6	10	8									10	3	2	5	1	1		2	竹堂の弟
塾生以外	小野麟吾	—																		8				1			2				5	上高瀬村村長
	丸尾達	—				1	4																	4			1					
	中川秀喜	—														3	9							5	3	2	2					
	守屋元	—																			3	3		1		1		4				
塾生	大谷岩雄	3年	鵜足			5																		4							1	
	香谷山求馬	5年	三野				5																	3			1				1	
	宮武栄照	8年	三野							8	2													4	4	2						
	安藤平吉	13年	那珂											5	2									1		4	2					
	乾千太郎	13年	多度											1	5										1		5					
	須藤彦三郎	14年	多度												4	18								10	3	5	3	1				
	小西元三郎	14年	三野												1			4	5					6	1	1	1				1	
	吉田茂	15年	多度															1		1	8			5		2	3					
	重成伝三郎	18年	那珂																4	6					1	6	1	1		1		
	都築国治郎	19年	那珂																	5												
	藤和吉	19年	鵜足																	1	1	2	1	2		1	1	1				

出典：「柳川竹堂入門簿」より作成。

小野は、のちに上高瀬村長（明治二三年就任）や香川県会議員（明治二五～三六年）となる人物である[25]ことから、当時から広い人脈を活用して入門者を集めたものと考えられる。ただ、讃岐国以外の出身者といっても、彼らは当時丸亀に在住していたようである。右の立川吉太郎や多田光蔵は、丸亀にあった歩兵第十二聯隊の兵営に在勤していた。ほかの者も、なんらかの理由で丸亀に滞在していたところを誘われて入門したものと考えられる。丸亀は、江戸時代後期から金毘羅参詣客の輸送や西讃物資の積み出しを担う港町として栄えた。明治二一年の丸亀市街にも飲食店・古着商・旅籠屋商・料理屋などが[26]多く、商業都市として人の往来が多かったことをうかがわせる。このような土地柄であればこそ、他国出身者が入門したものと思われる。

（3）塾生の階層と退塾後の活動

門人の階層について、表3に示したように八八例（全体の約一八％）が判明した。[27] そのうち、門人あるいはその父が、医師だった事例は一四、村会議員・村長は二、教員は五であった。

大正五年（一九一六）版『上高瀬村誌』では、屏陽義塾門人の退塾後の動向について、「諸官衙ニ仕フルモノ、陸海軍人、諸種ノ議員、弁護士、医師、諸会社員、実業家トナリ頭角ヲ顕ハシタルモノ少カラズ、且海外ニ遊学シテ偉功ヲ奏シタルモノアリ」と記している。[28] 陸海軍人や弁護士となった門人は確認できなかったが、大正五年といえば門人やその関係者が生存していただろうから、あながち右の記述を退けることはできない。

具体的に動向を追える門人として白井要（一八六二～一九四二）や山地善七（一八七〇～一九四七）がいる。白井要は、医師である平馬の子として上高瀬村に生まれた。父の平馬は長崎に遊学して蘭学を学んだ。[29] 要は、明治元年（一八六八）に柳川竹堂とその父に従って和漢の学を修め、同九年に上高瀬村知新小学校の三等伝習生となった。同一二年三月に愛媛県師範学校急成師範学科を卒業後、四月三日に屏陽義塾に入門している。九月からは嘱任小学四等訓導補として知新小学校に勤務した。この間も屏陽義塾で学んでいたようである。同一五年七月、小学中等科教員免許状を受けている。同一九年六月には愛媛県立松山医学校を卒業し、翌二〇年二月に医術開業免状を受けた。医師として開業のかたわら、生糸株式会社を設立し、村会議員としても活動した。大正一二年（一九二三）一二月に三豊郡医師会長に就任している。[30]

山地善七は、明治三年に多度郡白方村に生まれた。少壮のころに俊秀の素質を認められて、村費で坂出の済々学館に入学したという。[31] 屏陽義塾が丸亀にあった明治一九年七月に一四歳八か月で入門している。同二一年、済々学館の教師となった。大阪商船学校を卒業後、三井物産船舶部に勤務し、門司支店次長となった。日露

表３　門人の階層・退塾後の動向

入門年	番号	出身郡村		職業・公職		納税者有産家	典拠
				門人の父親	門人本人		
明治3	1	三野郡	上高瀬村		上高瀬村長		⑧444、⑪12
	2	鵜足郡	東二村	医師			⑰342
	3	三野郡	上勝間村		勝間村書記・助役・村長		⑧439・445
明治4	4	三野郡	下麻村	下麻村庄屋、区副戸長			⑧436～437
明治5	5				醤油製造商	納	⑯120オ・126ウ
	6	多度郡	多度津			納	⑯112オ
	7	三野郡	勝間村		勝間村助役・村長、県会議員	納	⑧464、⑨14、⑯125ウ
	8	三野郡	上勝間村		二組（本谷・五歩田）組長		⑨141
明治6	9	三野郡	新名村	新名村会議員	質屋商、上高瀬村長		⑧441、⑯120ウ
明治9	10	豊田郡	辻村			納	⑯144ウ
	11	豊田郡	辻村			納（父）	⑯144ウ
	12	豊田郡	栗井村			納	⑯144ウ
	13	三野郡	下麻村	長崎遊学して西洋医学を修め医者を開業、日進小学校の教師			⑦633、⑧580
	14	三野郡	大野村		財田大野村長		⑯114
明治10	15	三野郡	佐股村	二ノ宮村長			⑧445
	16	三野郡	財田上之村		財田村議会議員		⑥380
明治11	17	豊田郡	大野原村			有	⑯145オ
	18	多度郡	多度津村	呉服太物商			⑯106ウ
	19	多度郡	多度津村	医師			⑰343
明治12	20	豊田郡	流岡村		白布織物所		⑯143ウ
	21	三野郡	上高瀬村	長崎に遊学して蘭学・蘭方を学び、医業継承	医師		⑮366・368、⑯125オ、⑰343
	22	多度郡	多度津村	金貸業			⑯109ウ・112オ
	23	三野郡	下麻村			納（父）	⑯126オ
	24	三野郡	松崎村		詫間村会議員、詫間村長	納	⑫382・504・505、⑯125オ
明治13	25	多度郡	山階村		四箇村長		⑤357・642・643、⑬426
	26	多度郡	中村			納	⑯112ウ
	27	多度郡	中村			納	⑯112ウ
	28	三野郡	財田上村	愛媛県会議員、衆議委員議員		納（兄）	①312・313、⑯126ウ
	29	多度郡	上吉田村		養蚕業		⑯101オ
明治14	30	三野郡	寺家村	医師	岡山県医学校卒業後に開業		⑮304・305、⑰343
	31	三野郡	財田上村	南海製糸株式会社（財田村大字財田上）取締役		納（父）	⑯119ウ・126ウ
	32	三野郡	上勝間村		上勝間村立小学校の四等訓導		⑨51
	33	那珂郡	苗田村			納（父）	⑯90ウ
明治15	34	三野郡	上高瀬村		比地村の小学校訓導		⑩224
	35	多度郡	山階村		四箇村会議員		⑤366
	36	多度郡	葛原村		豊原村長、郡会議員	有	⑬388・424・425、⑮359、⑯113オ
	37	三野郡	当村高屋村		上高瀬小学校長		⑦658
	38	三野郡	佐股村	二ノ宮村長			⑧445
	39	三野郡	下麻村		養蚕業		⑯124オ
	40	三野郡	上勝間村	上勝間村戸長			⑧440
	41	豊田郡	観音寺村	医師			⑰344

明治16	42	三野郡	佐股村		二ノ宮村長		⑧445
	43	三野郡	上勝間村	平池の衛生組長			⑨157
	44	三野郡	新名村	新名村会議員	金貸業	納	⑧441、⑯124オ・125ウ
	45	豊田郡	観音寺村	醤油商			⑯134オ
	46	多度郡	吉原村	医師		納（父）	⑯111ウ・112ウ
	47	那珂郡	榎井村	榎井村助役・村長			③76
	48	豊田郡	柞田村	質屋兼砂糖商			⑯138ウ
	49	多度郡	多度津村	金貸業、多度津町収入役			⑬423、⑯109ウ
	50	三野郡	比地村		比地村の小学校の雇助手		⑩223
	51	三野郡	比地村		比地村収入役・書記、比地二村書記		⑩291・293
	52	豊田郡	辻村	荒物兼日用品商			⑯141オ
明治17	53	多度郡	三井村	三井村会議員			⑤362・363
	54	多度郡	多度津	酒製造商		納（父）	⑯105オ・112オ
	55	鵜足郡	岡田村			納（父）	⑯62ウ
	56	豊田郡	観音寺村	観音寺村戸長	金貸兼蚕種商		②648・649、⑯138ウ
	57	那珂郡	丸亀	第二友同合資会社（丸亀町通町）の業務担当社員			⑯70ウ
	58	那珂郡	琴平村	琴平村会議員			
明治18	59	三野郡	新名村	新名村敏求小学校教員、新名村戸長			⑧440・577
	60	三野郡	新名村	新名村会議員		納（父）	⑧441、⑯125ウ
	61	三野郡	羽方村		二ノ宮村長		⑧445
	62	三野郡	詫間村			有（父）	⑯127オ
	63	三野郡	下高瀬村	医師、下高瀬村戸長			⑭479、⑰343
	64	那珂郡	丸亀			納（父）	⑯91ウ
	65	鵜足郡	西二郁	医師			⑯60オ・61ウ、⑰342
明治19	66	那珂郡	榎井村	売薬			④551
	67	多度郡	中村			納	⑯112ウ
	68	那珂郡	圓亀上通丁		小間物商		⑯79オ
	69	那珂郡	南條町	医師			⑰343
	70	三野郡	上高瀬村	上高瀬村戸長			⑧440、⑪10
	71	鵜足郡	東分村			納	⑯62オ
	72	多度郡	奥白方村		大阪商船学校を卒え、三井物産船舶部に勤務し、門司支店次長。英国アームストロング会社で造船監督		⑮840
	73	三野郡	詫間村	医師			⑰343
	74	鵜足郡	川津村			有	⑯63オ
	75	多度郡	弘田村			納	⑯112ウ
明治20	76	鵜足郡	西坂元村	医師			⑰342
	77	多度郡	道福寺村	葛原村・道福寺村の戸長			⑬407
	78	三野郡	下勝間村		加茂上組の衛生組長		⑨142・157
	79	三野郡	大見村	医師			⑰343
	80	三野郡	吉津村			有	⑯127オ
明治21	81	三野郡	吉津村			有（父）	⑯127オ
	82	鵜足郡	栗熊東村			有（父）	⑯65ウ
	83	三豊郡	竹田村		肥料兼穀物織物商		⑯122ウ
明治22	84	三野郡	下勝間村		高口・法寺の衛生組長		⑨157
	85	三野郡	下勝間村		十二組（高口・法寺）組長		⑨141
	86	三野郡	下麻村			納（父）	⑯126ウ
明治25	87	三野郡	比地二村	医師		納（父）	⑯126オ、⑰343
	88	三野郡	上高瀬村	上高瀬村会議員			⑧440

戦役にあたり、英国に派遣されてアームストロング会社で造船監督を勤めたとされる。[32]

山地のように海外で活躍した門人は例外的であって、ほとんどの門人の活動範囲は香川県内にとどまったと考えられる。讃岐地方で顕著な活動をした人物を集めた人名辞典に掲載されている門人は、白井や山地を含めて四名にとどまる。[33]屏陽義塾は、地域指導者層の需要に応えてその子弟を集め、指導者を再生産するための基礎教育を担う場であったととらえてよいだろう。[34]

（4）教育課程

屏陽義塾の教育の実際について知ることのできる史料として、明治一三年（一八八〇）の「試業詩文」（白井家文書）が残されている。竹堂の弟元興が塾生として詩や文の試験を受けた答案用紙を綴じたものである。それぞれの詩や文の上部に、朱書きで点数が記入されている。表4はそれをまとめたものである。咸宜園では、こうした試業で得た点数を積み上げ、その総点が各級に定められた点数に到達すれば昇級できるしくみをとっていた。屏陽義塾でも明治一三年当時は、咸宜園方式の月旦評システムが採られていたことをうかがわせる。

表4　柳川元興の試業での獲得点数

	題	点数
文	産巣日神社記	50
	文天祥論	50
	玄宗論	40
	忠恕堂記	48
	伯夷論	45
	李斯論	43
	唐太宗	35
詩	秋日閑居	40
	秋山読書図	39
	中秋	40
	音田九日	40
	廃寺見楓	39
	某氏園賞菊	40
	午睡	40
	夏山過雨図	40
	夏日山居	39
	驟雨	40
	秋日郊行	40
	夏日訪山陰	38
	夏日霖雨	32
	秋雨懐郷	39
	咏史	36
	夏山雨後図	38
	夏日霖雨	37
	山寺観楓	30
	初秋還家	30
	初秋夜坐	38
	立秋	37

「創置伺」によって明治一六年の教則をみる

と、九・八・七級が初等科、六・五・四級が中等科、三・二・一級が高等科と区分されて等級制は残されていた。ただし、昇級は三月中旬・九月中旬の一統試験（大試業）に拠って実施された。

授業期限は毎級六か月、全九級を四年六か月かけて修了するように定められていた。このように毎級の学習期間が決められていたことから、咸宜園方式の月旦評は採用されていなかったとみられる。

一年間の授業日数は二八五日、休業日数は八〇日であった。授業時間は一日八時間三〇分で、一週間となると五一時間であった。一日の授業は、午前六時〜七時が輪読、七時〜八時三〇分が講釈・質問、八時三〇分〜九時三〇分が高等輪講、九時三〇分〜一一時が授読、一一〜一二時が中等輪講、午後二時〜三時三〇分が初等輪講となっていた。

毎月「三」がつく日は文会、「六」の日は詩会、「九」の日は書会と定められていた。文・詩・書会が設定されていた点は咸宜園と共通している。

校則は入学退学規則と生徒心得二三則からなる。生徒心得の内容は、塾内での立ち居振る舞いや礼儀、飲食や衛生など生活面あるいは集団生活を送る上での注意事項など多岐にわたる。咸宜園の特徴であった職任制が導入されていたようすはうかがえない。

学科課程は、表5のように、修身・歴史・文学・詩学・物理学・地理学の六科に分けられ、各学科各級で扱う教科書が設定されていた。教科書総数は三三部四五六冊（修身一一部七〇冊、歴史一一部三三八冊、文学三部二二冊、詩学三部六冊、物理学三部一〇冊、地理学三部一〇冊）に及んだ。これらのうち、漢籍については、「経」として四書五経、「史」として十八史略・史記・元明史略・歴史綱鑑・資治通鑑綱目、「子」として小学・蒙求、「集」として文章軌範・続文章軌範・唐宋八家文などがあった。漢籍以外に詩集として遠思楼詩鈔・高

表５　屏陽義塾の学科課程表（明治16年）

期	科学／期学	修身	歴史	文学	詩学	物理学	地理学	通計
初等一ケ年六ケ月	毎週教授時数度数	十二時／十二度						十二時
	第九級 六ケ月間 教授日数 百四十二日	四書 十冊 五経 十一冊 素読						壱科 二部 廿壱冊
	毎週教授時数度数		十五時／十三度					十五時
	第八級 六ケ月間 教授日数 百四十二日		国史略 五冊					壱科 一部 五冊
	毎週教授時数度数		十五時／十二度					十五時
	第七級 六ケ月間 教授日数 百四十二日		皇朝史略 十冊					壱科 一部 十冊
中等一ケ年六月		六時／六度	六時／六度	三時／三度	三時／三度			十八時
	第六級 六ケ月間 教授日数 百四十二日	蒙求 三冊	十八史略 七冊	正文章軌範 一冊	遠思楼詩鈔 二冊			三科 三部 十三冊
		六時／六度	六時／六度	三時／三度				十五時
	第五級 六ケ月間 教授日数 百四十二日	小学 四冊	日本外史 二十二冊	正文章軌範 二ノ巻 一冊				三科 三部 二十七冊
		六時／六度	六時／六度	三時／三度	三時／三度			十八時
	第四級 六ケ月間 教授日数 百四十二日	論語 孟子 四冊 大学 一冊	元明史略 四冊 日本政記 十六冊	正文章軌範 三ノ巻 三冊	遠思楼詩鈔 二冊			四科 六部 二十八冊
高等一ケ年六ケ月		六時／六度	三時／三度	三時／三度	三時／三度	三時／三度	三時／三度	十八時
	第三級 六ケ月間 教授日数 百四十二日	論語 四冊 左伝 十五冊	史記 二十五冊	続文章軌範 全部 三冊	遠思楼詩鈔二編 二冊	博物新編 三冊	兵要日本地理小誌 三冊	五科 七部 五十三冊
		三時／三度	三時／三度	三時／三度	三時／三度	三時／三度	三時／三度	十八時
	第二級 六ケ月間 教授日数 百四十二日	左伝 中庸 一冊 詩経 八冊	歴史綱鑑 四十冊	唐宋 八代家文 一ヨリ十四 迄 八冊	高青邱 詩醇 二冊	気海観瀾 広義 五冊	日本地理 輿地誌略 一二三 三冊	六科 七部 六十七冊
		三時／三度	三時／三度	三時／三度		三時／三度	三時／三度	十五時
	第一級 六ケ月間 教授日数 百四十二日	大学 中庸 書経 六冊 易経 十三冊	大日本史 百三冊 資治通鑑 綱目 百六冊	唐代 八代家文 十五ヨリ三十 迄 八冊		物理全志 合本二冊	輿地誌略 四五六七 四冊	五科 七部 二百四十二冊

出典：「私立学校創置ニ付伺」をもとに作成。誤記は修正せずに原史料のままとした。

青邱詩醇、日本史関係として国史略・皇朝史略・日本外史・日本政記・大日本史があり、ほかに博物新論・気海観瀾広義・物理全志・兵要日本地理小誌・日本地理輿地誌略・輿地誌略などがあった。

明治期の漢学塾が時代に対応して、従来の経学専修のあり方から多角的学問を取り入れるように変化したことが、神辺靖光によって指摘されているが(35)、右に示したように屏陽義塾でもその傾向が顕著である。しかし、生徒心得第二則には次のように記されている。

読書ハ専ラ経史ヲ熟読スルヲ要ス、古人ノ所謂工其事ヲ能セント欲レハ先其器ヲ利スト身ヲ修メ人ヲ治ムルノ道学ニアラサレハ能ハス、其故ニ孜々勉強シテ能ク経史ヲ熟読シ古人ノ言行ヲ理会シ、温故知新ノ理ヲ極メ古ヲ以テ今ヲ察シ、而シテ能ク国体ニ通達シ其身ヲ修メ然ル後人ヲ治ムレハ実ニ世間有益ノ事ナリ、入校ノ生徒此ニ注意シ敢テ方嚮ヲ誤ル可ラス、

表5によれば、初等科の一年半は四書五経の素読から入り、歴史科として日本史関係の国史略や皇朝史略を読むことになっていた。中等科に進むと歴史科に中国史書が加わるとともに文学・詩学科の学習が始まり、高等科に昇ると物理学科や地理学科が加わった。このように六学科に分科して内容が多岐にわたるように見えても、教育の中心が「経史ヲ熟読」することに置かれていたことが、右の記述からうかがえる。講釈や輪読・輪講といった方法による経史中心の教育は、従来の漢学塾と大きく変わるものではなかったとみられる。

第三節　屏陽義塾の役割

(1) 中等教育

屏陽義塾が四七八名に及ぶ入門者を集め得た理由について、讃岐国内の中等教育機関の動向との関連で検討してみたい。

まず、中学校の動向を確認してみよう。[36] 屏陽義塾が私立中学校と位置づけられていた明治一一・一二年当時、讃岐国内の県立中学校は高松中学校のみであった。明治一四年（一八八一）には県立中学校として高松・亀山・飯山の三校が設置されたが、丸亀にあった亀山中学校と鵜足郡下法軍寺村にあった飯山中学校が同一七年に廃止された。同一九年の「中学校令」により、地方税の支弁または補助による尋常中学校は各府県一校に限るという原則に従って、高松にあった愛媛県立第二中学校も廃止された。こうして、明治二六年（一八九三）に香川県尋常中学校が設置されるまでの約七年間、讃岐国に公立中学校が一校もない状態が続いた。

師範学校についても、明治一〇年に讃岐師範学校は伊予師範学校に吸収合併されており、同二二年に高松に尋常師範学校を設置するまで、讃岐国には師範学校がない状態であった。

この間、明治一五・一六年に三野・豊田両郡で中学設置の強い要望があがった。「小学生徒ノ其業ヲ卒ヘ進テ高尚ノ学科ヲ修メ一躍以テ専門ノ科ニ入ラント欲スル者陸続輩出スル」[37] に至り、中学校設立は急務とされた。しかし、県会はこれを認めなかった。そこで、両郡は連合村会を開いて協議費を議定することによって、同一六年（一八八三）一二月、理化学試験室、体操場、寄宿舎、食堂などを完備した町村立三野豊田中学校を豊田郡観音寺村に建築した。ただし、翌一七年以降の『文部省年報』には記載がみられないことから、振るわなかったものと思われる。

このように讃岐国内に公的な中等教育機関が不十分、あるいは欠けている状態が、私立学校の隆盛をもたらしたと考えられる。明治一九年五月に実業家鎌田勝太郎が中心となって、「実業に就かむと欲する者、又は高等の学校に入らむと欲する者に須要なる教育を施さむが為め」[38]として、中学校の役割を代替する済々学館を坂出に開設したのは、讃岐国内の県立中学校が廃校に追い込まれていく状況に危機感を持ったためであった。[39]同年二月に竹堂が「有志ノ需ニ応シ義塾ヲ丸亀ニ移」[40]したのも、丸亀の地域指導者層が屛陽義塾を誘致して中等教育機関を確保しようとしたためではないだろうか。

次に、表6によれば、私立学校は明治一七年までは諸郡に散在していたが、同二一年以降の和漢学を教える各種学校は高松に集中したことがわかる。屛陽義塾には競合する私立学校がなかったとみられるが、表6に含まれない三野郡財田村忠誠舎について触れておきたい。忠誠舎は、大久保彦三郎が明治一六年八月から近隣の若者のために始めた夜学校を、同一七年三月に漢学塾として開設したもので、同二〇年二月まで続いた。設立の目的は「国家有用の真士をつくる」[41]ことであった。三年間の入門者は九一名に達し、そのうちの三〇名を財田上之村出身者が占めたが、近隣の村々や遠くは徳島県や愛媛県からも集まったという。

財田村は三野郡のなかでも南に位置し、同郡中央部に位置する上高瀬村とは距離があるため、財田村から屛陽義塾への入門者数はもともと多くはなかったが、明治一六年ごろからさらに減少していった。図2で屛陽義塾の入門者数が明治一六年から減少に転じていたのは、財田村を含め三野郡からの入門者数が減少したことが影響している（表1参照）。この理由として忠誠舎に入門者を奪われたことが考えられる。屛陽義塾が明治一九年に丸亀に移転した背景には、競合する忠誠舎の存在もあったのかもしれない。

忠誠舎のように三野郡内に一時的に競合する存在があったものの、それを除くと、屛陽義塾は讃岐国西部から入門者をほぼ独占的に集めることができた。

表 6 香川県（讃岐国）内の中学校・各種学校

明治(年)	数		私立学校											公立中学校
			香川郡(高松市)	那珂郡	三野郡 屏陽義塾	三野郡	他の郡						合計	
11	学校	中学校	2		1		2						5	1
	教員		2		1		2						5	7
	生徒		106·2		37		49						192·2	70
12	学校			1	2		2						5	1
	教員			1	1	1	2						5	6
	生徒			89·12	36	24	42						191·12	75
13	学校	諸学校読書学科	1		1								2	2
	教員		3		—								4以上	9
	生徒		120		54								174	101·2
14	学校		1		1								2	3
	教員		7		—								8以上	12
	生徒		362		57								419	147
15	学校		2		1		2						5	3
	教員		7		—		4						12以上	13
	生徒		465		63		65						593	152·4
16	学校		3	1	1		2						7	4
	教員		9	6	—		5						21以上	20
	生徒		562	40	63		150						815	255·3
17	学校		4	1	1		3						9	1
	教員		4以上	5	—		8						18以上	11
	生徒		380	54	54		193						681	140
			和漢学					普通学	英学	簿記学	数学	皇典		
21	学校	各種学校	4	1	1				2				8	
	教員		9·1	4	1				6				20·1	
	生徒		229·11	40	45				136·9				450·20	
22	学校		4	1	1				3	2			11	
	教員		10·1	3	1				10	2			26·1	
	生徒		292·11	56	46				190·9	63·2			647·22	
23	学校			5					2	1	1		9	
	教員			14·1					9	1	1		25·1	
	生徒			372·25					177·8	114·6	64·12		727·51	
24	学校		7	1	1				1	2	1		13	
	教員		16·4	3	1				7	2	1		30·4	
	生徒		403·57	30	29				119·4	147·11	45·9		773·81	
25	学校		6	1	1				1	2	1		12	
	教員		14·4	5	1				7	2	1		30·4	
	生徒		358·85	83	26				89	343·16	51·8		950·109	
26	学校		4		1			1	2	1	1	1	11	2
	教員		9·1		1			2	5	1	1	5	24·1	18
	生徒		328·16		14			70	151·5	6	35·6	79	683·27	250
27	学校		4	1	1			2	2		1	1	12	2
	教員		9·1	2	1			4	5		1	5	27·1	23
	生徒		349·21	50·9	13			111	133·3		39·18	81	776·51	364

出典：本表は以下にもとづいて作成した。『文部省第六年報』～『文部省第十二年報』（復刻版、宣文堂書店、1966 年)、愛媛県文書課編『明治十七年愛媛県統計書下』（向陽社、1912 年)、香川県編『香川県学事年報明治二十一年』～『香川県学事年報明治二十七年』（香川県、1889～1896 年)、『香川県統計書明治二十二年』～『香川県統計書明治二十七年』（1890 年～1896 年)。

註　1）香川郡域の各種学校は、明治 24 年以降はすべて高松市域に該当する。

2）教員と生徒のなかに女性がいる場合には、それぞれの数を男・女で示した。

3）明治 13 年から同 17 年までの諸学校読書学科については、『明治十七年愛媛県統計書下』をもとにまとめた。同史料には明治 17 年に存在した学校のみが記載されている。したがって、明治 13 年から同 16 年までに廃校になった学校は表中に含まれていない。

表7 明治28・29年の香川県の各種学校

名称	所在地	創立年	学科		修業年限	教場坪数	学級数	教員数（男・女）	生徒数（男・女） 28年	29年	年間授業料（27年度）	学校長
同人学会	高松市五番町	明治26	普通科		4年	50	3	2・0	47・0	57・0	118	松原安次郎
			撰科		4年		1		6・0	5・0		
亀陽学舎	那珂郡丸亀町	明治27	漢文・修身・数学・英語・習字・外5科		1年	14	3	3・0	110・0	110・0	120	香川弥兵衛
尽誠舎	那珂郡四條村	明治28	修身・国語・読文・歴史・習字・外5科		5年	35	3	3・0	101・0	101・0	212	大久保彦三郎
葆真学舎	高松市新通町	明治15	漢学・英学・数学	予科	2年	53	7	3・1	98・11	146・0	787	林瀧三郎
				本科	2年				57・2			
盈科塾	高松市天神前	明治18	修身・読書・算術		4年	12	3	2・0	13・0	12・0	32	黒本茂矩
明善館	高松市大工町	明治24	漢学・算術		4年	13	1	1・0	25・0	28・0	46	山川慎蔵
立園書院	小豆郡淵崎村	明治24	和漢学		6年	37	4	3・0	134・0	105・0	286	中桐倹吉
有成学校	那珂郡吉野村	明治27	修身・読書・作文・習字・算術		4年	23	3	3・0	37・6	35・6	46	吉岡正敬
屏陽義塾	三野郡上高瀬村	明治16	漢学		3年	20	1	1・0	11・0	10・0	37	三谷幸作
英華学校	高松市六番町	明治26	普通科		2年	40	2	6・0	36・0	66・0	602	松崎半蔵
			英文科		2年		1		7・0	11・0		
			英語随意科		1年		1		61・0	78・0		
精思学館	高松市六番町	明治23	数学		5年	7	8	1・0	20・4	62・6	86	筧鈴太郎

出典：『香川県学事年報』より作成した。生徒数以外は、明治28年の数値である。

（2）漢詩教育

明治前期は漢文学習に対する社会的なニーズが高まった[42]にもかかわらず、先述したように公的な中等教育機関の整備が遅れたため、それを補うかたちで漢学塾が隆盛した。それによって地域指導者層のあいだで漢詩壇が活況を呈した[43]。

『香川県史』によれば、『適歩集』を残した中村三蕉や、『明治讃岐百家一絶集』を編んだ伊藤一郎など、「明治漢詩壇の層は厚かった[44]」。三野郡においても、竹堂門人の白井要が十三峯吟社[45]の一員として多くの詩を残している（白井家文書）。『明治讃岐百家一絶集』（明治三九年）を編纂した伊藤一郎は、三野郡財田村の出身で、明治一三年に屏陽義塾に入門した伊藤杣太郎の兄である。愛媛県会議員を勤めたのち、香川県選出の衆議院議員となった。同詩集には、三豊郡（明治三二年に旧三野・豊田郡を区域として成立）から七名の詩が掲載されているが、そのなかには小西松籟の名がある。松籟は、明治一四年に屏陽義塾に入門し、岡山県医学校を卒業後は帰郷して開業したが、その傍らで竹堂に詩を学んで詩作を続けたという。[46]また、『海南風雅』には全一〇八名のうち讃岐から四八名の詩が掲載されているが、そのなかに竹堂門人の荘豊之祐の名がある。

明治期の三野郡（三豊郡）において、「つきあいの文化」[47]としての漢詩は重要な位置を占めており、屏陽義塾はそうした需要に応える役割を果したしたといえる。

おわりに

明治前期は公的な学校制度の発足期にあたるが、財政難を主因として中等教育機関は充足できなかった。特に香川県の場合は愛媛県に統合されていたため、讃岐国内に県立の中学校や師範学校が存在しない空白期間が生じた。競合する公的中等教育機関が存在しないことや、他の漢学塾が高松や那珂郡に偏在していたことが、屏陽義塾が西讃地方から入門者を集めることを可能にした。

初期は竹堂近親者が紹介人となって入門者を集め、その入門者が紹介人となってさらなる入門者を呼び込むというかたちで、明治一五年（一八八二）前後に屏陽義塾は隆盛期を迎えた。明治一九年に丸亀に移転したときには讃岐国以外の出身者も入門したことから、門人数が激増した。しかし、それは一時的な現象であった。総体的にみれば、屏陽義塾は三野郡を主とする西讃地方に限定的な塾であった。教育内容も表面的には六学科に分科しつつも実際は経史中心で、教育方法も講釈・輪読・輪講といった旧態依然としたものであった。門人のほとんどは退塾後も出身地域に残って、村政に携わったり、医師として開業したり、実業に就いたりといったかたちで地域指導者として活動した。このように、屏陽義塾は、地域に密着した活動を志向していた住民子弟に対して基礎教養としての漢学を提供する役割を担った。

屏陽義塾を咸宜園の系譜塾であるという点からみれば、咸宜園教育を導入していたようすがうかがえた。明治一三年には咸宜園と同様に試業が点数評価されていたことを確認できた。明治一六年以後については、詩学科を設けてそのなかで淡窓詩集『遠思楼詩鈔』を教科書に指定していたことや、東西に分かれた寄宿舎を完備して多くの寄宿生を受け入れていた点、詩・文・書会が設定されたことにも咸宜園の影響が見いだせる。生徒心得が比較的詳細であるのも、咸宜園塾則の影響かもしれない。

しかし、課業や試業で獲得した点数によって毎月の昇級が可能だった咸宜園教育とは異なり、明治一六年以降の屏陽義塾ではあらかじめ定められた期間の修学を必要とした。月旦評や職任制を採用していたことも確認できない。近代公教育が整備され普及するなかで、咸宜園系譜塾としての特徴は後退していたとみなさざるを得ない。

第七章で再興後の咸宜園が、一時期ではあったが英語や数学を導入したこと、中学校の代替機能を担ったこと、最終的には入門者の出身地分布が縮小して地域に根ざした漢学教育に向かったことをみたが、系譜塾である屏陽義塾においてもほぼ同様の傾向を指摘できる。

註

（1）「柳川竹堂入門簿」は、明治三〜二九年の入門者を記録した簿冊の写しで、香川県坂出市の鎌田共済会郷土博物館に所蔵されている（資料番号 1368）。同簿冊の奥に「昭和八年十二月廿二日多田羅写／原本白井要氏蔵」とあることから、昭和八年（一九三三）に筆写されたものであることがわかる。同館に所蔵されることになった経緯は不明である。入門簿には、入門者の住所、父兄名とその入門者本人との関係、入門者の名と年齢、入門年月日、紹介人（明治一九年以後は保証人）が記されている。本来は、これらが入門者各人の自筆で記されていたはずであるが、本史料は写しなので筆跡が同一である。原史料は一〇冊から成っていたようだが、写しは合冊して一冊になっている。理由は不明だが、昭和八年当時、竹堂門人の白井要が一〇冊の入門簿原本を所有していたようである。昭和二六年版『上高瀬村史』や昭和五〇年発行『高瀬町誌』には柳川家所蔵文書として入門簿（原本）の写真が掲載されている（高瀬町教育委員会事務局学校教育課町史編纂室編『高瀬文化史XV上高瀬村史　昭和二十六年版翻刻』香川県三豊郡高瀬町、二〇〇五年、一七六頁。高瀬町誌編集委員会編『高瀬町誌』香川県三豊郡高瀬町、一九七五年、六三一頁）ので、のちには白井要から柳川家に戻されたのかもしれない。いずれにしても原史料の所在は不明であるために本章では写しを使用せざるを得ない。誤写に注意を払いながら使用することとする。

（2）「柳川竹堂関係文書　送柳川竹堂帰郷詩巻」「私立学校創置ニ付伺」のいずれも鎌田共済会郷土資料館所蔵（資料番号1490・1367）。昭和八年当時、白井要が所蔵していた原本をもとに「多田羅」という人物が筆写した旨が記載されている。

（3）香川県立図書館デジタルライブラリーで公開されている。忠恕堂は竹堂の書斎の名称である。同詩集を読解したものに、小野正男編・発行『幕末維新の儒者屏陽義塾々長竹堂柳川成興先生　忠恕堂詩艸の研究』（一九七六年）がある。竹堂には『尚絅堂私史』という詩文集もある（小野正男編書八頁）ようだが、未見である。

（4）頌徳碑は、大正一四年に竹堂の門人らの主唱によって竹堂居宅跡の近くに建立されたものである。高さ三一六センチメートル、幅一四八センチメートル（小野健一『母なる木　榎の下で』弘栄社、二〇一五年、一九〇頁）に及ぶ。広瀬龍吉の撰文による。龍吉は旭荘の子であるが、龍吉と竹堂の接点は不明である。

（5）「咸宜園日記」（家宝5-1-2）、「林外日記」（家宝5-1-1）など。

（6）「角川日本地名大辞典」編纂委員会編『角川日本地名大辞典三七　香川県』角川書店、一九九一年、二三九頁。

（7）秋山惟恭（巌山）は丸亀藩儒員であり、丸亀藩主から『西讃府志』の編纂を命じられて安政五年（一八五八）に完成し、文久三年（一八六三）に歿した（丸亀市史編さん委員会編『新編丸亀市史　二近世編』丸亀市、一九九四年、一〇六九～一〇七〇頁）。
（8）高瀬町教育委員会学校教育課町史編纂室編『復刻 上高瀬村誌　大正五年版』香川県三豊郡高瀬町、二〇〇五年、八一頁。
（9）日田郡教育会編『増補淡窓全集下巻』思文閣、一九七一年、入門簿一一四頁。
（10）「咸宜園日記」は「林外塾主時代の咸宜園の公式の日記」とされる（井上義巳「小倉落城と日田・咸宜園─『林外日記』を中心として─」『日本教育思想史の研究』勁草書房、一九七八年、三八九頁）。
（11）常侍史は、「定侍史」（三、四名設置され、「師家ノ書室ノ洒掃、応門・接待等ヲ支給」（井上忠校訂「武谷祐之著『南柯一夢』」『九州文化史研究所紀要』一〇、一九六三年、七七頁））に相当すると考えられる。
（12）外来長は、海原徹『広瀬淡窓と咸宜園─ことごとく皆宜し─』（ミネルヴァ書房、二〇〇八年）二一六頁の「外来監」に相当すると考えられる。
（13）「咸宜園日記」文久元年九月一四日条。
（14）旭荘の動向については、日田市教育庁咸宜園教育研究センター編・発行『平成二四年度特別展廣瀬旭荘没後一五〇年記念廣瀬旭荘─東遊　大坂池田─』、二〇一二年を参照。
（15）小野正男編前掲註（3）。
（16）「柳川竹堂贈位申請書」（高瀬町編・発行『高瀬町史　史料編』、二〇〇二年、七三八頁）。竹槍騒動については、石島庸男「西讃農民蜂起と小学校毀焼事件」（鹿野政直・高木俊輔編『維新改革における在村的諸潮流』三一書房、一九七二年）や香川県編・発行『香川県史　第五巻通史編近代Ⅰ』、一九八七年、一四〇～一四一頁を参照。
（17）近代史文庫編・発行『愛媛県「学制」時代教育関係史料第三輯』、一九六三年、六頁。
（18）前掲註（16）「柳川竹堂贈位申請書」。
（19）「私学開業規則」第六条および第七条（近代史文庫編前掲註（17）、七頁）。
（20）吉田昌弘「各種学校のはじまり」土方苑子編『各種学校の歴史的研究』東京大学出版会、二〇〇八年、四三頁。
（21）愛媛県教育史編集室編『愛媛県教育史年表』愛媛県教育センター、一九六八年、四四頁。
（22）前掲註（16）「柳川竹堂贈位申請書」。

(23) 前掲註(16)「柳川竹堂贈位申請書」。前掲註(1)『高瀬文化史XV上高瀬村史　昭和二十六年版翻刻』、三四五頁。
(24) 前掲註(1)『高瀬町誌』、六二九頁。前掲註(16)「柳川竹堂贈位申請書」。
(25) 前掲註(1)『高瀬文化史XV上高瀬村史　昭和二十六年版翻刻』、三四六～三四七頁。
(26) 丸亀市史編さん委員会編『新編丸亀市史 三近代現代編』丸亀市、一九九六年、一一三頁。
(27) 表3の典拠は以下のとおりである。
①香川県編・発行『香川県史　第五巻通史編近代Ⅰ』、一九八七年
②観音寺市教育委員会編『観音寺市誌』観音寺市役所、一九六二年
③琴平町史刊行会編・発行『琴平町史　第一集琴平町史稿』、一九七〇年
④琴平町史編集委員会編『町史ことひら 三近世・近代・現代通史編』琴平町、一九九八年
⑤四箇村史編纂委員会編・発行『四箇村史』、一九五七年
⑥新修財田町誌編纂委員会編『新修財田町誌』香川県三豊郡財田町、一九九二年
⑦高瀬町誌編集委員会編『高瀬町誌』香川県三豊郡高瀬町、一九七五年
⑧高瀬町編・発行『高瀬町史　通史編』、二〇〇五年
⑨高瀬町教育委員会学校教育課町史編纂室編『復刻 勝間村郷土誌』香川県三豊郡高瀬町、二〇〇一年
⑩同編『復刻 比地二村郷土誌(抄)』香川県三豊郡高瀬町、二〇〇四年
⑪同編『復刻 上高瀬村誌 大正五年版』香川県三豊郡高瀬町、二〇〇五年
⑫詫間町誌編集委員会編『詫間町誌』詫間町役場、一九七一年
⑬多度津町史編さん委員会編『多度津町史　復刻版』臨川書店、一九八七年(一九六三年初版)
⑭三野町誌編集委員会編『三野町誌』三野町役場、一九八〇年
⑮草薙金四郎監修・磯野実編『続讃岐人名辞書』藤田書店、一九八五年
⑯芝辻貞吉『大日本繁昌懐中便覧』(香川県部巻上・下二冊)、印刷発売合資会社、一八九七年(香川県立図書館所蔵)
⑰内務省衛生局編『日本医籍』忠愛社、一八八九年
(28) 前掲註(8)に同じ。

(29) 磯野実編『続讃岐人名辞書』藤田書店、一九八五年、三六八頁。
(30) 前掲註(29)、三六六～三六七頁。前掲註(16)『高瀬町史 史料編』、七四三～七四四頁。入門年月日は「柳川竹堂入門簿」による。
(31) 竹中龍範「坂出済々学館のこと」『英学史研究』三四、二〇〇一年、二〇頁。
(32) 前掲註(29)、八四〇頁。
(33) 前掲註(29)『続讃岐人名辞書』に掲載された門人名とそれぞれの収載頁は以下の通りである。「(小西) 松籟」三〇五・三八二頁、「荘豊之祐」三六五頁、「山地善七」八四〇頁、「白井要」三六六～三六七頁。
(34) 川原健太郎(「近代の私塾における同窓生の研究―奚疑塾を対象として―」『早稲田大学大学院教育学研究科紀要 別冊』一八―二、二〇一一年)は、明治中期から大正期にかけて東京西部・三多摩地域の稲城に開かれた漢学塾奚疑塾の同窓生三六名(全門人七〇〇名以上の内)の動向を類型化して、立身出世型、地域リーダー型、教員型、その他に分け、さらに地域リーダー型を政治関係、地域活動のリーダー(青年会幹事など)、実業関係(銀行、鉄道会社などの発起人、企業など)に区分した。奚疑塾では地域リーダー型が最も多かったと指摘している。屏陽義塾の場合も地域リーダー型が多かった点は同様であった。
(35) 神辺靖光「学習の方法と塾の生活」『日本における中学校形成史の研究　明治初期編』多賀出版、一九九三年、八六三頁。
(36) 中学校の動向については、神辺靖光「愛媛県の県立八中学校」(『明治前期中学校形成史　府県別編Ⅱ環瀬戸内海』梓出版社、二〇一三年)、前掲註(27)『香川県史　第五巻通史編近代Ⅰ』などによる。
(37) 「愛媛県年報」『文部省第十一年報』(復刻版) 宣文堂書店、一九六六年、六七九頁。
(38) 近藤末義編『淡翁鎌田勝太郎伝』鎌田勝太郎翁顕彰会、一九七四年、二九三頁。
(39) 前掲註(38)、二九一頁。
(40) 前掲註(16)「柳川竹堂贈位申請書」。
(41) 新修財田町誌編纂委員会編『新修財田町誌』香川県三豊郡財田町、一九九二年、七四二頁。
(42) 漢文訓読体が公式文書に採用されて広がりをみせたことや、それと関連して師範学校の入学試験をはじめとする諸試験に漢文が課されたことが背景にあると指摘されている（澤井啓一「東アジアの中の日本漢学塾」（『東アジア文化交渉研究・別冊　関西大学文化交渉学教育研究拠点ICIS編（2）』二〇〇八年など）。

(43) 猪口篤志は『日本漢文学史』（角川書店、一九八四年）で、明治の前半期に漢詩壇が活況を呈した理由として、当時の著名人がよく詩をつくったこと、私塾の成立と詩社の林立がみられたこと、漢詩を発表する出版物（雑誌・詩集・新聞など）が増えたこと、中国との交通が開けて人士の往来が盛んになったこと、などをあげている。

(44) 前掲註(27)『香川県史　第五巻通史編近代Ⅰ』、五三五～五三六頁。

(45) 小野正男は、「明治以後、わが三豊郡内にありて、作詩せられた人びとの中、その殆どが直接、間接に、この広瀬淡窓の流れをくむ、竹堂先生の詩風の影響を受けたと見られる」として、その主だった人びとの名をあげ、彼らが十三峯吟社に属していたことを記している（前掲註(3)『忠恕堂詩艸の研究』、一六頁）。しかし、本章では十三峯吟社に関しては白井東岳（要）以外に屏陽義塾門人を確認できていない。

(46) 前掲註(29)、三〇五・三八二頁。

(47) 池田雅則「「つきあいの文化」育成のカリキュラムと指導―一八八〇年代前半―」『私塾の近代―越後・長善館と民の近代教育の原風景―』東京大学出版会、二〇一四年、第七章。

終章　本書の成果と残された課題

本書では、咸宜園教育が空間的および時間的に展開した様相を検証することによって、咸宜園が近世近代移行期に果たした役割を解明することを目的としてきた。終章では、本書で述べてきたことをまとめたうえで、研究目的に対する結論を述べ、残された課題を示すこととしたい。

第一節　本書のまとめ

第Ⅰ部「咸宜園教育の確立」では、広瀬淡窓が儒者として存立しながら、独特の教育方式を確立し、それを拠り所に門人教育を家業化した経緯を見た。

淡窓は、天領日田において、用達を家業とする商家の長男として生まれた。しかし、病弱だったために家業は弟に譲られ、早くから学問に専念して才学を発揮した。文化二年（一八〇五）に門人教授を開始し、長福寺学寮、成章舎、桂林園と塾舎を変えたのち、同一四年に堀田村に転居して塾生との共同生活を始めると、全国各地から入門者が集まるようになった。

咸宜園の規模の拡大に伴って淡窓は教育の創意工夫を重ねた。文政年間に、遠隔地からの入門者の増加に対応して、塾生から蔵書銭を徴収して塾蔵書を形成し、塾生の閲覧に供することを始めた。蔵書は、蔵書監を置き蔵書目録を作成して管理することによって、幕末には約五四〇〇冊に達した。職任制や塾規約の整備も文政年間に進められた。天保八年（一八三七）に出版した詩集『遠思楼詩鈔』初編は巷間で流行し、淡窓の名声を高め、入門者増加につながった。同一一年までに月旦九級制や消権課程が整えられた。同一二年には詳細な塾規約が制定され、門人詩集『宜園百家詩』も刊行された。同一三年に幕府から永世苗字帯刀を許され、淡窓は儒者としての身分を公的に保証された。その後さらに塾生数は増加し、最盛期の嘉永年間には毎年二〇〇名前後の在籍生数を維持した。

こうして確立した咸宜園教育は、次の四点にまとめられる。①三奪法と月旦評による徹底した実力主義、②厳格な規約や職任制に基づいた塾生による自治的運営、③恒常的な漢詩の講義や門人詩集の刊行にみられる漢詩重視、④蔵書銭の徴収による塾蔵書の形成と塾生への閲覧供与である。これらを拠り所として門人教育を広瀬家の家業とし、子孫に継承した。また、代官所との結びつきによって成長を遂げた広瀬本家から経済的支援を受けることで、咸宜園は安定的な運営をおこなうことが可能となった。咸宜園は長期にわたり継続する基盤を確立したのである。

第Ⅱ部「咸宜園教育の西日本への拡大—空間的展開—」では、系譜塾を通じて咸宜園教育が各地へと展開した様相を見た。

系譜塾は咸宜園門人によって全国に広がったと考えられるが、全体像は把握できていない。少なくとも、九州地方で約七〇、中国・四国地方で二〇近くの系譜塾が確認されている。本書では、早期の門人恒遠醒窓が豊前国に開いた蔵春園、咸宜園教育の確立後に入門した末田重邨が安芸国に開いた三亦舎、幕末の門人横井古城が豊前国に開いた培養舎を取りあげた。いずれの系譜塾にも咸宜園教育が導入された。しかし、先述の①〜④が揃って導入されたわけではなかった。

恒遠醒窓は、咸宜園が開設されて間もない頃に六年半にわたり在籍して塾長を勤めた。大帰直後の文政八年（一八二五）に豊前国上毛郡薬師寺村に蔵春園を開いた。咸宜園で学んだ経験と、塾長として塾生を統率した経験を、蔵春園運営に活かした。後代の咸宜園教育に比べれば未整備な状態ではあったが、月旦評システムや職任制などは早い段階から系譜塾に導入されたのである。門人詩集『遠帆楼同社詩鈔』の刊行は、他の系譜塾にはみられない取り組みであった。塾生には上毛郡を中心に豊前国や豊後国の出身者が多かったが、中国・四国地方や関西方面からも入門者を集めた。入門者の約半数が僧侶であったことは蔵春園の特色である。

末田重邨は、咸宜園教育が確立した後に六年余り在塾して都講を勤めた。安政元年（一八五四）に大帰となった重邨は安芸国高宮郡大毛寺村に隣浄園を開き、その後も事疇園や三亦舎を開いた。重邨の門人は、高宮郡を中心に安芸国出身者が八割程度を占め、残りも石見や備後など近国の出身者であった。三亦舎では咸宜園の月旦九級制や塾規約を踏襲した教育をおこなった。毎年塾生の詩集を編集したことも、咸宜園の漢詩重視の方針に沿っていた。しかし、塾蔵書を形成することはなかった。そのため、三亦舎の塾生はさまざまな方途によって書籍を入手しなければならなかった。

横井古城は、淡窓死去後の咸宜園で五年半にわたって青邨と林外に師事し、都講を勤めた。新しい世代になっても咸宜園教育は継続されており、それを経験した古城は慶応元年（一八六五）に豊前国下毛郡永添村に開いた培養舎に月旦評を導入した。藩校教授に登用されたのを機に移転して中津藩の下級武士を受け入れるようになったが、塾生の学力に応じて月旦評システムを修正した。また、消権課程に国学関連書籍を採用したのは独特の取り組みであった。古城の門人は下毛郡内出身者が中心を占めていた。

どの系譜塾でも、咸宜園教育の①月旦評による実力主義教育は必ず導入されていた。蔵春園と三亦舎では、

②塾生による自治的運営と③漢詩重視の方針も取り入れられていた。しかし、④塾蔵書の塾生への閲覧供与に関しては導入事例はなく、蔵春園にその形跡は認められたものの確証は得られなかった。塾生から徴収した蔵書銭によって書肆から書籍を購入するためには、一定数の塾生が必要で、塾と書肆とのつながりも不可欠だったと考えられる。塾生数が少なく、都市部の書肆との接点がないような、弱小の系譜塾においては導入が難しかったのであろう。

系譜塾の開設は、それまで咸宜園に遊学したくてもできなかったような修学者の掘り起こしにも結びついた。また、系譜塾の門人のなかには、開塾して、系譜塾で経験した咸宜園教育を自らの塾に導入する者が現れた。こうして咸宜園教育は、咸宜園門人や系譜塾門人によって空間的に拡大するとともに、一定地域内での密度を高めていった。系譜塾の展開によって、日田まで赴くことなく咸宜園教育を受けることができるようになったのである。

第Ⅲ部「咸宜園教育の近代への接続―時間的展開―」では、各種学校となった咸宜園や系譜塾が、明治一〇年代までは咸宜園教育を継続できたものの、近代公教育の整備が進むなかで衰退していった様相を見た。

咸宜園は、宜園保存会によって運営される義塾として再興された。明治一三年（一八八〇）から同一七年にかけて、淡窓門人の村上姑南が中心となって漢学を教育した瓊林義塾時代には、九州地方外からも入門者を集めた。広瀬濠田が咸宜園校主になると、同一九年に廃校になった教英中学校の蔵書や生徒を受け入れて、英語や数学の教育が開始された。ところが、濠田はわずか二年余りで日田を去ってしまう。後事を託された諫山菽村は、「大分中学校規則」に即した普通学科の教育を模索するが、資金不足から成功しなかった。同二九年に再開された咸宜園では日田郡内の塾生を対象として細々と漢学を教えたが、同三〇年九月に閉鎖された。明治時代の咸宜園は、日田の衰退によって経済的な存立基盤を失い、教育需要の低い日田郡民の支持を得ることもできず、義塾としてすら存続できなかったのである。

柳川竹堂は、幕末に四年間近く林外に師事し、明治三年（一八七〇）に讃岐国三野郡上高野村に私塾を開いた。これが、のちに屏陽義塾となった。同一三年には点数評価による月旦評システムを導入した漢学教育をおこなっていたことがうかがえ、その後の一二年間は連続して三〇名を超える入門者を受け入れてピークに達した。丸亀に移転して英語や数学を教えたとされる同一九年には、塾生の人数が一時的に増加すると同時に出身地分布も広がった。しかし、その後は衰退の一途をたどって、同二九年に廃校となった。塾生は、三野郡を中心とした西讃地域の出身者が大多数を占めた。

再興後の咸宜園と系譜塾屏陽義塾は、漢学の需要があった明治一〇年代には旧来通りの咸宜園方式によって漢学を教育する機能を果たした。明治一九年前後に漢学に代わって英語が流行するようになり、また、「中学校令」によって地方税による尋常中学校が府県一校に限定されると、漢学専門を転換して普通学科の教育を模索し始めた。一時期ではあったが中学校の代替機能を担った。だが、近代教育が徐々に整備され、中学校が初等教育から高等教育への接続として機能し始めると、地域に密着した漢学教育へと回帰せざるを得なかった。

第二節　近世近代移行期の咸宜園の役割

（1）教師の育成

咸宜園を創始した広瀬淡窓は、教育に専念し、教育を工夫した儒者であった。江戸時代後期は全国に藩校や私塾が広がったことから、儒者が門人教授に携わることは珍しくなかったが、そのなかでも淡窓は教師としての存在形態を貫いたといえる。淡窓が目指した教師について、海原徹は「絶えず人格を磨いて弟子たちの模範となる」存在と、[1]藤原敬子は「知識的な面より道徳的な面で優れている人であり、敬天に基づいて善を行っている人」[2]と指摘した。しかし、実際にそのような教師になることは困難であると自覚していたがゆえに、淡窓は教え方を工夫したのである。ここでは、そのような観点から、教師としての淡窓をとりあげてみたい。

淡窓の教師としての存在形態の特質は、第一に、五〇余年間に及んだ、三〇〇〇名ともいわれる門人への教育実践に示されている。その実践は、官府、諸藩、咸宜園前史の諸塾でもおこなわれたが、特に咸宜園では塾生と居住空間を共にし、「先ツ治メテ。而後之ヲ教フル」[3]いう「治」と「教」による教育を実践した。

全国各地から遊学してくる若者たちと、日々の教授を通じて、あるいは夜話会や山行・醋日（師弟が酒食をともにする日）といった行事を通じて接するなかで、淡窓はさまざまな塾生を知ることになった。夜話会とは、淡窓が毎宵六〜七名の塾生を交替で左右に団欒させておこなった談話会である。古を談じ、今を話し、志を言い、疑いを質し、ときに「稗史怪談」をまじえたという。[4]師弟の親睦を深める効果とともに、淡窓にとっては一人ひとりの塾生を観察する機会にもなっただろう。淡窓は、毎月の月旦評改めに際して日記に塾生の名前と昇級を記録した。塾生の入門・帰郷・帰塾や病気などの動向もこまめに日記に書き記している。大帰に際しては塾生の人柄や成績について短く評することもあった。

観察にもとづいた眼力によって、淡窓は、塾生にはそれぞれの能力があることを見抜いた。塾生は、詩文や読書については塾主より劣っているかもしれないが、その他のことについては勝っていることも多い。「然レハ門人ト思ひ、何事も此方より教る気ニ成り而は不宜候」[5]と言う。逆に言えば、詩文や読書については師としてしっかり教えなければならないと認識していたといえる。

塾生の変化に対応して絶えず教え方を工夫したことにも、教師としての淡窓の信念が現れている。天保一一年（一八四〇）頃、三〜四級の塾生のなかに『左氏伝』や『史記』の句読ができない者が出たり、上等生の間でも月九回の試業以外は勉学がおろそかになるといった弊風が生じた。淡窓は、咸宜園教育が有名無実化して世上の咸宜園への評判が悪くなることを心配し、次のように述べている。[6]

愚老門人教育を始しより。三十五六年に及。其の教方。時に随ひ少々つゝ変革致候。是は必しも旧法悪しきと申に而は無之。諸生之風儀時に随ひ変転有之に付。教方も亦随而変候。（中略）近年に至。漸々と弊風を生候。（中略）右之通に而。席序のみ進候而も。有名而無実と申訳に而。世上の笑を不免候。近来は。其の評判往々に人口に承及候。是はあながち諸生之不心得と申には無之。其本は。教方之不行届より起り申候。

傍線部で淡窓は、塾生の間に生じた弊風の原因を塾生個人に帰することなく、自身の教え方に問題があるとしている。天保一〇〜一一年に月旦九級制や消権課程が相次いで導入されたのは、こうした危機意識に基づいてのことだったのだろう。教え方が行き届けば、弊風が改まり、塾生の学力を伸ばすことができると考えていたのである。門人小栗憲一ものちに「先生常言、人誰無ㇾ才。但在㆓教育如何㆒而已。教育之法。宜ㇾ使㆘少年輩㆒自悦而易㆖ㇾ趣也」[7]と、淡窓が教育の如何にこだわったことを証言している。

嘉永五年（一八五二）に「門弟教育」に関して答えた書付[8]のなかで、淡窓は、次のように述べている。

客気を除き争を止め候ニ者、礼儀遜譲を第一ニ仕候儀勿論ニ候得共、是者師匠之徳行ニより候儀ニ而、私躰不徳之身ニ而者其心得而已ニ而者風化行届き不申候、仍而方便を設何となく客気消滅為致候、凡塾生一通リ者長幼を以座列を定候得共、昇進いたし候上者、学力により、甲乙を分ち、素読生より独見詩文を仕候迄ニ者、段々階級有之、十等ニも及候、仍而平日上下之分明白ニ候間、差等を越候存念無之、

師匠の徳を以て塾生を風化できればいいが、自分は不徳の身であるがゆえにそのようなことはできない。かわりに、塾生の客気を除き、彼らが礼儀を守って学問に励むような「方便」を設けた。それが、学力に応じて塾生を一〇等級に分けるという方法であった。この「方便」の効果で、塾生間の学力の上下は明白であるから、その差を超えて腕力で争おうというような存念を持つ塾生はいないと述べている。淡窓がこだわった教え方とは、各人の違いを踏まえたうえで、(9)塾生を学問に精励させる工夫や方法(「方便」や「カラクリ」)(10)を意味したのである。

淡窓の存在形態の特質として第三にあげられるのは教師を職業としたこと、すなわち、門人教育を生業とし、家業化して次世代へと継承したことである。病弱だったがゆえに、遠隔地への仕官も遊学も諦めて生涯日田の地に留まらざるを得なかった淡窓には、門人教育を「天職」とするほかなかった。(11)天保元年に家を譲る際に、淡窓は旭荘に次のように伝えている。

世間ニ名儒多ト雖モ何レモ面倒なる事ヲ嫌ひ門人の世話行届不申夫故門下モ繁盛不致候、併是は官禄アル人に候間其分に而相済申候、我等其方は門人の力ヲ以て妻子を養候得ば第一の天職なり、

官禄で生活できる儒者は、門人の世話が行き届かずに門下が繁盛しなくても生活に支障はない。しかし、門人から納められる束脩や謝礼を収入源とし、それによって妻子を養わなければならない淡窓や旭荘にとっては、門人数の増減は死活問題である。儒家の門人は、寺の檀越のような公儀の後楯があるわけではないので、「朝ニ来リ暮ニ去ルモ心次第に候間、別してあしらひ難き物に候、又仕方宜き時は繁盛致も易候、因而門人の帰依

第一の心掛に候」[12]と、門人の帰依を得て「繁盛」するための良い「仕方」を工夫することが肝要であると説いていた。商家の長男として生まれた淡窓らしい考え方ともいえる。

教師として生きた淡窓の信念は、旭荘だけでなく青邨・林外へも伝えられただろう。彼らのもとで学び、咸宜園教育を経験した門人たちの間にも、教え方次第で学力を伸ばせるという考えが浸透していったのではないだろうか。なぜならば、右にみてきたように、咸宜園教育そのものが、そうした考えを根本にして創案されたものだからである。とりわけ都講に就いた門人は、その代表的な体現者といえる。さらに、都講として多くの塾生の前で講義した経験や、塾生統制や塾運営のノウハウを身につけたことは、大帰後に系譜塾を開いたときに活かされた。都講経験者でなくとも、系譜塾を開くことは比較的たやすかったのではないだろうか。淡窓は、咸宜園の「教法」を模倣する門人が多いことや、門人でなくても「塾風ヲ伝ヘ聞キテ。摸擬」[14]する者が多いと述べている[13]。門人が開業することに淡窓は必ずしも肯定的ではなかったが、実際には江戸時代後期から明治前期にかけて漢学教育に対する需要が高まった時期に、咸宜園門人や系譜塾門人から多くの漢学塾開設者を輩出した。そういう意味で、咸宜園は教師育成の役割を担ったといえる。

（2）学力の可視化

咸宜園はシステマティックな点数評価により学力を可視化した。課業や試業によって点数を積み上げていき、一か月の得点が目指す級の定点に達していれば進級を認めるという月旦九級制のもとで、塾生は無級から順次昇進していった。定点は、各級に昇級できた者の学力を示す指標でもあった。

塾主が漢詩を採点するのに、ある塾生の漢詩を四八点と付ける時と別の塾生の漢詩を四七点と付ける時とで、その一点差の基準は何だったのだろうか。そして、塾生はなぜその一点差を受け入れることができたのだろうか。一点刻みの点数評価が通用するためには、点数で評価することに対する師弟間での共通認識が必要だろう。それは、学力というものが、測定可能で、数値によって開示できるものというとらえ方である。咸宜園で点数評価方式を経験することによって、塾生の間にそれまでとらえどころのなかった学力が可視化され、それゆえに自分自身の過去と現在を、あるいは自分と他者を比較できる指標として認識され、その認識が浸透していったのではないだろうか。

淡窓が採用した点数評価が、独自の発想に基づくものなのか、あるいは誰かの方法を模倣したものなのか不明である。たとえ淡窓より早くに点数評価を始めた例があったとしても、咸宜園ほど組織的で厳密なものは少なかっただろう。[15]

点数評価が採用されるためには、言うまでもなく評価の対象が必要である。それは、発した先から消えていく音声ではなく、身体の外に定着して客観的に参照可能となる文字でなければならない。西洋では長らく音声言語による学習が中心で、大学において筆記試験が始まったのは一八世紀といわれる。古くから筆記試験がおこなわれていた中国や日本でも、その評価方式は段階評価であった。[16] 官吏登用試験のように、権力を持った為政者が一方的に合否を決定するような場合には段階評価で十分だったのだろう。咸宜園では、日々繰り返される課業や試業によって塾生を教育し、学力を向上させることを目的とした。塾生に自らの学力を認識させ、目標に向けて精励させるために点数評価方式を採用したのだと考えられる。

塾生にとって、自らの学力を示す点数は大きな関心事であったはずだ。林外は、嘉永二年（一八四九）の日記に毎月獲得した試業点を次のように記録していた。[17]

閏四月二五日　点検、試業三百八十四点、考上
五月二五日　試業三百八十八点、考上
六月二五日　点検、試業三百七十八点、考中
七月二五日　点検、試業凡四百四点、考上
七月二七日　予昇進八級上、自閏四月凡四月而昇進
八月二五日　試業三百八十二点考中
一一月二五日　点検、試業点数、凡四百三点、中也
一二月二〇日　予試業点数凡四百三十四点、考上

また、第五章で取りあげた三亦舎の塾生井上清太郎は、万延二年（一八六一）に実家に宛てた書状で「当正月ニハ二級昇級仕べし与はげみ申候所、点辻百七十斗リニ而少し不足ニ相成申候」[18]と書いて、一月に獲得した点数が一七〇点にとどまってしまったために二級に進めなかったことを知らせた。数値によって成績が開示されることで、塾生は、目標とした定点に何点不足したのか自覚して、反省や次の学習への意欲につなげることができただろう。

全塾生の毎月の成績である月旦評は一覧表にされた。咸宜園の月旦評で現存するものは五点である[19]。それぞれ、次に示す大きさ（縦×横、単位はセンチメートル）の一枚紙に、塾生名が記されている。

天保二年（一八三一）二月　五三・二×三九・三　約一五〇名
　同年　三月　五二・五×三九・一　約一五〇名
嘉永元年（一八四八）六月　六八・五×六四・一　二二五名（客席を含む）

慶応二年（一八六六）四月　六八・三×六三・二　一七六名（客席を含む）

明治四年（一八七一）四月　八〇・二×七八・七　二三一名（客席を含む）（序章図3参照）

月旦評を一覧表にしたのは、月初めに塾内に公表するためである。各塾生は、掲示された月旦評を見れば、塾内での自らの地位や他生との実力差が一目瞭然であった。月旦評には、無級から九級までの各級の欄に、成績に応じて塾生名が列挙された。無級の塾生は紙の最下部に書かれ、最上部に九級生が位置するようになっていた。右の月旦評を調査した吉田博嗣によれば、慶応二年四月の月旦評の場合、無級の欄に四五名、一級に二六名、二級に二四名、三級に二五名、四級に二二名、五級に一一名、六級に一二名、七級に三名、八級に四名の塾生名が書かれ、九級は不在であった。[20] 無級に最も多くの塾生が在籍し、一～四級には二二～二六名とほぼ同数が散らばり、上等生の五・六級になると一一、一二名に減少し、七級以上は一桁、というピラミッド型の構成になっていた。

月旦九級制は天保一〇年に確立し、その後も咸宜園において堅持され、系譜塾にも踏襲された。本書で扱った、蔵春園、三亦舎、培養舎のいずれにおいても、八、九級に達した門人を確認できなかったことは、系譜塾といえども、月旦評システムを採用する以上は、レベルを落とすことなく咸宜園の実力主義を貫いたことを意味する。月旦九級制は絶対的基準として通用したのである。咸宜園教育を受けた者同士であれば、出身地・身分・年齢にかかわらず、何級まで達したかによって互いの学力が瞬時に了解されたはずである。咸宜園門人や系譜塾門人によって、咸宜園の等級が学力を示す指標として広域に通じるものになったことを示唆する。

（3）漢学の隆盛

咸宜園が漢学教育の役割を担ったことは言うまでもないが、ここで改めて確認しておきたいのは門人の活動によって漢学の隆盛をもたらした点である。

先述したように、系譜塾が拡大したことは、漢学の需要が高まった江戸時代後期以降、特に近代教育が未だじゅうぶんに整っていなかった明治前期[21]において漢学教育を充実させることにつながった。各地における系譜塾の開設は、新たな修学者を掘り起こすことにもなり、漢学の裾野を広げた。

淡窓は、[22]塾生の「情」を育てるために、また少年のやる気を起こさせるために詩学から入るのが適しているという配慮によって詩を重視した。講義のなかに恒常的に漢詩集を組み込み、自らの詩集も毎年取り上げた。天保八年（一八三七）に出版された淡窓の詩集『遠思楼詩鈔』は流行して、門人以外にもよく読まれた。門人の詩集『宜園百家詩』や旭荘の『梅墩詩鈔』も出版された。

咸宜園で学んだ門人のなかには、帰郷後も漢詩を作り続け、各地の漢詩壇の中心となって活動したり、江戸末期から明治時代にかけて刊行された夥しい数の漢詩文集の作者となった者も多かったに違いない。たとえば、第三章で取り上げた古和流水は、入門から五〇年経っても時おり『遠思楼詩鈔』を取り出して読み、自身も詩を作って詩集『更上楼詩鈔』を明治二三年（一八九〇）に出版した。

以上のように咸宜園は、教師の育成、学力の可視化、漢学の隆盛という役割を果たした。これらを通じて、教育を普及させたと意義づけることができよう。

江戸時代は学びの時代と捉えられる傾向が強い。[23]そもそも、「教育」という語は江戸時代においては未だ一般的ではなかった。「教育」は『孟子』（尽心章句上）の「得㆓天下英才㆒而教㆓育之㆒三楽也」に起源を持つとされる漢語だが、藤原敬子によればその初見は寛文一〇年（一六七〇）で、江戸時代中期頃から徐々に使われるようになったとされる。[24]『孟子』は八世紀に日本へ将来された。[25]中国でも日本でも『孟子』は長く読まれることがなかったとはいえ、一七世紀になってようやく「教育」が使われ始めたのは、このとき初めて日本において「教育」を必要とする状況が現出したためである。大人とは異なった存在としての子どもへの関心の高まりと組織的な教育機関の広がりが「教育」使用の背景としてあげられる。[26]

藤原は、淡窓の「教育」使用が比較的早いことに注目し、「教育」や類似語の使用法について詳細に検討した。その結果、淡窓の「教育」や教育概念には、「治国のために必要な手段」、「学校・塾等の教育機関においての人才育成」、「「治」が重要視されている」の三要件が備わっていたと指摘している。[27]

淡窓が「教育」を使った例は多くはない。三二歳から死去した年まで続けた日記にも一例しか見出せないし、[28]著作物のなかにも『迂言』に比較的よく登場する以外にほとんど見られない。それでも、淡窓は咸宜園に関して言及する際には「門弟教育」「門人教育」「弟子教育」[29]などと、「教育」を使っている。前田勉が指摘するように、淡窓が「「教育」をはっきりと自覚的に使っていた点で注目すべきである」。[30]

淡窓が「教育」に意識的だった理由としては、一〇〇名を超える塾生を抱えた咸宜園で組織的な教育をおこなう必要に迫られたことや、学習歴・階級・年齢を排した実力主義によって人才を育成することを目指していたことが考えられる。咸宜園には「教育」が現出されていた。

第三節　残された課題

本書では咸宜園について、先行研究が扱ってこなかった蔵書、家業化、系譜塾、明治期の様相、といった視角に踏み込むことができた。それだけに多くの課題を残した。

蔵書については、安政期から明治一七年にかけての数種類の蔵書目録や廣瀬資料館先賢文庫に現存する旧蔵書を検討することによって、蔵書の特徴や講義書目との関連などを明らかにすることが求められる。また、塾内での書籍販売の実態についても本書では明らかにできなかった。塾主の著書を板本として手元に置きながら塾生が講義を受けることが、教育にどのような変化をもたらしたのかということも興味深いテーマだが課題として残った。

系譜塾として取り上げることができたのは、蔵春園、三亦舎、培養舎、屏陽義塾の四塾にとどまった。系譜塾が多かった九州地方を中心として西日本への広がりを検証するとともに、全国的にも広がっていたと考えられるので全体像を把握することも重要だろう。量的な把握とともに、各系譜塾の特性に踏み込んだ研究も課題となる。早期の系譜塾蔵春園の入門者の出身地分布は中国・四国地方や関西方面にも広がったが、末田重邨の門人の八割は安芸国内出身に集中した。幕末に開かれた培養舎の入門者の地域的分布はさらに狭いものであった。こうした傾向が系譜塾の普及に伴う時期的な違いによるのか、三塾の特性によるものなのかを解明するためには、今後事例研究を蓄積していく必要があるだろう。

再興後の咸宜園の塾生がどういった進路をたどったのかといった課題も残ってしまった。明治期の咸宜園や系譜塾は、漢学教育を担った点でも、近代教育が十分に整備されない段階で中等教育の役割を担った点においても、今後も研究対象として重要である。

本書では咸宜園教育に着目したことから、教師の育成、学力の可視化、漢学の隆盛という三つの役割を導き出した。これらは、咸宜園の主要な機能であったと考える。ただ、咸宜園の役割の解明ということでいえば、多角的な研究が今後も必要であろう。

註

(1) 海原徹『広瀬淡窓と咸宜園―ことごとく皆宜し―』ミネルヴァ書房、二〇〇八年、三〇三頁。
(2) 藤原敬子「広瀬淡窓の教育観―「教育」の語を中心に―」『季刊日本思想史』一九、一九八三年、九五頁。
(3) 「夜雨寮筆記」巻二（日田郡教育会編『増補淡窓全集上巻』思文閣、一九七一年、一九・二〇頁）。以下、『増補淡窓全集』を『全集』と略記する。
(4) 小栗憲一『豊絵詩史 上』西村七兵衛、一八八四年（国立国会図書館所蔵）、三二丁オ。小栗憲一は、弘化四年～嘉永六年（一八四七～五三）に在籍した門人である。
(5) 天保二年一一月六日広瀬久兵衛宛淡窓書状（大分県立先哲史料館編『大分県先哲叢書 廣瀬淡窓資料集書簡集成』大分県教育委員会、二〇一二年、往信59、四六頁）。
(6) 「新論」（『全集中巻』一二頁）。
(7) 前掲註(4)、三二丁。
(8) 嘉永五年「御尋ニ付奉申上候事」（家宝15-6）。
(9) 武谷祐之（天保七～一四年（一八三六～四三）に在籍した門人）は自叙伝「南柯一夢」で淡窓について「生徒ヲ教育スル偏固狭隘ニ陥ラス、務テ其材ヲ達スルヲ主トス」（井上忠校訂「武谷祐之著『南柯一夢』」『九州文化史研究所紀要』一〇、一九六三年、七五頁）と述べている。
(10) 天保元年八月「謙吉へ申聞候事」のなかで淡窓は、「席序ノ法、分職ノ法、課程ノ法、試業ノ法、一切ノ規約等何れも二十年来の工夫」を重ねたことで「大方門人任セ」にできるようになり、「外人より見候得ば余程閑暇に相見え候」状態を「カラクリ」と表現している（『全集中巻』五頁）。

(11)「夜雨寮筆記」巻二（『全集上巻』一八頁）。
(12)前掲註(10)「謙吉へ申聞候事」（『全集中巻』八頁）。
(13)「夜雨寮筆記」巻二（『全集上巻』一九頁）。
(14)天保一四年「告諭」（『全集中巻』九頁）に「世上之風評に。予の門下のものは。早く人の師と成ることを好と申由。甚よろしからさることなり。人の師と成は。容易のことにあらず」と記している。
(15)山本正身は、咸宜園を「近世の教育機関の中で最も組織だった教授方法を開発していた」（『仁斎学の教育思想史的研究—近世教育思想の思惟構造とその思想史的展開—』慶應義塾大学出版会、二〇一〇年、四九頁）と評価する。
(16)ヨーロッパにおいて音声優位型の学習が中心であったことは、添田晴雄『文字と音声の比較教育文化史研究』東信堂、二〇一九年を参照。ヨーロッパの試験については天野郁夫『試験の社会史—近代日本の試験・教育・社会—』東京大学出版会、一九八三年を参照。古代日本の官吏登用試験（貢挙）は中国の制度（科挙）に倣ったものであったが、考課令（養老令）に規定された試験の合格は、「秀才」と「明経」が上上・上中・上下・中上の四段階、「進士」と「明法」が甲・乙の二段階で評価された（黒板勝美・国史大系編修会編『令義解』吉川弘文館、一九八一年、一六五～一六七頁）。
(17)「林外日記」（家宝5-1-1）。
(18)正月二九日付井上家宛井上清太郎書状（井上家文書）。
(19)咸宜園の月旦評については、吉田博嗣「月旦評と学則三科」日田市教育庁世界遺産推進室編『廣瀬淡窓と咸宜園—近世日本の教育遺産として—』日田市教育委員会、二〇一三年、第一章第三節（三）や咸宜園教育研究センター監修『図説咸宜園—近世最大の私塾—』日田市教育委員会、二〇一七年、五八～六一頁を参照。
(20)吉田博嗣前掲註(19)「月旦評と学則三科」、四三頁。
(21)学制期に小学校と漢学塾の両方に通う実態があったことを小久保明浩「学校教育制度の成立と塾」（『塾の水脈』武蔵野美術大学出版局、二〇〇四年）が紹介している。明治前期に漢学塾が隆盛したことは、池田雅則『私塾の近代—越後・長善館と民の近代教育の原風景—』東京大学出版会、二〇一四年を参照。
(22)「夜雨寮筆記」巻三（『全集上巻』三九頁）。「淡窓詩話」上巻（『全集中巻』一〇～一二頁）。

(23) 中内敏夫『近代日本教育思想史』国土社、一九七三年。江森一郎「貝原益軒の教育観—学習法的教育観—」『「勉強」時代の幕あけ—子どもと教師の近世史—』平凡社、一九九〇年。辻本雅史『「学び」の復権—模倣と習熟—』角川書店、一九九九年。
(24) 藤原敬子「我が国における「教育」という語に関しての一考察」『哲学』七三、一九八一年。
(25) 井上順理『本邦中世までにおける孟子受容史の研究』風間書房、一九七二年。
(26)「教育」の使用例や使用の背景については、藤原敬子前掲註(24)のほか、石川謙「江戸時代末期に於ける教育・教化の観念」『近世日本社会教育史の研究』青史社、一九七六年(改訂版)を参照。
(27) 藤原敬子前掲註(2)。
(28)「淡窓日記」弘化四年九月一五日条(一〇一五頁)。
(29) 前掲註(6)「新論」に「門人教育」が、年代宛名不詳書状(前掲註(5)、往信428、二四〇頁)に「弟子教育」が使用されている。前掲註(8)「御尋ニ付奉申上候事」には「門弟教育」「弟子教育」が現れる。
(30) 前田勉「江戸教育思想史序説」『江戸教育思想史研究』思文閣出版、二〇一六年、一二頁。

あとがき

本書各章の初出は次の通りである。いずれについても、本書に収録するにあたり、初出の内容に加筆や修正を施した。

序　章　新稿。ただし、第一節（3）については、「近世後期の教育環境としての漢学塾—咸宜園とその系譜塾—」（若尾政希編『書籍文化とその基底』平凡社、二〇一五年）の一部を使用。

第Ⅰ部　咸宜園教育の確立

第一章　新稿

第二章「咸宜園蔵書の形成と管理」『広島大学大学院教育学研究科紀要』第三部（教育人間科学関連領域）第六五号、二〇一六年

第三章「『遠思楼詩鈔』初編の出版経緯」『書物・出版と社会変容』第二〇号、二〇一六年

第Ⅱ部　咸宜園教育の西日本への拡大—空間的展開—

第四章「蔵春園の教育活動」『教育学研究紀要』（CD-ROM版）第六四巻、二〇一八年

第五章「近世末期芸州の漢学塾を介した書籍貸借—一塾生を中心に—」『長崎大学教育学部社会科学論叢』第六三号、二〇〇三年。「末田重邨—咸宜園教育の導入—」『芸備地方史研究』第三〇〇号、二〇一六年

第六章　「培養舎の教育活動」『教育学研究紀要』（CD-ROM版）第六三巻、二〇一七年
第Ⅲ部　咸宜園教育の近代への接続―時間的展開―
第七章　「明治期再興後の咸宜園」『教育科学』第三二号、二〇二〇年
第八章　「屏陽義塾の教育活動」『広島大学大学院教育学研究科紀要』第三部（教育人間科学関連領域）第六六号、二〇一七年
終　章　新稿

本書は、ＪＳＰＳ科研費ＪＰ２３２４２０４０、ＪＰ２５３８１０２９、ＪＰ１８Ｈ００９７９の助成を受けて進めた研究の成果をまとめたものである。研究の過程において、公益財団法人廣瀬資料館や国文学研究資料館を初めとする諸機関、あるいは井上家（広島県）や恒遠家（福岡県史跡蔵春園）を初めとする諸家に所蔵される史料を閲覧させていただいた。また、咸宜園教育研究センターのみなさまには、たびたび御教示いただいたり、情報を提供していただいたり、ひとかたならぬお世話になった。本書の出版に際しては広島大学出版会から助成を受けた。

右の諸方面からの支援を受けて本研究を遂行することができたことに、深く感謝の意を表する。

索　引

語句は本文と註から採録し、引用文や図表からは採っていない。註の中でも、論文名・書名・史料名からは採らず、編者あるいは訳者としてのみ現れる研究者名も採っていない。内容に関わる語句に絞っているため、網羅的な索引にはなっていない。

〈人名〉

〈事 項〉

【り】

【れ】

鈴木 理恵（すずき りえ）

広島大学大学院人間社会科学研究科教授。博士（文学）。専門分野は日本教育史。
単著に『近世近代移行期の地域文化人』（塙書房、2012 年）、共著に『識字と学びの社会史―日本におけるリテラシーの諸相―』（大戸安弘・八鍬友広編、思文閣出版、2014 年）、『旅と交流にみる近世社会』（高橋陽一編、清文堂出版、2017 年）などがある。

咸宜園教育の展開

2021年 11月30日　初版　発行

著　　者　鈴木理恵
発 行 所　広島大学出版会
〒 739-8512　東広島市鏡山一丁目2番2号
広島大学図書館内
TEL 082-424-6226　FAX 082-424-6211
URL https://www.hiroshima-u.ac.jp/press
印刷・製本　サンヨーメディア印刷株式会社

ISBN978-4-903068-53-4